1 神戸港（大阪方面から）　本文 18 ページ

2 米海軍の神戸港評価書（港湾案内）　本文 18 ページ

3 神戸港（観覧船より） 本文 30 ページ

4 潜水艦と原発製造拠点（神戸港） 本文 34 ページ

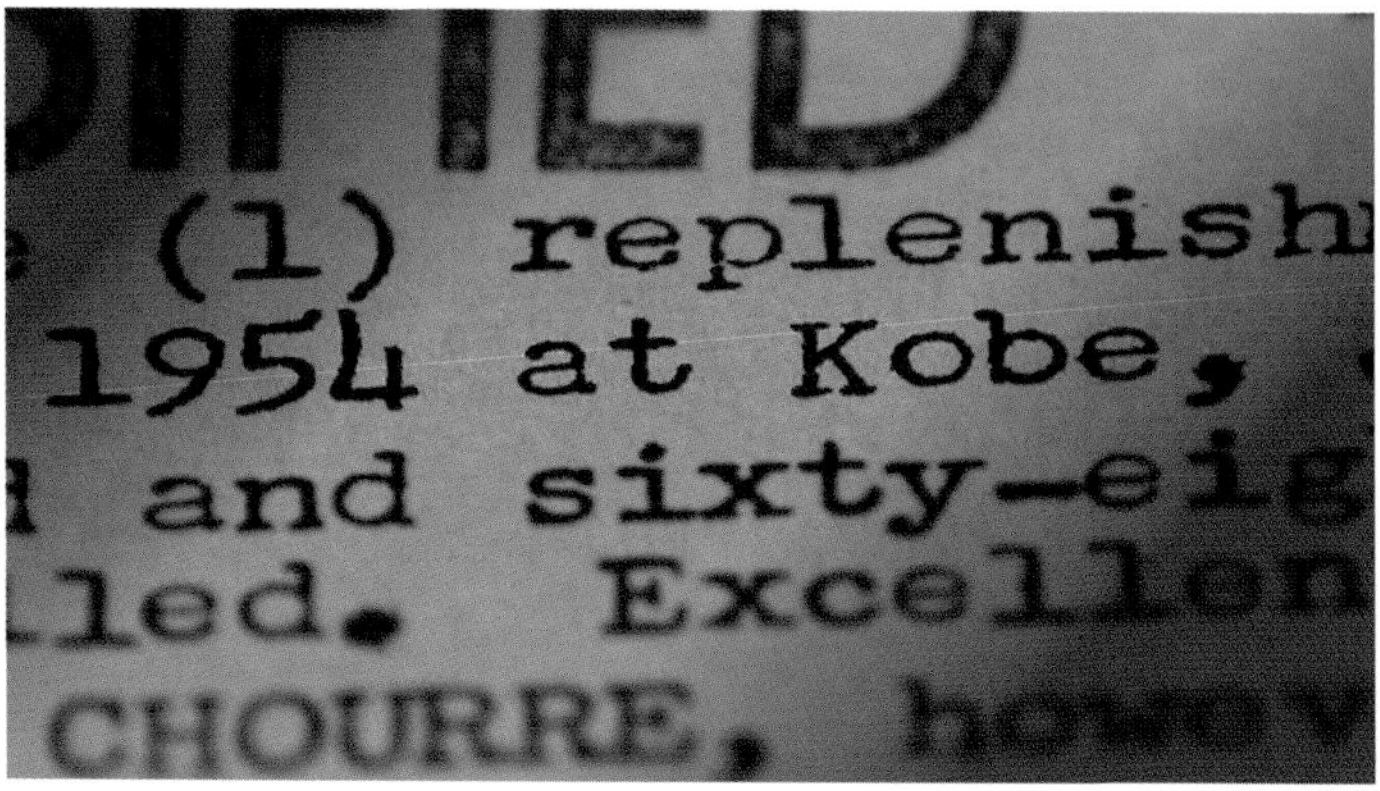

5 核搭載空母航海日誌（神戸寄港記録） 本文 41 ページ

6 潜水艦進水式（神戸港） 本文 65 ページ

7 広島で被爆した貞清百合子さん（2015年、神戸港） 本文140ページ

8 米軍空母と神戸に来たばかりの貞清さん（年代不明） 本文145ページ

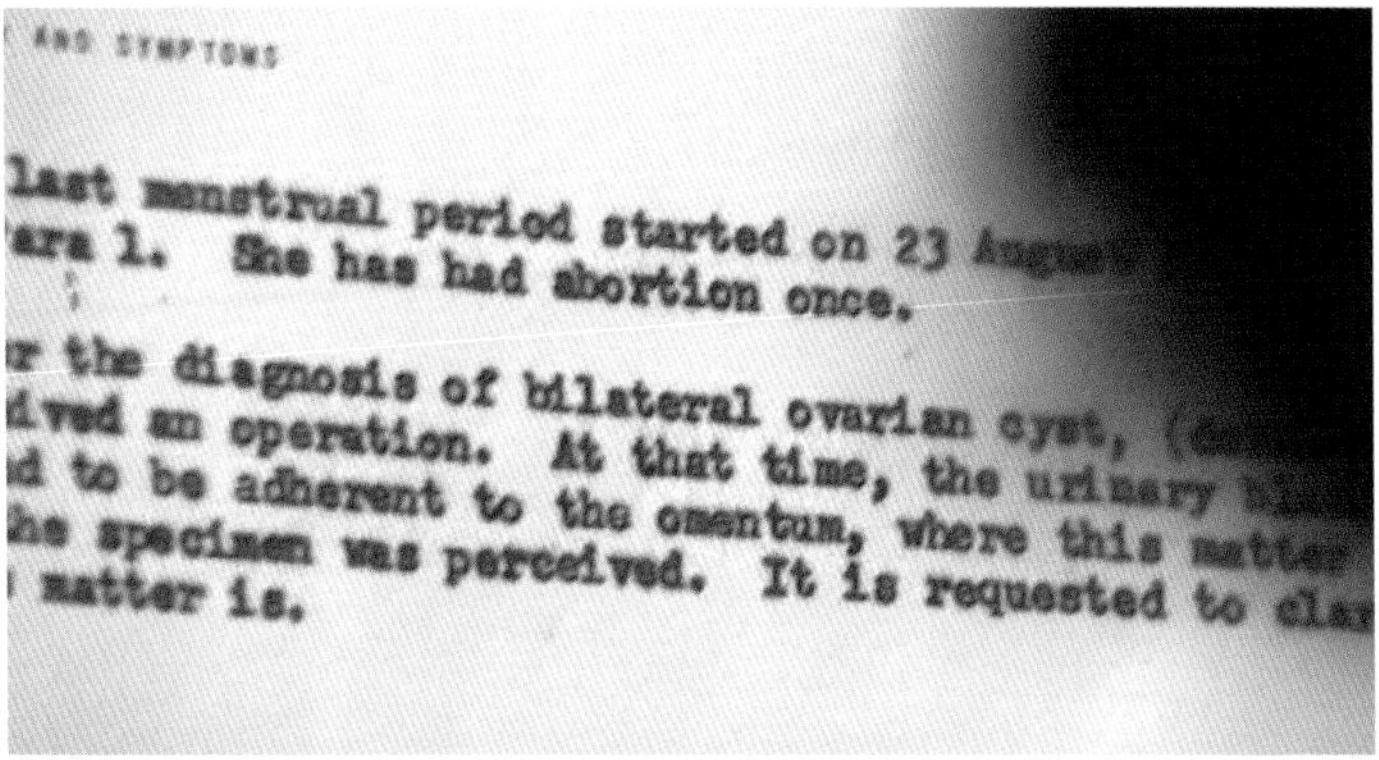

AND SYMPTOMS

last menstrual period started on 23 August
ara 1. She has had abortion once.

r the diagnosis of bilateral ovarian cyst,
ived an operation. At that time, the urinary
d to be adherent to the omentum, where this matter
he specimen was perceived. It is requested to clar
matter is.

9 貞清さんに届いた原爆傷害調査委員会（ABCC）の検査記録　本文 146 ページ

10 日本各地から神戸に集まる米軍部隊車輛（1952 年、神戸駅前）本文 147 ページ

11 戦地派遣された三宮克己さん（神戸港、2014 年） 本文 153 ページ

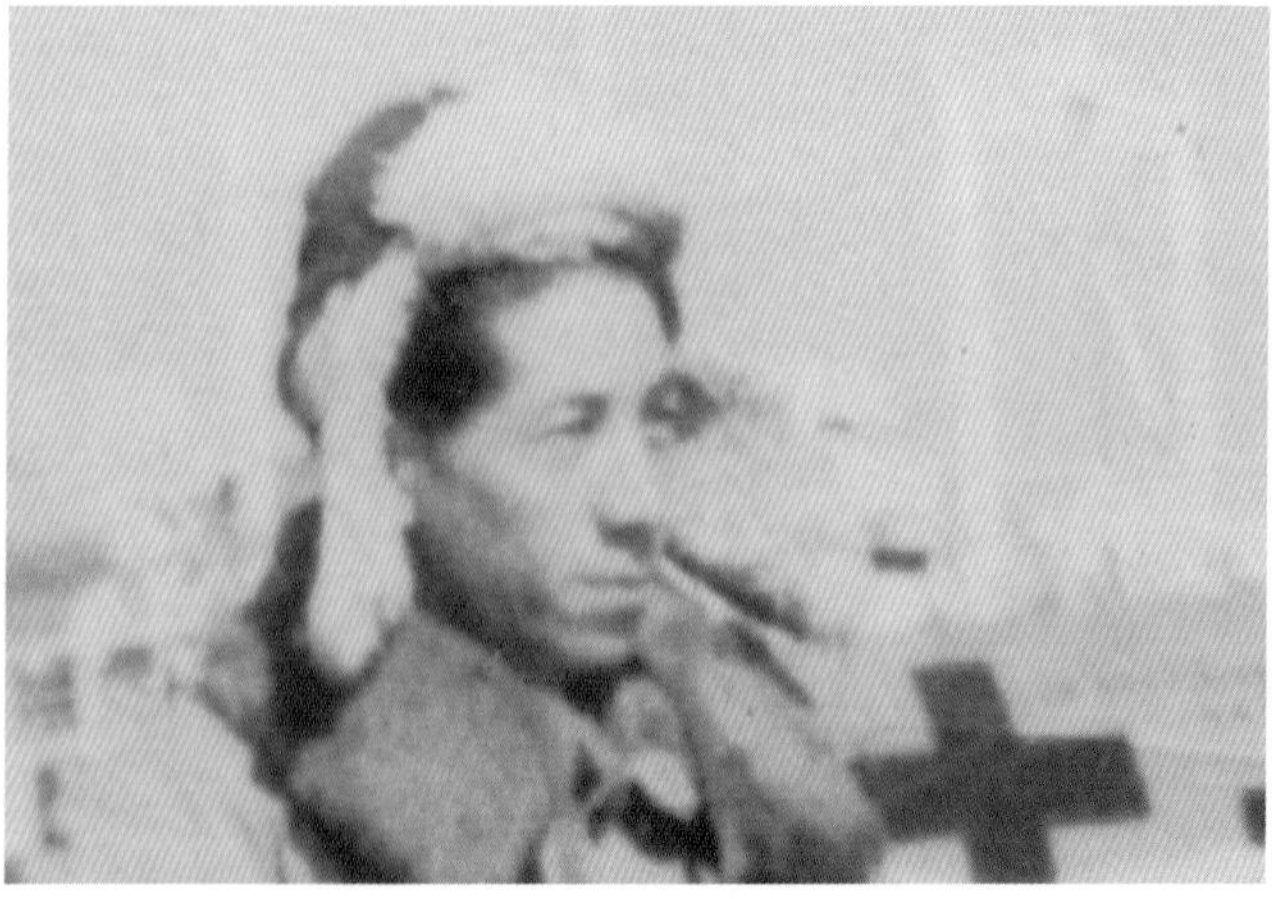

12 朝鮮半島に上陸した三宮さん（1953 年） 本文 154 ページ

13 三宮さんが乗り込んだLST（1952年） 本文158ページ

14 闘病中の三宮さん（2014年、東京府中市） 本文162ページ

15 戦後の戦死者・中谷坂太郎さんの兄、藤市さん（2015年、大阪市）本文164ページ

16 朝鮮戦争で亡くなった中谷坂太郎さん　本文164ページ

17 米軍を支えた日本特別掃海隊（1950 年）　本文 168 ページ

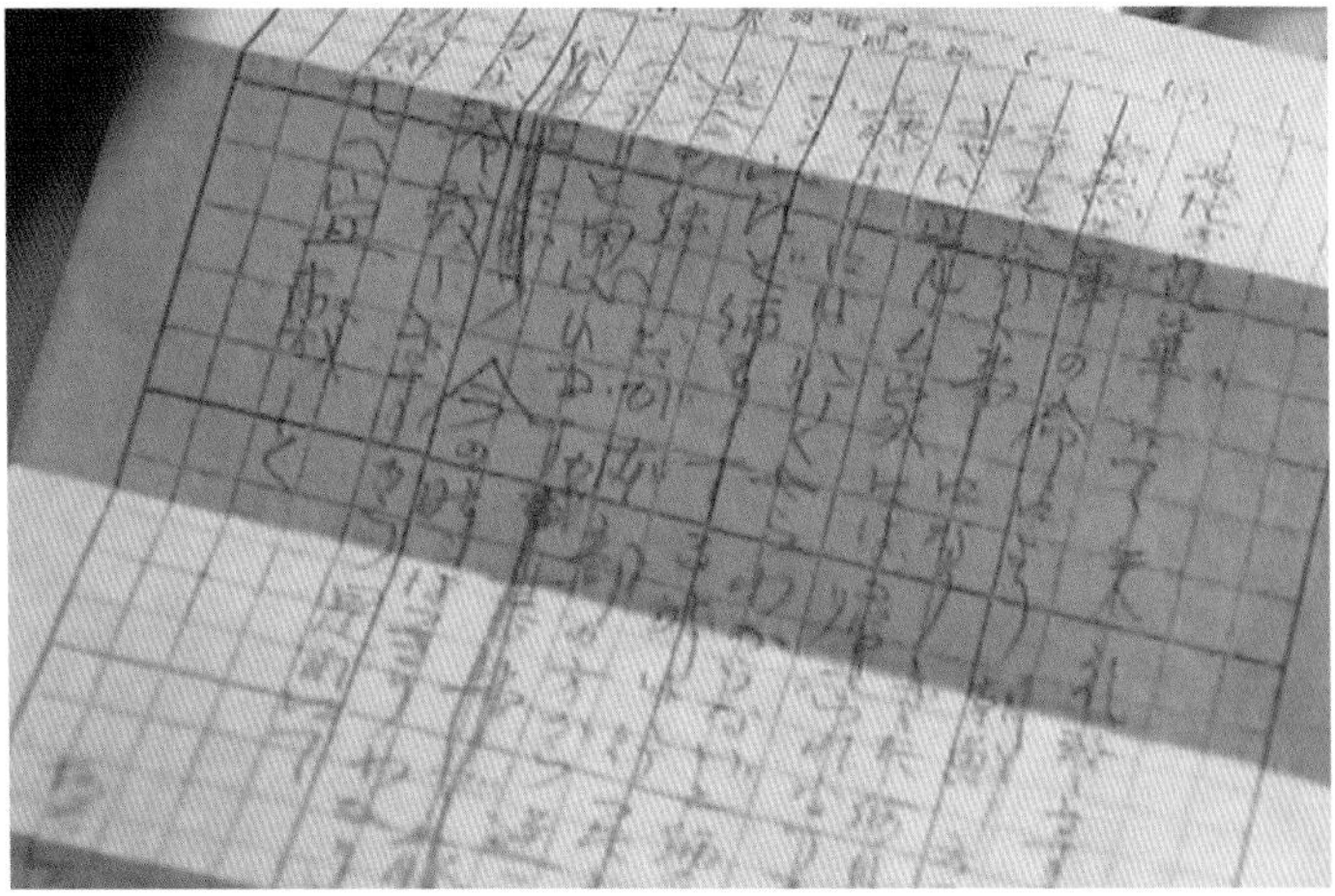

18 朝鮮戦争に向かう坂太郎さんが兄に書いた最後の手紙、1950 年　本文 168 ページ

19 坂太郎さんが乗りこんだ掃海艇　本文 168 ページ

20 仁川上陸作戦を支えた LST と日本人　本文 170 ページ

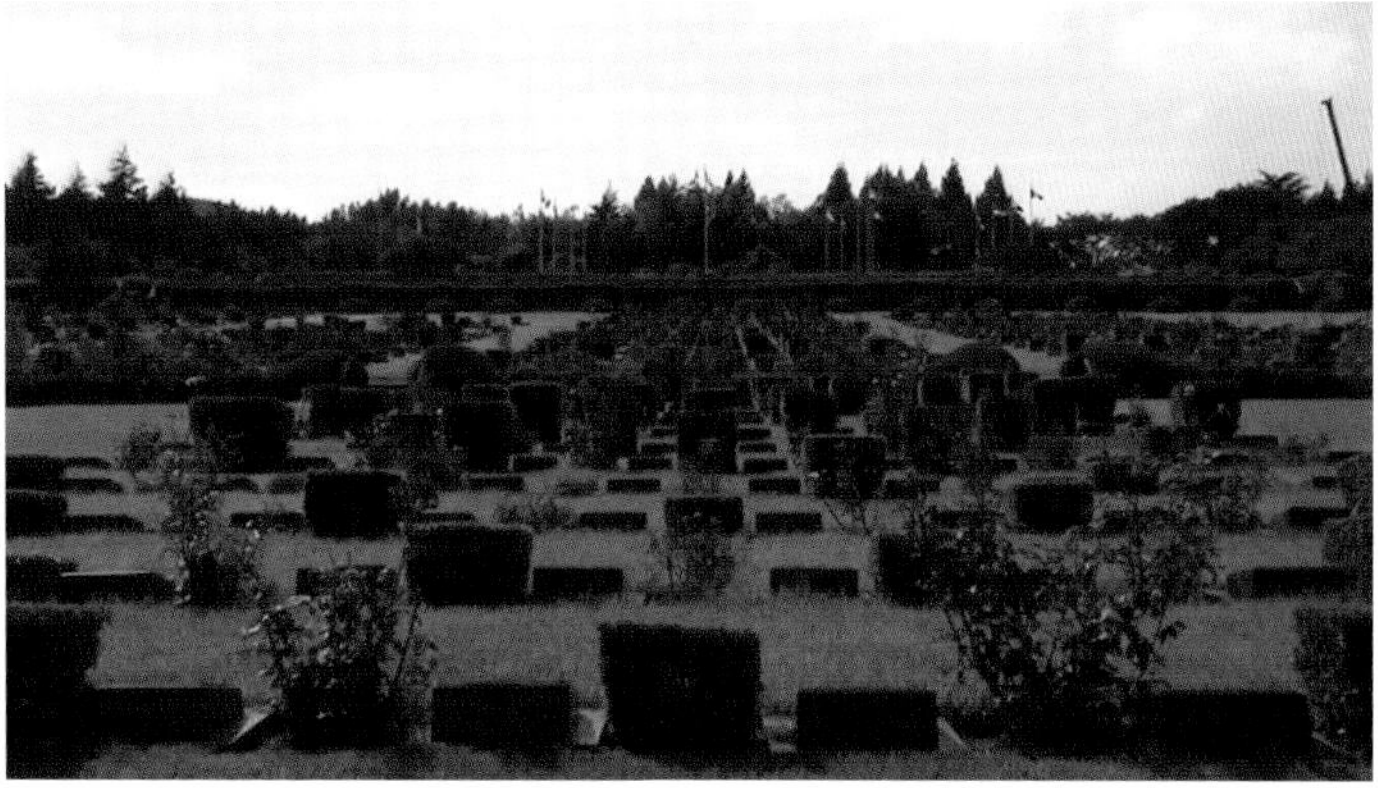

21 国連墓地（釜山、朝鮮戦争に参戦した国連軍犠牲者が眠る）本文 173 ページ

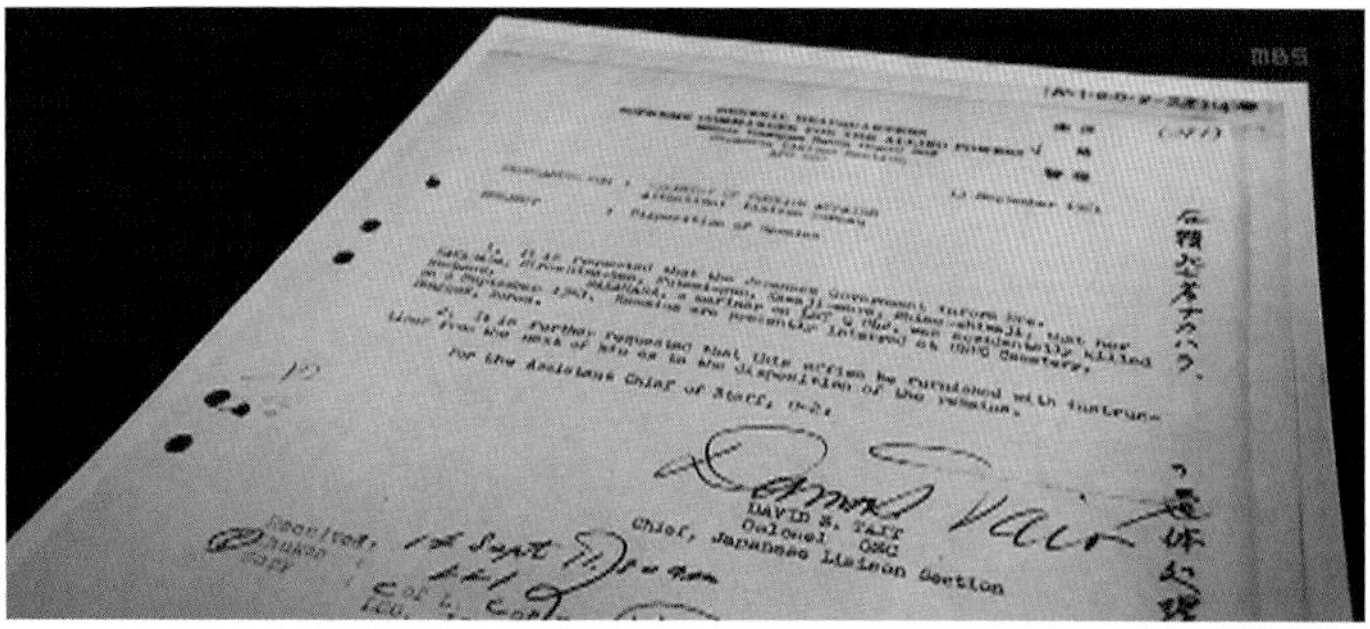

For the Assistant Chief of Staff, G-2,

DAVID S. TAIT
Colonel GSC
Chief, Japanese Liaison Section

22 米軍からのナカタニさんの死亡通知（外務省公文書館）本文 174 ページ

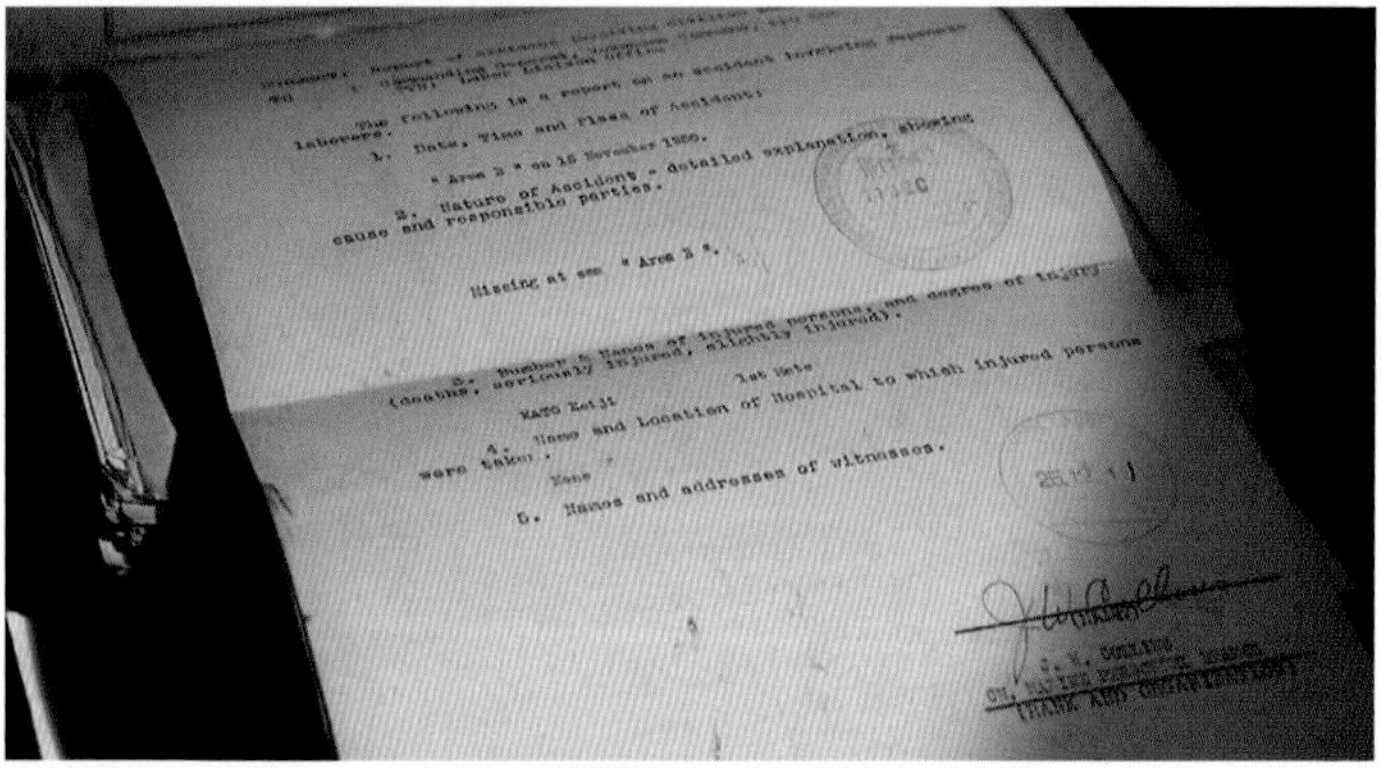

23 神奈川県に通知された朝鮮戦争の犠牲者記録（神奈川県公文書館保管、1950 年）
本文 175 ページ

24 神奈川県による朝鮮戦争犠牲者 の「慰霊式」 本文 176 ページ

25 海上自衛隊阪神基地隊へ向かう中谷藤市さん（神戸市） 本文 179 ページ

26 阪神基地隊所属の掃海艇（神戸市） 本文 180 ページ

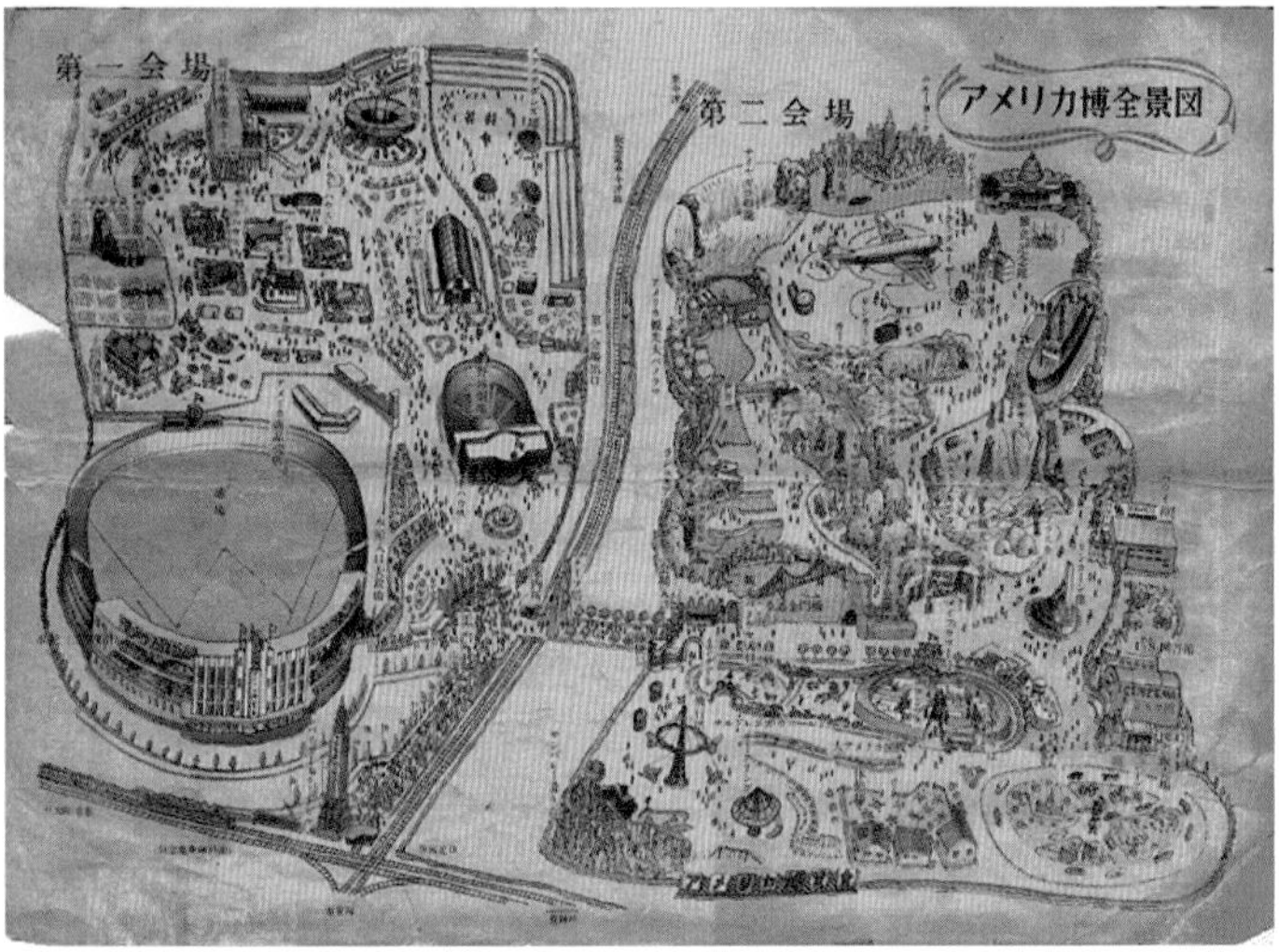

27 アメリカ博覧会全景図（アメリカ博パンフレットより）　本文 205 ページ

28 パン・アメリカン航空クルーザーとニューヨーク市街パノラマ
（アメリカ博パンフレットより）本文 212 ページ

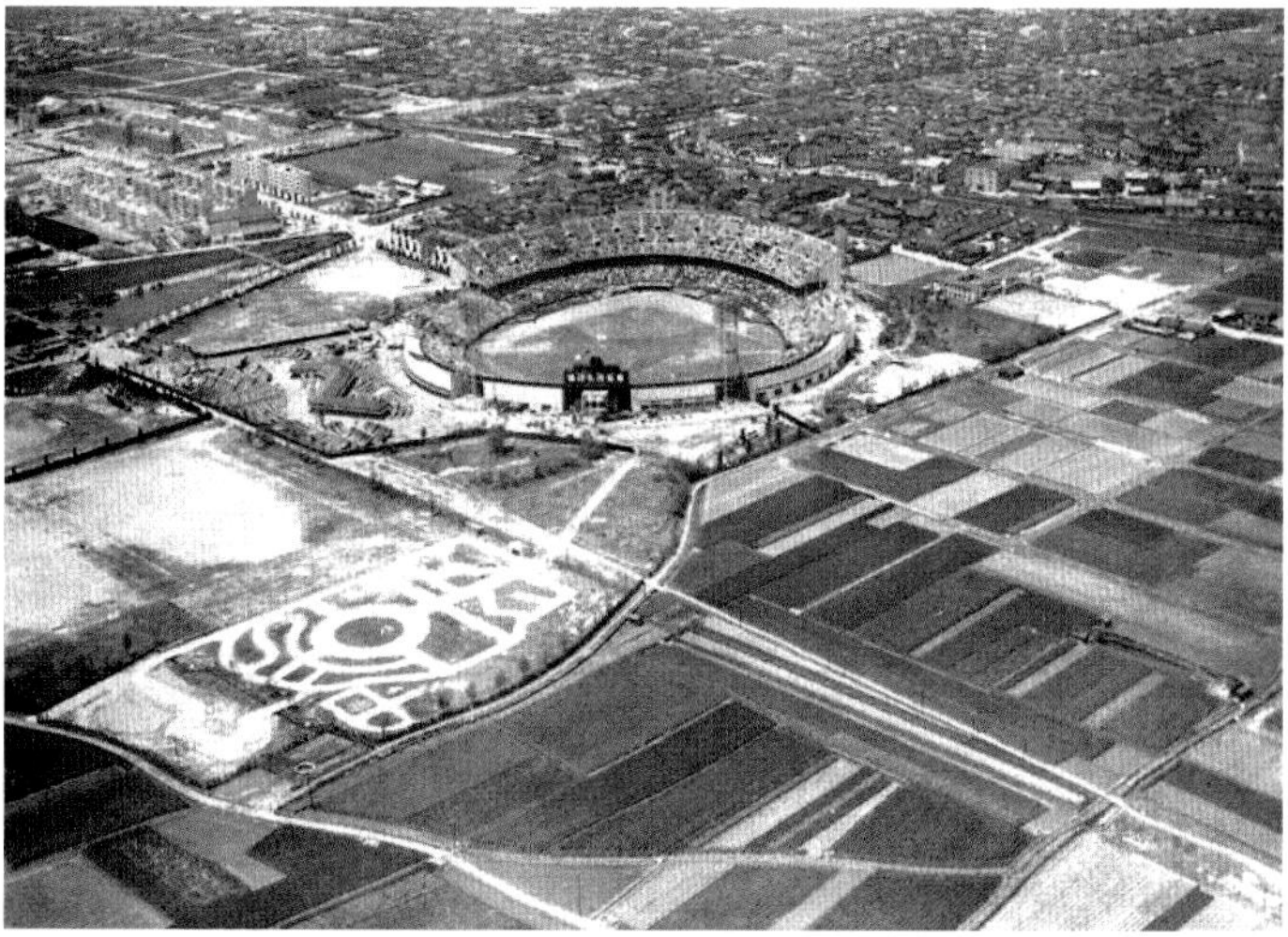

29 アメリカ博第 1 会場の跡地（1951 年頃、西宮市 HP より）本文 213 ページ

30 原子力送電を伝える万博会場の電光掲示板（関西電力 HP より）本文 227 ページ

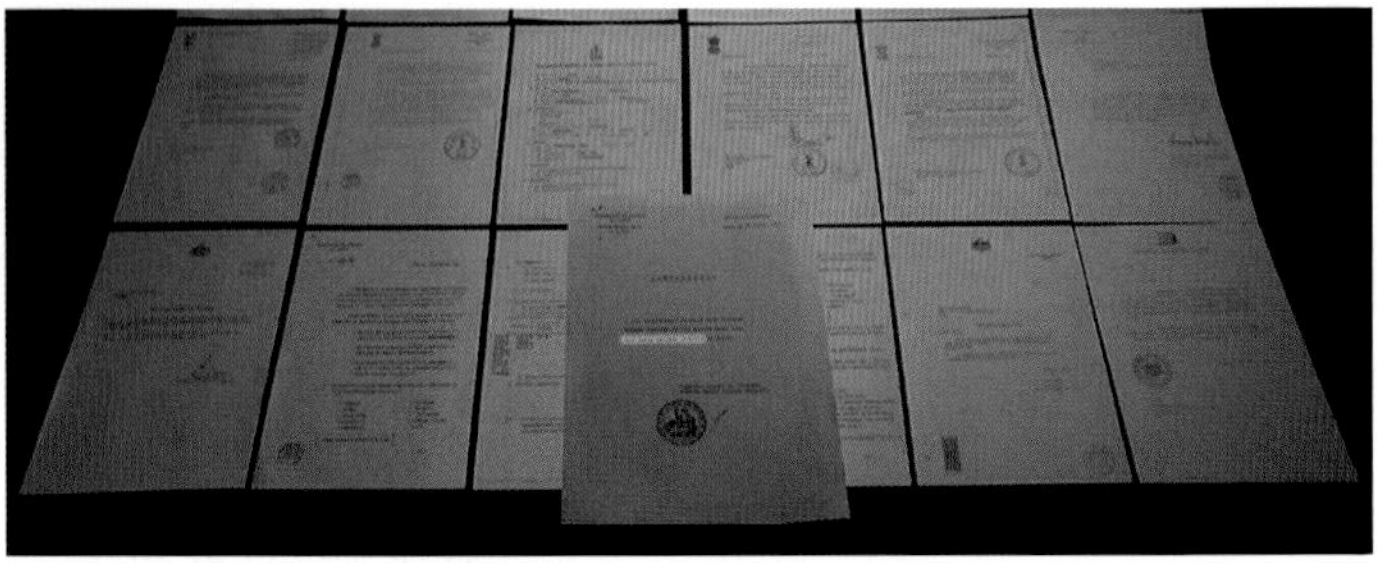

31 神戸市に提出された非核証明書　本文 281 ページ

32 艦船母国が提出した非核証明書　本文 281 ページ

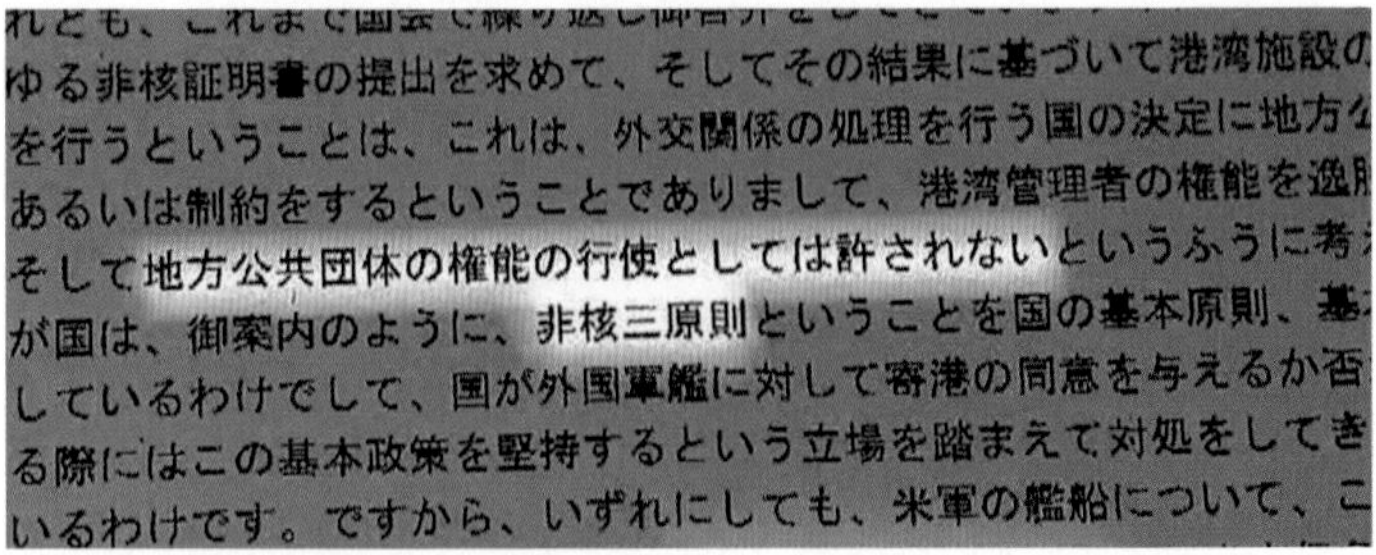

れとも、これまで国会で繰り返し御答弁をしてきて
ゆる非核証明書の提出を求めて、そしてその結果に基づいて港湾施設の
を行うということは、これは、外交関係の処理を行う国の決定に地方
あるいは制約をするということでありまして、港湾管理者の権能を逸
そして地方公共団体の権能の行使としては許されないというふうに考
が国は、御案内のように、非核三原則ということを国の基本原則、基
しているわけでして、国が外国軍艦に対して寄港の同意を与えるか否
る際にはこの基本政策を堅持するという立場を踏まえて対処をしてき
いるわけです。ですから、いずれにしても、米軍の艦船について、こ

33 非核神戸方式に対する日本国政府の見解（外務省の回答）　本文 282 ページ

阪南大学叢書 120

KOBE1975

核と原発、帝国と同盟の博覧会

坪井兵輔

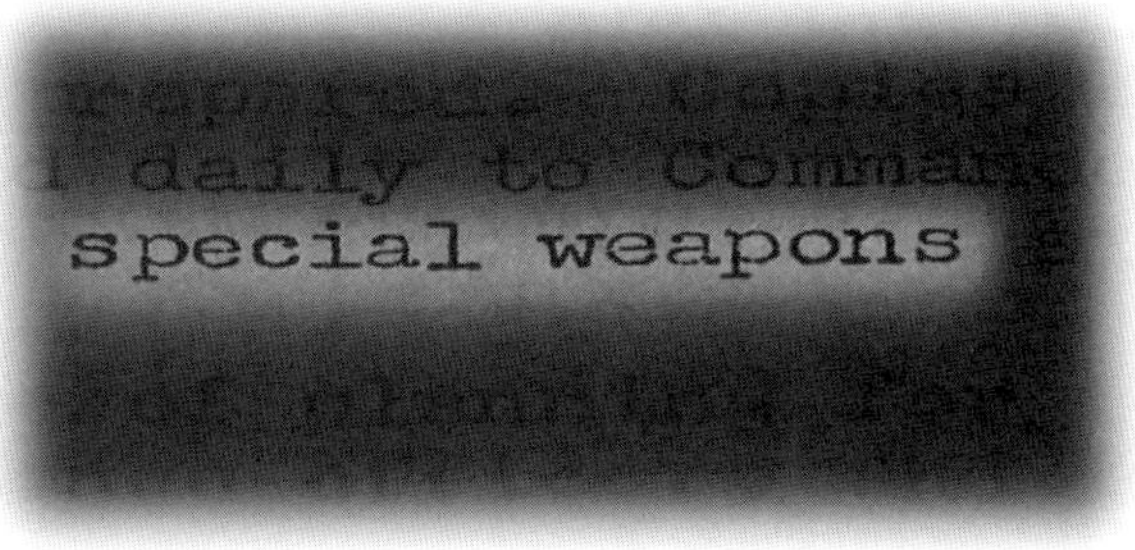

かんよう出版

表紙カバー写真

米空母「オリスカニ」航海記録の核兵器に関する記載

本文42ページ

目　次

第2章　神戸と戦前―帝国の策源地―

第3章　神戸と戦争―軍都と聖都の蹉跌―

目　次

第5章　神戸と復興 ―「核」の博覧会―

ＫＯＢＥ１９７５

―核と原発、帝国と同盟の博覧会―

プロローグ　―核と神戸と博覧会―

核と神戸と博覧会

１９８１年4月9日、神戸港を発った貨物船「日昇丸」は東シナ海を航海中だった。目的地は中国。南東からの風が深い群青色を湛える海原に高さ１ｍの波を作る。小雨が舞う。視界はおよそ３㎞。日昇丸は砕け散る波濤を切り裂きながら、蒼茫たる海原を西に向かう。生憎の曇天だが、時折、飛魚が水面を滑空し、春の訪れを告げる。船内は普段と変わらず平穏な空気に包まれていた。だが、深海では人知れず潜航する「アメリカの核」が迫っていた。

午前10時30分、日昇丸は突然、衝撃を受ける。「一体、何が起こったんだ」「このままじゃ沈没するぞ」。船内は騒然となったが、救難信号を発する暇もない。15分後、船は蒼い海に飲み込まれ、暗黒の海底に消えていった。乗組員も渦に巻き込まれ、深海に沈んでいった。この海域は知られざる「核の海」だった。アメリカの原子爆弾を搭載した戦闘機が１９６５年、空母から転落。海底に沈潜したままになっている。爆発や腐食による放射能漏れなど、重大な環境汚染をもたらしかねない重大事故。だがアメリカは不都合な事実を封印。日本政府に知らされることはなかった。

日本の民間船を沈めた「アメリカの核」。その実像は軍事機密の塊だった。

日昇丸が出港した神戸は当時、神戸市主催の「神戸ポートアイランド博覧会」の真っ最中だった。古来より中国や朝鮮半島と日本をつないだ神戸港に浮かぶポートアイランド。六甲山系を削った土砂で海を埋め立て造成した海上都市。神戸市が推進した「山、海へ行く」の象徴だった。広さは甲子園球場120倍。水深20m。ここを舞台に1981年3月20日から9月15日まで博覧会が開かれた。

明治の開港以後、神戸を彩ったのは幾多の博覧会やイベントだった。外国艦船の寄港や船舶の進水式、艦船の博覧会である「観艦式」、行幸など天皇の来神、時代の画期をなす祭典が進取の気風を培った。この神戸の代名詞「ハイカラ・モダン」の真骨頂こそ「ポートピア'81」だった。会長は神戸市長・宮崎辰雄。テーマは「海の文化都市」の創造。川崎重工はじめ、神戸を代表する企業が出展し、入場者は16、102、752人を記録。中国から海を渡ったパンダ2頭も話題になり、純益は60億近くに上った。地方自治体主催の博覧会としては世界でも前例のない大成功を機に、神戸市は都市経営のモデルとして注目され、「株式会社神戸市」と称されるようになる。

このポートピア'81は「戦後神戸の総決算」だった。神戸は日米開戦の起点となった真珠湾攻撃に参戦した潜水艦や空母の建造拠点だった。特攻兵器も作られ、若き命が神戸の空に散った。戦中、米軍に徹底的に焼き尽くされ、幾多の市民が落命した。神戸港沖合も機雷で封鎖され、戦争が終わっても多くの船舶が海の藻屑と消えた。

戦争を繰り返すまいと平和を謳った日本国憲法が公布された後も米軍基地が作られた。そしてアメリカの戦争を支え、神戸の産業も他国の戦争によって復興を果たす。神戸は知られざる日米同盟の最前線であり、憲法違反の現場だった。

博覧会では憲法が謳う地方自治、そして「日米同盟」が展示された。この同盟の象徴こそ、アメリカと神戸の結節点、原子力発電と潜水艦だった。プールに囲まれたみどり館は潜航する潜水艇を模し、中にはアメリカ製の深海潜水艇が来場者を迎えた。未来エネルギー館では関西電力が核融合を紹介し、原子炉内部模型を展示。豊かな生活をもたらす「核の平和利用」のシンボルである原発をＰＲ。国際館では神戸の姉妹都市シアトル市を紹介、ハワイアンショー、アメリカンショーもお目見えした。

地方自治体館では「ふるさと回廊」が設けられ、地方自治の歩みがイラストで紹介された。神戸を人と物資と情報が行き交う「安全保障の要衝」に押し上げた機関車も会場を巡った。神戸を舞台に幾度も開催されてきた博覧会。このメディア・イベントは戦争と平和、反米と親米、核兵器と原発という正と反を合に止揚させるプロパガンダ装置でもあった。神戸の産官学が一体となって盛り上げ、国際港湾都市を祝祭空間に変えたポートピア'81。高揚が会場を覆う最中に起きた「アメリカの核」と民間貨物船の衝突事故。日米同盟を毀損しかねない重大事故の実相は一体、どのようなものだったのか。

現在、神戸港から定期外航コンテナ航路は世界各地に展開し、その数80に及ぶ。中でも中国、東南アジア航路が航路数、頻度共に8割に迫る。この神戸にとっての「海の生命線」が延びる東シナ海は、米ソ原潜が対峙する「核の回廊」だった。今も核大国ロシアをはじめ、海洋進出と軍備を増強する中国、そして海中発射型核ミサイル開発を進める北朝鮮の潜水艦が人知れず往来する「核の最前線」だ。

沈没した日昇丸は神戸港で綿花や雑貨2、600ｔを積み、時速11ノットで上海を目指した。排水量は235ｔ。愛媛県北条市の海運会社所属だった。鹿児島県下甑島付近の釣掛崎の西南およそ67㎞に来た時、突然、左舷に桎梏の塊が衝突。乗組員は立っていられないほどの衝撃を受けた。一体何がぶつかったのか確かめる間もなく浸水が始まる。うろたえる船員は救命ボート2隻を下ろしたが、船長と航海士の2名は貨物船と共に沈んでいった。残された乗組員13人は18時間漂流し、沈没現場から30㎞離れた地点で海上自衛隊の護衛艦に救助された。乗組員は「潜水艦に衝突された」と証言し、後に貨物船を鎮めたのは米海軍のポラリス型弾道ミサイル搭載原子力潜水艦「ジョージ・ワシントン」と判明。

2001年2月10日、ハワイ・オアフ島沖で宇和島水産高校の実習船「えひめ丸」も米原潜「グリーンビル」に衝突され、9人が犠牲となったが、20年前にも愛媛県ゆかりの船が米原潜によって海中に消えた。

潜水艦ジョージ・ワシントンは全長116ｍ、112人乗り。戦略ミサイル原潜と呼ばれ、世界で初めて核弾頭搭載弾道ミサイルを装填した。この潜水艦発射弾道ミサイル（ＳＬＢＭ）はアメリカの核兵器の中で最も隠密性が高く、大陸間弾道核ミサイル（ＩＣＢＭ）、長距離爆撃機搭載核爆弾と並び、米核戦略の最重要兵器に位置づけられる。破壊力や敵基地攻撃能力といった性能に関する情報はもとより、潜水艦への配備の有無や所在地など、運用全てが国家の存亡に関わる軍事機密である。どこまで事故の真相を開示するかを巡り、日米両政府は対応に苦慮する。

１９８１年８月、当時のマンスフィールド駐日大使から日本政府に事故報告書が提出された。だが、不明点があった。報告書によれば事故は国際水域で発生。ジョージ・ワシントンは弾道ミサイル原潜（ＳＳＢＮ）で韓国南部の鎮海に向かっていた。鎮海はかつて日本海軍が基地を構え、戦後は韓国軍の拠点になっている。原潜は対潜水艦訓練中で、青森にある三沢基地所属の対潜哨戒飛行隊のＰ３Ｃ機と共同行動中だった。米軍の事故への所見は以下であった。

衝突時、ジョージ・ワシントンは非優先であり、日昇丸を回避しなければならなかった。だが、状況から判断するに回避を怠った。乗組員は警戒、報告を怠り、任務への無知をさらけ出し、訓練状態も標準以下だった。日昇丸と衝突した後に潜航し、損害確認、救助を怠った。

（マンスフィールド駐日大使から日本政府への事故報告書）

と断じた上で、アメリカ太平洋艦隊司令官の見解が続いた。

弾道ミサイル原潜の所在地は決して知られてはならないと命じた。ミサイル配備も原子力

潜水艦であることを秘匿する必要がある。（同前）

司令官は「秘匿の必要性」を繰り返し強調。アメリカの核戦略は同盟国にも、犠牲者にも、遺族にも知られてはならない軍事機密だった。

この核兵器搭載原子力潜水艦こそアメリカの「核の脅威と平和利用」の顕現だ。1954年、アメリカで世界初の原子力発電を推進力とする潜水艦ノーチラス号が進水。アメリカは広島、長崎を灰塵に帰した原子爆弾の「平和利用」として原発を製造、その原発を推進力として搭載したのが原子力潜水艦だった。後に原潜には核兵器が配備され、核戦略の主力となる。ソ連も追随し、原潜を開発。1962年以後、一歩間違えば核戦争に直結しかねない事故が深海で相次いだ。米ソは日昇丸事故以前にも日本海や東シナ海など、世界中で惨事を起こし、その数は判明しているだけで10件に及ぶ。

このアメリカの核搭載原潜が太平洋における拠点としたのが日本だった。1964年、米原潜「シードラゴン」が佐世保に寄港し、日本列島の母港化が始まった。その後、横須賀と沖縄のホワイトビーチ基地への入港を繰り返し、日昇丸事故以前でも200回を超えた。

神戸港は「核の回廊」へと続く航路の起点であり、潜水艦の建造・修理ができるのも日本では神戸しかない。そして福島原発事故以後、日本最大の原発製造拠点でもある。これまで一度も米原潜の寄港はないが、神戸はかつて朝鮮戦争とベトナム戦争では米軍の出撃拠点となり、艦船が次々と戦地に向かった。そして原子爆弾が持ち込まれた。

神戸がアメリカの核戦略に組み込まれた理由が世界有数の港湾機能だった。

世界一の港・ＫＯＢＥ（写真1）

日米開戦の地、真珠湾があるハワイ。ここに在日米海軍を傘下に持つインド太平洋軍司令部が所在する。担当海域は太平洋・インド洋、そしてオセアニアや東南アジアに及ぶ。このエリアにはアメリカの軍事同盟国が広がる。1952年、アメリカはフィリピンと米比相互防衛条約、オーストラリア、ニュージーランドとＡＮＺＵＳ太平洋安全保障条約。1954年、韓国と米韓相互防衛条約。そして1960年、日米安全保障条約を締結した。

この軍事同盟を主導する司令部は世界の港湾の軍事的機能を調べ、評価する「港湾案内」を作成している。核兵器廃絶を目指すＮＰＯピースデポが入手した1970年代の資料によると、神戸港の使用価値は極めて高く「世界最高の港の一つ」と評価していた。（写真2）

神戸港は燃料、水、糧秣、物資補給に優れ、医療施設も整っている。医薬品も調達しやすい。鉄道、道路網が充実し、物流の要になっている。周辺には重工業があり（装備）修理や補充機能も高い。衛生状況も良好で、港湾も使い勝手がよく、荷役も簡便。休養にも優れた世界一の港。

（アメリカ太平洋軍司令部「港湾案内」）

米兵を戒める意味なのか判断はつきかねたが「PROSTITUTION」の記載もあった。神戸は米軍基地が置かれ、アメリカが主導した戦争の出撃拠点となった過去がある。港を知悉する米軍は兵士の戦意を削ぎ、犯罪の原因ともなるDRUGが出回っていないかも念入りに調べていた。現在、米軍にとっての利便性はさらに向上した。川崎や三菱、神戸製鋼をはじめとした重工業は近代化され、神戸と名古屋を結ぶ日本初の高速自動車道が神戸港に直接接続。神戸市が66年に着工したポートアイランドではコンテナ用施設が整備され、70年代初頭には取扱量世界一になった。

震災後、陰りが見えるものの、今は医療産業都市構想が実現。戦前、核開発研究を牽引した理化学研究所もある。STAP細胞を巡る「事件」も起きたが、生命機能科学研究センターが最先端研究を展開している。一時、世界一の性能を誇ったスーパーコンピューター「京」も置かれ、産官学一体となり医療産業の育成に注力している。

この構想に参画したのが世界最大の建設会社、アメリカのベクテル社だった。神戸市が1億円近いコンサルタント料を支払ったベクテルは米原子力業界や軍需産業、そして国防総省など米政財界との結びつきが深く、後の国防長官、国務長官も社長を務めてきた。スリーマイル島やチェルノブイリ原発、太平洋のミサイル迎撃実験基地、それに原爆を開発したロスアラモス研究所にも深く関わる。日本にも参入し、関西国際空港ターミナルビル建設を共同受注している。このべクテルが描いた医療産業都市構想の要として期待されたのが神戸空港だった。ポートアイランド沖合を埋め立て、２００６年に開港。この空、海、陸からのアクセス向上は米軍から見れば傷ついた兵士をいち早く治療し、戦略物資を迅速に補給する兵站機能の各段の向上を意味する。

震災後、神戸市は財政悪化の一途を辿っている。一体何故、ベクテルを選んだのだろうか。神戸市に取材すると「当時の資料はありません。破棄しました」との回答だった。

この日米同盟の系譜は１９４５年を起点とする。港は米軍に接収され、六甲山には米軍レーダー基地が設置された。だが１９７５年に「非核神戸方式」ができてから、核大国アメリカの艦船は一度も入港していない。核を後ろ盾とする超大国アメリカの軍事戦略を事実上拒んできた世界に類を見ない非核政策だが、神戸市民にすらほとんど知られていない。

一体、どのような政策なのか。どうして広がらないのか、如何なる力学が作用しているのだろうか。本書執筆のきっかけは「戦後の戦前化」を懸念する「遺言」だった。

歴史の襞に沈潜する「声なき声」

ああ、俺は何をしているんだ。目の前で真っ黒に焼け焦げた兵士が横たわっている。口の中だけが真っ赤で、全身は黒い炭……、思いましたね、俺は人殺しだ。人を殺す手伝いをしている……、戦後、憲法ができ、戦争しないって誓った国で。俺が運んだ戦車が、弾薬が街

を焼き、子どもを殺す。目の前で動かない母親にすがって幼い子どもが泣き叫んでいる。あの頃、神戸の港も殺気立ってましたよ。もう、あんな港になってほしくない。平和な港でいてほしい。ここから普通の市民が戦地に向かうなんて、絶対にあっちゃならない。

戦後、神戸から朝鮮半島に出撃した米軍を海上輸送したのは日本の民間船員だった。憲法違反を理由に忌まわしい記憶は封殺された。

最愛の弟との別れが神戸でした。あれが最後になるとは……。みんな平和だ、平和だって言ってる最中、極秘で戦場に送られて、海の藻屑と消える。戦争は終わっていたんですよ、それなのに戦死した。戦後の戦死って何ですか。その上、米軍と日本政府は徹底的に沈黙を命じました。「憲法違反」が公になったら、大変なことになると。父母は怯え、息子の死を漏らしたら殺されると震えました。こんなこと、もう二度とあってはならんのです。

弟は朝鮮半島の海で米軍のための掃海活動中に亡くなった。日米同盟の代償は、決して公になってはならないタブーとされた。

神戸には戻れません。あんな冷たい街はない。戦争で親を亡くした幼い子どもを見棄てた

んだ。一日一日、何とか生き延びる生活。同じ孤児は朝起きたら死んでたよ。それでも大人は手を差し伸べようともしない。何がハイカラ、おしゃれだ。憲法なんて何の役にも立たなかった。戦争始めたやつも謝らない。こんなこと、あっちゃならないんだよ。俺たちにとって戦争は終わらない。死ぬまで戦後なんてないんだよ。

両親を失くし、蔑まれ、侮られ、未来を奪われた戦争孤児は闇市ができた神戸に集った。懸命に生を紡いだが、死と隣り合わせの日々だった。人生の秋口を迎えても戦後は来なかった。

胸の痛みは今も消えません。私がしたことは当時は仕方なかったけれど、他人の内心をのぞく、信書の秘密を検閲し、報告する、人間って誰にも知られたくない事がある。プライバシーですよね、これが明らかになると自分が自分でいられなくなるもの、それを開けたんです。戦争は機密を生み、人を傷つけるんです。

戦争は神戸に思想統制、言論封殺をもたらした。生きるためには仕方なかったが、同胞監視に従事した女性に刻まれた傷は今も疼き続ける。

目の前で親父が逆さにつるされ、血だらけになるまで殴られる。気を失うと水桶に放り込

まれ、また殴られる。スパイだろう、**白状しろと。私は当時、小学生ですよ、幼い子どもなのに父に差し入れた弁当は踏みにじられた。**そして**帰ってこなかった。**

六甲山を登れば高射砲陣地の視察、港を散歩すれば艦船や潜水艦の建造能力を確認、田畑のそばを通るだけで戦争遂行に欠かせない食料生産能力を調べたスパイ容疑で捕らえられた時代があった。獄中死した父の息子は憎しみの連鎖を断ち、義憤を飲み込んだ。

2012年、「日本を、取り戻す」と謳った自民党。結党以来の党是は「憲法改正」。照準したのが日米同盟の強化だった。2014年7月1日、安倍政権は集団的自衛権の行使を容認するため、憲法解釈変更を閣議決定。専守防衛のもと自衛隊の戦争参加を制限してきた「戦後日本」は岐路を迎えた。

佐藤栄作が表明した武器輸出を抑制する三原則は「防衛装備移転三原則」になり、他国軍への支援も内容次第で可能となる「開発協力大綱」も閣議決定。「積極的平和主義」に基づきODAの戦略的活用が強調された。戦中、大学が戦争協力した反省から遠ざけられてきた軍学共同が解禁。「アンシャンレジーム」からの脱却は特定秘密保護法、共謀罪の成立に結実した。

憲法違反と同義の日米同盟。その深化に向けた既成事実は神戸周辺でも確実に、着実に、積み重ねられた。近畿初となる米軍が常在するレーダー基地が京都府最北端に設置された。滋賀県でオスプレイを使った日米合同訓練が開かれ、伊丹の陸上自衛隊部隊は南スーダンに派遣された。神戸港の海上自衛隊掃海部隊も日米合同訓練を重ねた。神戸で建造された潜水艦は米中対立の最前線、南シナ海に向かった。この潜水艦は武器輸出の主力「商品」に位置づけられ、売り込み交渉が繰り広げられた。原発事故後も原発輸出に力を入れ、核不拡散条約に参加していない核兵器保有国インドと特別な取り決めを交わした。

この日米同盟を担保するのがアメリカの「核の傘」だ。世界唯一の戦争被爆国、日本は米軍の提供する核抑止力を享受し、安全保障のコストを免除された。２０２１年、被爆者の悲願だった核兵器禁止条約の発効にも両国は背を向けた。核兵器の開発、保有、使用を禁じ、抑止力としても利用しない非核の理念に日本もアメリカも参加しようとはしない。

神戸で差別を恐れ、息を潜めるように生活してきた被爆者が批准を求め、街角に立った。酷暑でも、烈風でも、毎月、署名を呼びかける。残された時間を削り、訴える。

広島から神戸に来たとき、ほっとしたんです。山と海に恵まれ、風が心地いい。港にくると嫌な事、煩わしいこと、全部消えますね。日差しも気持ちがいい。こんな街に核兵器なんていらない。核兵器は国の守りに欠かせない必要悪という意見があるけれど、何をもたらすのか。原爆は、核兵器は絶対悪なんです。被爆者は沈黙しています。差別と偏見があるんです。言っていいことなんて何もない。それでも分かってほしい。核の罪を。非核神戸方式が持つ

意味を。

人生の秋口を迎えた被爆者が、病をおして声を上げる。だが、切実な願いは神戸の隣人には響かない。どうしてなのか。

神戸の歩みは近代日本と相似をなす。明治の開港以来、殖産興業、富国強兵を追求し、艦船や潜水艦、武器弾薬、戦闘機の建造拠点となってゆく。神戸は国威発揚装置である「兵器の博覧会」の舞台となり、港では統一国家「日本」の象徴、明治天皇が艦船を観閲する観艦式が幾度も開催された。現在の王子公園でも「戦争博覧会」が繰り返し開かれるようになり、戦争は身近なものになってゆく。こうして神戸は軍都となり、軍都は軍機に覆われた。その陰で無辜の民がスパイとされ、軍機保護法違反で獄中死した。

戦中はアメリカに徹底的に爆撃され、核投下目標に選定され、模擬原爆が落とされた。港は機雷で封鎖され、幾多の民間人が海底に消えた。戦後、戦争放棄を謳った日本国憲法が公布されたが、神戸は違憲の「策源地」になった。米軍の兵站基地になり、日本の民間人が極秘で戦地派遣された。「違憲の同盟」。代償は犠牲者の記録と記憶の封殺だった。核と戦争の残忍さ、非人道性は歴史の古層に葬られ、神戸の被爆者は、戦災孤児は、違憲の当事者は沈黙を強いられた。

だが、アメリカによる「核ならし」の舞台も神戸だった。活用されたのがまたしても博覧会だった。反米から親米への啓蒙装置が日米同盟を深化させてゆく。その象徴こそ「核の平和利用」を体現する原子力発電だった。この原発によって人道に反する核の脅威は「快適で便利な文明の恩恵」に転換されていった。

一体、核は人類殲滅兵器か、それとも、豊かな生活をもたらす福音か。

世界で唯一の戦争被爆国・日本は憲法の精神に則り、「核兵器を製造しない、持たない、持ち込ませない」との非核三原則を国是とした。この国是に則り、核兵器持ち込みを禁ずる仕組みを作ったのが神戸市会だった。

1975年3月18日、「非核神戸方式」を全会一致で決議。これは神戸港寄港艦船に非核証明書提出を求めるもので、何ら法的な裏付けがあるわけではない。だが成立後、アメリカの艦船は一隻も入港せず、事実上、世界最強の核大国の核戦略を拒んできた。核のない一日、一日の積み重ねがFACTになり、ほぼ半世紀に及ぶ実績となった。一地方自治体に過ぎない神戸市の議会決議「非核神戸方式」は世界で類を見ない、実効性を伴う、非核政策になっていった。

この憲法が定める地方自治の精髄たる非核政策を国は認めない。外交と防衛は政府の専管事項であり、非核神戸方式は地方自治体の権能を逸脱し、決して許されないと峻拒する。

近年、大阪の「都構想」を巡って政財界はじめ大阪市民を二分する激しい議論が巻き起こったが、中央集権か地方分権か、国のありかたをめぐる模索は民主主義、国民主権とは何かを問いかける。

今、世界は混迷の度を深めている。アメリカのトランプ政権は「使える核」の開発を推進し、原潜に核兵器を再配備。ロシアや中国など核保有国も「絶対悪から必要悪へ」と核戦略を転換。イギリスも軍縮方針を取りやめ、核兵器増強を公表。軍事的に台頭する中国に対抗すべく、日米はインドやオーストラリアと関係強化を進める。

非核神戸方式は日米同盟に反し、日本の安全保障を毀損すると非難する声もある。事実、無効化に向けた法整備は着実に重ねられてきた。その到達点が安倍政権による「平和安全法制」だった。いつアメリカの艦船が神戸港に寄港しても、事実上なんら制約もなくなった。

筆者は当時、民放ディレクターだった。この日米同盟の深化や憲法改正論議に触れ、核を手がかりに国のあり方を生活の場から捉えなおし、問い直したいと思った。自分の散歩の範囲、半径8kmを掘り下げ、ローカルにこだわることで、何が見えてくるのか、身近な生活にどのような影響があるのか確かめたかった。問いはさらなる問いを引きよせた。

神戸は開港後、どのような歩みをたどったのか。初代兵庫県知事、伊藤博文は如何に国のあり方と格闘したのか。何故、憲法が要請されたのか。富国強兵と殖産興業は神戸港を如何に変容させたのか。博覧会は何を幻視させたのか。軍事機密によって誰が犠牲になったのか。どうして徹底的にアメリカに爆撃されなければならなかったのか。戦災孤児に戦後はあったのか。憲法違反はどのように封印されたのか。神戸の自衛隊は戦地派遣されるのか。どれほど日米同盟の不都合な記録と記録が隠蔽されたのか。日本に地方自治はあるのか……。

取材は応じてくださった方々の人生を引き受ける覚悟がなければ許されない。その重たさと、「なんでこんな取材するのか。お前は非国民や」と浴びせられる誹謗中傷に、心身の限界を感じ取材を断念したこともある。それでも、書かずにはいられなかった。民放では決して報道できなかった声や記憶を伝えたかった。

本書は2014年以後、安倍政権が日米同盟深化や憲法改正に向けた政策を本格化させた時期に制作したドキュメンタリー番組『蘇る最前線〜神戸と核と日米同盟』に、8年間の追加取材を加え構成した。取材先の幾人かの方は天に召された。託された「遺言」、そして被爆者の、戦争孤児の、スパイとされ、獄死した犠牲者の、憲法違反を理由に沈黙を強いられた市民の「声なき声」を伝えることは筆者が果たすべき義務であり、引き受けた宿題である。長いプロローグになってしまったが、何卒、お付き合い願いたい。

（注）戦争の表記は付記がない限り太平洋戦争を指す。なお、登場する方々の肩書、年齢は取材に応じてくださった時期の社会情勢を鑑み、取材時のままとした。

第1章　神戸の相貌　―知られざる日米同盟の最前線―

神戸素描

若く明るい　歌声に　雪崩は消える　花も咲く
青い山脈　雪割桜　空のはて　きょうもわれらの　夢を呼ぶ

石坂洋次郎原作の日本映画『青い山脈』の主題歌は六甲の山並みにちなむ。作曲家、服部良一は神戸港に迫る峰々に曲想を得た。（写真３）

蒼天の下、港から颯爽と「青い山脈」を目指す。神戸開港後、清涼を求めたイギリス人が山上を開拓し、雲上に日本初のゴルフ場が作られた。２時間ほどで六甲山系を代表する摩耶山展望台につく。標高およそ７００m、遮るものはなく六甲おろしが吹き抜ける。出航を告げる汽笛が響く恋人たちの聖地だ。ケーブルとロープウェイを乗り継いだ登山者が次々と到着。眼下には日本一の酒どころ灘五郷、絶景を肴に宴が始まる。

国立公園に指定された六甲山系は、毎秋、全山縦走大会が開かれる。参加者は全国からの4、０００人近く。踏破距離は56㎞。平家ゆかりの須磨から、かつて米軍レーダー基地が設置された最高峰を経由し、歌劇団で知られる宝塚まで丸一日かけて踏破する。神戸市民に親しまれるこの自然道はかつて軍事教練の行軍路だった。

標高９３１ｍの最高峰に立つと眼下には海と山の大パノラマが展開する。目に飛び込んでくるのは３つの空港、３つの鉄道、３つの幹線道路。地中にも新幹線が通る。そして南、東、西に通ずる３つの航路。古代から渡来人によって開拓され、大陸文化の入り口だった神戸。今も海、陸、空が海外に開かれた国際貿易港だ。南には山岳修行の霊場、紀伊山地の峰々を背景に大阪湾が広がる。関西国際空港と淡路島が浮かぶ。

目を引くのが２０２５年開催予定の大阪・関西万博会場の夢州だ。テーマは「いのち輝く未来社会のデザイン」、広さ甲子園球場１５０個分の人工島で工事が続く。夢州は家庭のごみ焼却灰や産業廃棄物などで１９７７年から埋め立てられる。当初の開発計画はバブル経済の崩壊で失敗し、「負の遺産」と呼ばれた。夢州の後背地が大阪平野。北に「人類の進歩と調和」を掲げた「日本初の万博開催地」がある千里丘陵が見える。

この大阪平野と京の都を結ぶ淀川沿いに高層ビル群が天を衝く。大阪北部の重心、梅田だ。関西は私鉄王国、ここを起点に阪急、阪神、ＪＲの線路が海岸線に沿って西へ伸びる。列車に並走して車列も東西に行き交う。日本初の高速道路・名神高速から続く阪神高速、国道2号線や43号線が線路に伴走する。

戦前、弾丸列車構想で開発された鉄路の一部を走る山陽新幹線も山際を走る。西宮にある関西学院大学の傍から新神戸駅まで六甲山トンネルを疾走、16㎞のトンネル工事では50名を超える犠牲者が出た。武庫川を西にわたると西宮市。球児の聖地・甲子園球場では凱歌がアルプスタンドに響き渡る。

六甲颪に　颯爽と　蒼天翔ける　日輪の
青春の覇気　美しく　輝く我が名ぞ　阪神タイガース

阪神タイガースの球団歌『六甲おろし』は古関裕而氏が作曲した。NHKテレビ小説『エール』のモデルは夏の甲子園で奉唱される『栄冠は君に輝く』も作曲した。

もう一つのランドマークが関西随一の駅前百貨店、阪急西宮ガーデンズ。かつてこの地にあった西宮球場は戦前は「戦争博覧会」、占領下の「アメリカ博覧会」会場だった。詳しくは第5章で紹介する。ここから山が一気に海にせり出す。

神戸市の人口はおよそ150万人。六甲山系の南側は東西20kmにわたって市街地だが、南北は広くて4kmほど。狭隘な街の山手は住宅地，中間部が商業地区、海岸沿いは工場が密集し，海は埋め立て地が続く。海に面してかつての神戸商船大学（現・神戸大学海事科学部)、隣接して飛行艇を建造する新明和工業、南に突き出した埋め立て地の一角に掃海艇部隊が所属する海上自衛隊阪神基地隊がある。

作家・谷崎潤一郎が暮らした芦屋から西に、岡本と御影が続く。この辺りは「阪神間モダニズム」の名残りを色濃く留め、山手の邸宅街が港を睥睨する。文教地域として知られ、神戸大学をはじめ、『沈黙』を書いた遠藤周作を輩出した灘高校や、村上春樹が卒業した神戸高校がある。

三宮に近づくと目立つのが昭和を留める観覧車。動物園のある阪急王子公園だ。神戸にアメリカ文化を刻んだ関西学院大学の跡地であり、今もアメリカンフットボールの名勝負が繰り広げられている。詳しくは第３章で後述するが、ここで戦前、戦後に博覧会が開かれた。

海辺には震災を機に開発された神戸市の東部副都心・ＨＡＴ神戸。阪神淡路大震災の記憶を伝える「人と防災未来センター」がある。隣には海外援助の実施機関ＪＩＣＡ関西。沖合には人工島六甲アイランド。

西に2駅、ここからが神戸の中心地、神戸三宮駅（隣接してＪＲ三ノ宮駅）だ。ＪＲと阪急、阪神が集結し、神戸電鉄に接続する地下鉄との結節点だ。戦後、付近には米軍基地が作られた。ここから南に港へと続くフラワーロードが伸びる。途中に神戸市役所の高層ビルが聳える。庁舎は4代目。１８８９年、市制実施と共に市役所が発足。初代庁舎は西に2駅の現・ＪＲ神戸駅近傍だった。2代目はこの駅の北にある地方裁判所の東隣、３代目は湊川公園。１９５７年にこの4代目に設置された。市会議事堂は29階にある。

市役所の南には東遊園地。開港後の外国人居留地でアメリカが整備した。神戸税関を過ぎると神戸港だ。１８５８年、勝海舟が神戸海軍操練所を開設、戦前は観艦式が開かれ、沖合は艦船で埋め尽くされた。日清、日露戦争を経て国際航路は拡充し、日本の植民地として統治した台湾、朝鮮半島や満州、南洋諸島への定期船が行き交うようになる。

1920年代、神戸は日本一の港になり、関東大震災後は世界有数の国際貿易港となった。海外との絆は友好提携の多さが語る。姉妹港はシアトル港、ロッテルダム港、天津港。姉妹都市は韓国の仁川広域市、アメリカのシアトル、そしてバルセロナ、天津、リオデジャネイロ、ブリスベン。だが仁川、シアトルとは「負の関係」もあった。仁川は朝鮮戦争でアメリカが起死回生をかけた「仁川上陸作戦」の戦地になった。その出撃拠点は神戸だった。シアトルはワシントン州を代表する港湾都市だ。神戸でデビューしたイチロー選手もシアトル・マリナーズで大リーガーとして活躍した。同州にあるのが「最も汚染された核施設」ハンフォード核施設。1942年、原爆を開発するマンハッタン計画で設立され、長崎で投下された原爆「ファットマン」に装填されたプルトニウムの製造拠点だった。このファットマンの模擬原爆が神戸に落とされた。

瀬戸内海に開かれた港は特定秘密に覆われている。

神戸港は日本唯一の潜水艦建造拠点。港の発展と共に歩んできたのが川崎重工神戸造船所、そして傍に所在するのが現在、日本最大規模の原発製造拠点、三菱重工神戸造船所。（写真4）

神戸港の重心がメリケンパーク。南に中突堤が海に突き出し、東に第1、2・・・と突堤が続く。突堤の先はポートアイランド。かつて神戸市の名を世界に響かせた博覧会が開かれた。その先が海に浮かぶ神戸空港だ。

JR三ノ宮駅西の元町駅を過ぎると神戸駅、かつての神戸の中心で、近郊に車両製造基地があった。湊川神社や大日本帝国憲法起草に関わった伊藤博文ゆかりの大倉山公園がある。

長い描写になったが、山が海に迫る濃縮された都市空間には、人、モノ、金、情報が時空を超えて交差した。そして、アメリカの核も交錯する。

核抑止の最前線

「対象物発見、白色の浮遊物。距離は20ｍ、エンジンを停止して確認」

神戸税関の監視艇「だいせん」は全長約26ｍ、神戸港で密輸や不穏な動きがないか、休むことなくパトロールを続けている。無線のやり取りが間断なく響く。

基本は目視。双眼鏡で海面を確認します。今確認したのはコンビニのビニール袋でしたが、中に薬物や違法物質が隠されていることもあります。漂うゴミは少なくないため、時間がかかりますが、欠かせない作業です。不審船にも注意します。海上が受け渡しの場になることがあり、ライトの点滅や汽笛も確認します。

（神戸税関職員）

ポートアイランドや神戸空港、監視艇は人工島を巡る。周囲には工場のみならず海上自衛隊の基地、潜水艦や飛行艇、それに原発製造拠点が林立する。安全保障の要衝を守るため３６５日、目を光らせている。神戸港沖には不法投棄が多く、車両や重機も見つかる。気を抜く暇はない。神戸港は天然の良港である。河川からの大量の土砂が堆積する大阪湾と違い、深度があり、強風や、瀬戸内海の早い潮流に左右されない。六甲おろしが海からの大波を凪に変え、水面は穏やかだ。この使い勝手のよさゆえ、密入国密輸出入事件の現場にもなった。

神戸税関が管轄する海岸線は約7、100km。カバーエリアは兵庫県はじめ、西は山口を除く中国地方、四国地方に及ぶ。管内には28の外国貿易港と5つの国際空港。全国119の海港、税関がある31の空港の25％を占める。職員は約1、000人。輸出入貨物の密輸取締りに当たり、不正薬物押収量は年間500〜1、000kg、検挙件数は年間2、000件に迫った年もある。

核兵器とも無縁ではいられず、アメリカ大使館から核軍縮担当員が派遣されている。2015年にはその事実を示す部署名PSIが刻まれた看板が外壁に置かれていた。アメリカ大使館への取材は認められなかったが、神戸港はアメリカの核軍縮政策の一端を担っている。

PSIとは「PROLIFERATION SECURITY INITIATIVE」の略称であり、大量破壊兵器やミサイル、核関連物質拡散阻止を目的とした国際的な取組みを意味する。2001年の全米同時多発テロを受け、アメリカが立ち上げた。

ここからは撮影禁止です。場所も作業の様子も報道は認められません。今回、取材をお受けしたのはPSIへの理解のためです。特定の守秘すべき事項がありますので、すべて指示

に従ってください。アメリカ大使館との関係は一切お答えできません。（神戸税関職員）

監視艇の次に取材が認められたのが、ある埋め立て地にあるコンテナ集積地だった。ほとんどが中国からだ。目の前の大型Ｘ線検査装置をコンテナが次々に通過してゆく。その後、探査犬と共に職員がコンテナを開け、抜き打ち検査を行う。検査のやり方、規模、体制は詳述できないが、ガイガーカウンターを使用した徹底した監視だった。

この検査はＰＳＩの一環である「ＣＳＩ」だ。「ＣＯＮＴＡＩＮＥＲ ＳＥＣＵＲＩＴＹ ＩＮＩＴＩＡＴＩＶＥ」といい、アメリカがテロを未然防止するため、米国外の主要港に米国税関職員を派遣している。日本では２００３年より横浜、東京、名古屋港、そして神戸港で受け入れている。

核と深い関係がある神戸港。日本は原爆６、０００発を製造できるプルトニウムを保有する。このうち、３３０kgを搬出するため２０１６年３月、アメリカの核輸送船が寄港。「パシフィック・ヘロン」と「パシフィック・イグレット」の２隻が神戸港を経て茨城県東海村に向かった。プルトニウムはアメリカの核兵器開発拠点の一つ、サウスカロライナ州サバンナリバー核施設に搬入されたと見られる。

神戸港では三菱重工も低レベル放射性廃棄物運搬船「青栄丸」を建造、全長１００ｍで低レベル廃棄物輸送容器３８４基（ドラム缶３、０７２本分）が積載可能だ。後述するが、神戸は今、日本最大の原発製造拠点であり、国内原発の内、20基以上を建造している。

核兵器開発に関わる国際犯罪も起きている。冷戦下の1949年、アメリカは共産圏への核兵器技術移転を防止する目的で対共産圏輸出統制委員会（ココム）を設立。1987年、このココムに違反し、日米外交問題に発展した東芝機械事件が起きた。隠密性が問われる潜水艦のプロペラ加工にも使える大型工作機械を東芝の関連会社がソ連に輸出した事件だったが、兵庫県でも1969年に発覚した「兵庫県貿易ココム違反事件」が起きた。振動試験装置振動台付駆動コイルが中国向けに違法輸出されかけた。1987年には「東明貿易事件」が起き、信号発信機等の中国向け不正輸出が行われようとしていた。核兵器開発を進める北朝鮮が関与した事件も発生した。

警視庁はこれまでに明らかにしているだけで北朝鮮が関係する大量破壊兵器関連物資の不正輸出を7件検挙。「濃縮ウラン製造に転用可能な直流安定化電源及びインバーター、生物兵器製造に転用可能な凍結乾燥機等を始め、潜水具、化学物質、コンピュータ関連部品等が日本から持ち出されようとした」と公表。神戸港でも2003年、北朝鮮商社の発注で、直流安定化電源装置3台（計195万円相当）がタイ経由で輸出されそうになる。神戸税関が発見し、外交ルートを通じて中国に通報、貨物は香港で差し押さえられた。

知られざる核の最前線、神戸。この神戸に確認できるだけで2回、アメリカの核兵器が空母によって持ち込まれていた。初回は朝鮮戦争が休戦を迎えた直後だった。

神戸への核持ち込み

神戸に核が持ち込まれたのは１９５４年、「空母オリスカニ」の寄港が最初です。この空母、元米海軍第二艦隊司令官の著書では日本海を航行中に北朝鮮に核爆弾投下の即応体制をとっていました。艦載機に搭載されたのはＭＫ４、長崎型原爆の改造型です。１９４９年にソ連が原爆を開発、脅威を覚えたアメリカは１９５２年に太平洋・マーシャル諸島のビキニ環礁で人類史上初めての水爆実験に踏み切りました。40㎞上空、１５０㎞四方に放射能を帯びた水煙とサンゴの粉塵が拡散する。そして神戸に核兵器が持ち込まれた１９５４年の３月１日、静岡・焼津を母港とするマグロ漁船が被ばくする「第五福竜丸事件」が起きました。

（核軍縮研究者・新原昭二さん）

毎年３月18日、「神戸に核兵器を持ち込ませない」との思いを確認するため市民が集う。非核神戸方式記念講演会。神戸市も後援する。参加者は１００名ほど、忌まわしい過去を封印するために神戸に移り住んだ広島出身の女性被爆者、不利益を恐れ被爆２世であることを沈黙してきた男性も参加を続けている。高齢化が進むが、非核神戸方式の存続を願い、開催を重ねてきた。度々講師を務めてきたのが核軍縮の研究者、新原昭二さんだ。神戸への核持ち込みを米軍機密資料で明らかにした。

新原さんは1931年に福岡で生まれた。九州大学卒業後、半生をかけてアメリカの核戦略を研究し続けている。きっかけは原爆で多くの親族が亡くなった長崎訪問だった。言葉を失う惨状が広がっていたにも関わらず、大学生活を送っている博多では核の惨禍は一切報じられることはなかった。

「知らされない日本、知らせないアメリカ」に新原さんは憤り、真相究明を仕事とすべく、長崎放送の記者になった。その後、研究者に転じ、アメリカ公文書館や歴代米大統領の任期中公務資料を保管する図書館に通い、情報公開請求を繰り返し、日米核密約の実態を明らかにした。日米核密約報道を牽引した共同通信やNHKのスクープの多くも新原さんの研究に基づく。

2014年、夏、筆者は東京の自宅を訪問した。東京府中市の閑静な住宅街、夕暮れ時には紅に染まる富士山が見える。周辺にはかつて大型レーダーが林立した米空軍通信拠点があり、北部の横田市には在日米軍司令部が置かれ、大型輸送機が飛来する。このYOKOTA AIR BASEの敷地には国連旗も翻る。朝鮮戦争でアメリカが主導した国連軍後方司令部が今も駐留を継続、朝鮮戦争が終結していない事実が現前する。

玄関まで米紙が積み上げられた自宅で、新原さんは病で自由が利かない足を引きずりながら、書斎から重さ2キロ近い、厚さ15センチほどのコピーの山を運んできてくれた。

「LOG BOOK」と書かれた表紙に「CONFIDENTIAL（極秘）」と印刷され、そ

の上から「ＤＥＣＬＡＳＳＩＦＩＥＤ（機密解除）」の印が無造作に押されている。（写真５）

朝鮮戦争からベトナム戦争までの27年間、第7艦隊の主力空母として日本を拠点に活動した「空母オリスカニ」の１９５０年代の航海記録だった。ページを繰ると、１日１日、果たした任務と所在地、日々の訓練内容、寄港地での給油、補給物資、課題と改善に向けた提言が記録されていた。写真も多く、艦上で発艦間際の戦闘機、24時間体制の作戦本部室、武器弾薬の整備など緊張感に満ちた表情の乗組員が写っていた。中でも着陸直前に炎上し、火だるまになった戦闘機の写真は大きく扱われていた。

神戸港に核が持ち込まれたのは１９５４年1月23日午前11時37分。オリスカニは神戸港第五突堤に接岸、８日後の1月30日午前8時に突堤を離れるまで寄港していた。24日付の神戸新聞によると戦後初めて神戸港に入港した空母になる。この入港は大きな苦労を伴っていた。米海軍協会が公開した回顧録によると艦長のチャールズ・グリフィン大佐（当時）は入港の困難をしっかり記憶していた。

（突堤に港湾施設が立ち並ぶ）神戸の内港に入港させるのは非常にやりにくい。防波堤の中に（巨大な）空母を進ませなければならないからだ。湾の内側に入ると、今度は左へ90度転回せねばならない。しかも横づけにしようとした埠頭は1.5マイル、ないし2マイルの長さだったので、続いて右側に90度回さなければならなかった。オリスカニはそれまで神戸港に

入った艦船中最大だった。（米海軍チャールズ・グリフィン艦長回顧録）

神戸新聞も困難さを伝えている。「艦上の艦載機22機のエンジンをかけ、ごうごうとプロペラを回転させて風圧の応援をうけ、どうやら着岸させたが付近海上はプロペラの起こす風で台風のように大しけとなった」。（1954年1月24日付神戸新聞朝刊）

筆者は神戸にある「戦没した海と船員の資料館」の研究員から神戸港に接岸中のオリスカニの写真を頂いた。ハーフサイズカメラで撮ったようで全てにピントが合っている。当時、米軍の撮影は禁止される中、誰でも入れた港の突堤の先から一般商船を撮るように見せかけて写され、空母からは数百m離れていた。それでも威容さは一目で伝わる。全長270m、乗組員およそ2、600人、10発余りとみられる核弾頭を搭載した航空母艦は写真一杯に広がり、後景に広がる港湾施設がおもちゃの積み木のように見える。

新原さんはアメリカ公文書館で1954年3月分の「オリスカニ作戦報告書」を見つけた。軍事行動が詳細に記された膨大な資料の中に神戸滞在の記載があった。（表紙カバー写真）

港で燃料や卵と牛乳を補給し、空母が朝鮮戦争休戦の直後から核攻撃訓練を繰り返し、事故も起きていたことが記されていた。そして日本への核持ち込みはこの空母オリスカニの横須賀寄港が起源だった。

アメリカの核戦略

日本への核持ち込みが始まったのは１９５３年。朝鮮戦争が休戦して2か月半後、核兵器を初めて常時搭載した空母オリスカニは第7艦隊支援の任務を帯び、サンフランシスコを出港。10月15日に横須賀に寄港し、艦載機の核攻撃専用AJサベッジ爆撃機隊は厚木基地に移駐した。これが日本への核持ち込みの嚆矢だった。オリスカニはその後、日本海、東シナ海、フィリピン海域で作戦行動を実施。その後、硫黄島で海兵隊上陸訓練参加を経て、サンディエゴに戻り、その後神戸に向かった。この航行中、核兵器使用寸前の事態を迎えていた。

艦長のグリフィン大佐は日本海を航行中、同乗していた上級指揮官から北朝鮮に対する核攻撃準備を命じられたのだ。

朝鮮戦争はすでに終わっていたが演習ではなかった。若干の軍事目標が特定されたが、ほとんどは首都ピョンヤンの市内と周辺だった。第１９５攻撃中隊の隊長は艦隊きっての核兵器攻撃計画立案能力の持ち主とされていたので、すぐに攻撃目標確定作業にとりかからされた。結局作戦はキャンセルされたが理由を確かめることはできなかった。

（チャールズ・グリフィン**艦長回顧録**）

艦載機部隊は第19空母航空群。指揮官を務めたジェームス・ラメージ大佐は海軍では数少ない核戦略計画立案の専門家だった。後年、アナポリスの米海軍協会で公開された口述回顧録でも「24時間、実戦と変わらぬ核攻撃に向けた即応態勢だった」と証言した。

我々は核攻撃の待機態勢をとるよう言われた。多分（1953年）10月だったと思う。勿論、核兵器専門知識に通じた要員はいたし、10ないし12発分くらいあった核爆弾の発射準備を終えた。自分に関する限り、もし大統領が落とせと命じていたなら落としただろう。人を殺すということ、願わくば、敵を殺すということに関わる場合、誰であれ、与えられた義務の上に自分の感情を置くわけにはいかない。

（ジェームス・ラメージ指揮官）

アメリカはこの時期、核兵器を核物質からなる「核コンポーネント」とそれ以外の「非核コンポーネント」に分離保管していた。核兵器の海外配備の際、非核コンポーネントだけの持ち込みは珍しくなかった。1963年ごろから一体の完成型として運用するまで、有事の際に核コンポーネントを輸送機で送り込む手順となっていた。

だが、「航行する米軍基地」である空母は違った。核コンポーネントを貯蔵し、いつでも非核コンポーネントと一体化できる戦略をアイゼンハワー大統領が承認したのだ。そして空母オリスカニの横須賀寄港を奇貨として、アメリカは日本政府に核兵器の恒常的な配備（イントロダクション）を要請。この時期、イギリス政府とも交渉し、1954年に「完成型核兵器」がイギリス本土に持ち込まれた。一方、日本本土には非核コンポーネントだけが１９６５年まで配備されることになる。このイギリスとの差は当時日本で広がった反核感情への懸念がもたらした。このアメリカの核への嫌悪感のきっかけが第五福竜丸事件だった。

１９５４年、マーシャル諸島のビキニ環礁付近で行われたアメリカの水爆実験で日本のマグロ漁船、延べ１、０００隻が放射性降下物「死の灰」を浴びた。ミクロネシアは戦後、アメリカの信託統治地域になり、行われた核実験は67回に及ぶ。第五福竜丸が被ばくした水爆は爆発力が広島型原爆の７５０〜１、１５０倍と見られ、史上最大規模であった。

核の脅威は日本列島をパニックに陥れた。市場では「原爆マグロ」が放棄された。世界最大級の魚市場もある「日本の台所」、東京の築地市場では敷地に埋められた。関西も無縁ではなかった。静岡県焼津を母港とする第五福竜丸は清流で知られる和歌山県の古座で建造された。和歌山はマグロ漁が盛んなため、神戸市の中央卸売市場では放射能測定業務が強化され、食い倒れの街・大阪では根拠のない風評が跋扈した。

反核の気運の高まりにアメリカは苦慮した。その結果、打ち出されたのが今も続くアメリカの核抑止政策「ＮＣＮＤ」だった。だが、皮肉なことに、このＮＣＮＤこそが非核神戸方式の実効性を担保したのだった。

ＮＣＮＤとは「ＮＥＩＴＨＥＲ ＣＯＮＦＩＲＭ ＮＯＲ ＤＥＮＹ」を意味する。核兵器の配備について「肯定も否定もしない」、米国政府の核戦略だ。核抑止力の保持が目的だが、日本など非核政策をとる同盟国からの核持ち込みへの疑念や、アメリカが主導するNPT体制の信頼性を妨げる要因にもなっている。非核神戸方式が成立した時期のフォード大統領やジョージ・ブッシュ政権の国家安全保障問題担当大統領補佐官を務めたスコウクロフト元空軍中将も「同盟関係を毀損する」と指摘している。

一連の国々が核兵器を搭載したアメリカの艦船の寄港を許したがらなかった。海軍の政策は、核兵器の存在を肯定も否定もしないというものであったが、それ自身が特に日本とニュージーランドとの関係で、問題を生み出していた。

（スコウクロフト元国家安全保障問題担当大統領補佐官）

アイゼンハワー政権は1958年1月、日本の反核感情を封じ込め、他の同盟国へ「非核世論」の不拡散を企図した。ホワイトハウス、国務省、ペンタゴン、CIA首脳が構成するアメリカ政府中枢の政策調整機関がNCNDの公式採用を決定。曖昧戦略の理由について元政府関係者は核搭載艦船の寄港を挙げた。

米戦術兵器を海外に配備し続けるには、外国の領土、即ち港湾に大きく依存しなければならない。だが、当該国の国民に知られて反対されると配備を続けられなくなるので、その絶

体絶命の矛盾を回避するためだった。また、この政策は核を持ち込む相手国政府の強い要望に基づいていた。さらに核持ち込みの秘匿はとくに日本国民の反対世論、非核感情と明らかな関連性があった。

（元米政府高官の証言）

核の終着駅

神戸に寄港した空母には完成型核兵器が搭載されていた。では陸上に保管される非核コンポーネントはどこにあったのか、手掛かりが物流の要、列車だった。

神戸税関のそばに神戸震災復興記念公園がある。芝生広がる市民の憩いの場に家族連れが集う。ここはかつての神戸港駅。国鉄東海道本線の貨物支線・神戸臨港線の終点だった。

戦前は東京から港に直結するポートトレインが往来。乗客は線路で神戸港に向かい、航路で釜山に渡り、鉄路で欧州につながった。

だが、夢と憧れの鉄路は戦地へ向かう軍路になり、核持ち込みの「岐路」となった。

戦後、神戸港は米軍に接収される。軍事物資の集積地になった港から大阪へと東に続く線路の先に京橋駅がある。近くにある現在の大阪城公園の一部に立地したのが陸軍大阪砲兵工廠だった。このアジア最大規模の兵器製造拠点の最寄り駅だった京橋から片町線に乗り換え、さらに東の木津駅を目指す。車窓には京の都と商都、大阪を結んだ淀川が滔滔と流れる。沿線にはかつて兵器工廠や火薬庫が設置され、片町線は戦争遂行の生命線だった。線路が大きく南に曲がると西側に竹林が延々と続く。京田辺駅を超え、丘の上にチャペルの塔をいだく同志社女子大学を過ぎると京都南部の精華町だ。

片町線に接続した、かつての日本陸軍軍用鉄道・川西側線の廃線を辿り、長さ17mの鉄橋がかかった煤谷川を超えると、目の前に陸上自衛隊・祝園弾薬支処の広大な敷地が広がる。起伏のなだらかな丘が天然の遮蔽壁のように基地を囲み、外からは奥行きも、広がりも見通せない。ここは戦中、東洋最大の弾薬庫と言われた日本陸軍の祝園弾薬庫だった。

枚方の禁野火薬庫が爆発事故を起こしたため、弾薬が腐食しにくい土壌と爆発が基地の内外に連鎖しない地形と、広い面積が求められた結果、兵器補給祝園分廠として開所した。敗戦後は米軍に接収され地下式弾薬庫は爆破された。だが、急に中断され、そのまま使用された。朝鮮戦争勃発の翌日、米軍は弾薬庫から引き込み線が引かれていた田辺駅から横浜に向けて25両の弾薬輸送を命じた。運輸を担ったのが国鉄だった。『鉄道終戦処理史』によると、

連合軍貨物輸送も進駐以来最大の輸送量を示し、港湾地あての朝鮮向け軍事品輸送は殺到し、航空基地あての爆弾、燃料輸送は最も緊急を要した。

（鉄道終戦処理史）

東海道線と山陽本線は兵士や武器弾薬を運ぶ米軍の「背骨」になり、門司や佐世保、岩国に米軍の「手足」は伸び、弾薬という「血液」が送りこまれた。「心臓」は常時、数万tの弾薬が分

散貯蔵されていた祝園弾薬庫。特に神戸港駅までの輸送は勝敗に直結するライフラインになり、米軍は特別に警備を要求するほどだった。

神戸空襲はじめ、日本全土へ無差別爆撃を立案した米軍人カーティス・ルメイは朝鮮戦争でも戦略航空軍団司令を務め、爆撃をさらに徹底する。大阪空港など国内の主な15の空港から朝鮮半島への出撃回数は空軍７２、９８０回、海兵隊航空部隊１０７、３０３回、海軍４７６、０００回。

爆撃投下量は空軍４７６、０００t、海兵隊と海軍で２２、０００tに及んだ。この朝鮮戦争を機にアメリカは核戦略を転換。冷戦の最前線となった韓国、台湾をはじめ、海外の米軍基地に核兵器を配備。日本では占領下の沖縄や硫黄島、小笠原に核を持ち込んだ。その数、１９６０年で約１、７００発。67年には2、３００発に増強された。

日本は核兵器施設数で極東最大、世界でも5位。岩園弾薬庫もアメリカの核戦略に組み込まれた。新原さんが入手した「核作戦のための管理運用規定」付属文書「核兵器管理の移譲先リスト」には沖縄の嘉手納や青森の三沢と並び、祝園に核兵器処理能力を持つ米極東陸軍第18弾薬処理分遣隊（ＥＯＤ）が配備された。

非核コンポーネントを貯蔵するため、米軍は幾度も造成工事を行った。周辺の森林を伐採したため煤谷川はたびたび氾濫し、地域の農家に被害をもたらした。朝鮮戦争休戦後の54年11月頃から日曜以外、連日30～50回の廃棄弾薬の爆破処理が行われ、爆音で周辺住民や家屋が被害を受けた。危険と隣り合わせの暮らしは１９５８年11年に祝園弾薬庫が日本に返還されるまで続いた。

奇しくもこの時期、東京では戦後の希望の灯りを照射する東京タワーが作られていた。鉄骨に使われたのは朝鮮戦争を戦った米軍戦車だった。

封印された水爆搭載機水没事故

神戸には水爆も持ち込まれていた。

1965年12月、沖縄沖の太平洋上で水爆搭載機水没事故が起きた。アメリカの「空母タイコンデロガ」から核攻撃艦載機A4Eスカイホークが1メガトンの核爆弾、B43を積んだまま24歳のアメリカ人パイロットと共に沖縄本島から東へ320km、深さ6、660mの海底に消えた。日本のEEZ（排他的経済水域）内にあるが、日本政府には何も連絡もなかった。広島に投下された原爆は15キロトンだが、広島の原爆の50～70倍の威力を持つ水爆は琉球海溝で現在も沈んだままだ。

アメリカ国防総省ペンタゴンは1981年「ブロークン・アロー（折れた矢）」という暗号で呼ばれる過去の重大な核兵器事故を公表。この重大核兵器事故の記録には1950年から80年にかけて起こった32件が記載されている。中には核搭載原潜が海底に沈んだ事故など、第三次世界大戦につながりかねない戦慄の「ヒューマンエラー」が明らかにされた。

1958年、米サウスカロライナにある一般家庭の庭に核爆弾が落下。地面には大きな穴が開いたが奇跡的に死者はでなかった。事故原因はB47爆撃機に搭乗していた空軍大尉がうっかりレバーをつかんだこと。爆弾に核分裂性核種が搭載されていなかったのは、不幸中の幸いだった。１９６１年に起きた事故では、Ｂ52爆撃機が空中分解。１９６６年にはスペインの田舎町パロマレスに４発の核爆弾を積んだアメリカ軍機が墜落。１９６８年は、水爆４発を積んだＢ52爆撃機がグリーンランドの空軍基地近くに墜落した。

この「ブロークン・アロー」によってベトナム戦争の最中、米空母タイコンデロガが激戦地トンキン湾での任務を終え、フィリピンのスービック基地を経由して北上し、琉球諸島沿いに横須賀基地へ帰還する途中での事故が発覚する。公表当時は「太平洋上」とされたが、１９８９年５月、核兵器の爆発や海洋核汚染を懸念する国際環境保護団体グリーンピースが追求し、タイコンデロガの航海日誌から沖縄沖海上での水爆水没事故を突き止めた。

現場の位置は鬼界島南東沖合１３０㎞地点。北緯27度35分２秒・東経１３１度19分３秒と同定。１９８９年５月、米誌「Newsweek」が「１９６５年に空母タイコンデロガから水爆搭載機が沖縄近海に水没し、海軍は事故を揉み消し」と報道。朝日新聞も「水爆水没事故空母、横須賀に直行」との見出しで続報し、日本への核持ち込みの事実を裏付けた。

この事件はノンフィクション作家ドウス昌代の地を這うような執念の取材が結実した『トップ・ガンの死　核搭載機水没事故』（講談社、１９９４）でパイロットの素顔が明らかにされる。しかし米軍は、決して公になってはならない軍事機密として核搭載機パイロットの引き上げ作業を放棄、事故そのものを隠蔽しようとした。

パイロットの名はダグラス・M・ウェブスター中尉だが、米国のベトナム戦争関連戦死者のリストにその名はない。ワシントンのベトナム戦争戦没者慰霊碑に刻まれた５８、１３２人の中にも彼の名はない。日本でも１９８９年５月24日、第１１４回国会、外務委員会でも取り上げられたが、結局立ち消えとなった。

一体トップガンはどのような任務を背負っていたのだろうか。

米軍に隠蔽された事故を起こした核搭載空母タイコンデロガは１９６４年８月、アメリカのベトナム戦争本格介入、そして北爆の契機となった「トンキン湾事件」に参加。当時、日本は戦後の総決算・東京五輪で沸き立っていた。

１９６５年12月５日午後２時50分、核攻撃を想定した核爆弾搭載訓練の最中に事故が起きた。空母乗組員は核攻撃指令を受けた際、一刻も早く格納庫に向かい、艦載機に核爆弾を積載。艦内エレベーターで甲板に上げ、発艦位置につける。訓練は実践と全く変わらず、使われる核も本物だった。

水爆とともに海に没したパイロットが空母乗り込み任務を与えられたのは事故の２か月前。タイコンデロガがベトナム爆撃のため、母港サンディエゴを出港した、まさにその日だった。トンキン湾の特別作戦海域に到着し、１か月間、空母は爆撃攻撃に参加。12月２日、燃料・弾薬補給のため、日本への航海中も繰り返し核攻撃訓練が行われた。

事故は核爆弾を搭載する「クルーカット訓練」の最中に起きた。この訓練について24歳のパイロット・ウェブスター中尉はベトナム爆撃を繰り返し行った時期から日記をつけていた。

この空母に乗ってから戦況はますます深刻化し、アメリカ国民が聞かされている数字より、実際にはずっと多くパイロットが撃墜死している。（中略）しかし我々第５空母飛行隊群を例にとっても、飛行訓練の半分以上を核兵器搭載手順に習熟する訓練に費やしている。肝心の飛行訓練はその合間にやっている感さえある。（米軍パイロット・ウェブスター中尉日記）

事故の年、艦長から米海軍作戦部長に宛てた艦長報告書では次のように述べられていた。

米海軍空母として指令を受けたいかなる軍事任務を瞬時に遂行し得る即応性と柔軟性を常時維持しなければならない。この任務には米大統領が命令を下すいかなる時刻、および目標地点にも核攻撃を加える即応能力が含まれる。（同前）

海没したＡ４攻撃機は単独で核爆弾の搭載訓練を行っていたのではない。第56攻撃飛行中隊に属する計８機の同型機が列をなすように、次々と順に搭載訓練を繰り返していた。この中隊以外にも核搭載機が配備されていたことからタイコンデロガには50～１００の核爆弾が積載されていたとみられる。日記には具体的な目標も記されていた。

万が一の指令が（大統領から）下った場合を想定した。「ＮＯＮ・ＳＩＯＰ」攻撃計画を練らねばならない。爆撃目標は、ハノイ市郊外の橋梁、ＭＫ57型を使用しての戦闘計画である。

「ＮＯＮ・ＳＩＯＰ」とは空母艦載機が独自に行う戦術核攻撃計画を意味する。事故の後、空母は東京湾に入港し、その後横須賀基地の第12号岸壁に接岸した。10日間の寄港期間中、ウェブスター中尉の所属した第56攻撃飛行中隊の出撃報告書は「通常兵器に加えるに、当中隊は核攻撃命令がいつでても即、対応可能な非常事態への準備態勢が常時できている」と明記されていた。日本においても核攻撃任務は継続されていたのである。

この空母が神戸港に1960年8月22日、63年6月21日の2回入港していた。オリスカニと同様、核搭載空母は寄港中でも臨戦態勢を敷き、訓練を欠かさない。

当時の写真が残されていた。大人の手のひらサイズのセピア色にやけた白黒の印画紙に六甲山を背にしたタイコンデロガがあった。米軍基地の対岸から撮影された空母の側面は写真のフレームにギリギリ収まってはいるが、左から右端まで全長270ｍ、艦幅およそ30ｍの威容は標高900ｍを超える六甲山が丘に見えんばかりだ。

乗組員は3、400人近く、搭載機は80機以上の海の要塞は神戸港を睥睨するかの如く、次なる戦いに備え「静養」していた。写真の提供者は空母が来るたび、夥しい数のトラックが武器弾薬や燃料や食料補給のために米軍接収地域に向かい、湾内でも日本の民間の運搬船が次々に空母付近に集ったと証言した。印象的だったのが甲板清浄で散布する水しぶきが作る巨大な虹だったという。これほどの水を使う空母に一体どれほどの物資が必要なのか想像もできなかったと述懐する。

米海軍第7艦隊の主な寄港地は横須賀、佐世保と神戸港だった。一般商船は入出港手続きが必須だが、米艦船については入港通知のみ。神戸港では川崎、三菱での修理については通知すらなく、検疫も一切免除だった。従来課されるトン税、給水、港湾使用料も無料。湾内で一般船舶の混雑時も第6突堤を占用し、他の突堤も最優先で使用した。62年から66年の5年間、神戸港には空母12隻、巡洋艦5、駆逐艦60、潜水艦12、輸送艦180隻が入港し、米兵の休養や燃料、水、食料、武器弾薬の補給、装備の補修、補充拠点として利用された。民間の協力なしには任務遂行できず、ヘリ空母トリポリも東灘区の新明和工業でヘリ修理のため寄港した。

当時の神戸市は「アメリカ第7艦隊が自由に出入りしても外務省が何も言わない。だから原水爆は積んでいないし、核武装もしていないと理解している」とし、市長は歓迎訪艦に応じ、親善パーティに出席した。

1964年4月1日、日本政府は海外旅行を解禁し、最初の海外ツアーパックがハワイに向けて飛び立ち、アメリカへの憧れが国内でも高まっていた。

だが、米軍基地のある神戸港では戦地から戻った米兵は市街地を闊歩し、市民への発砲事件、売春、暴行事件を起こした。コレラも伝染した。米軍の物資持ち込みはフリーパスのため、闇流しが横行。国鉄三ノ宮駅から元町へ続く高架下では米軍流出物資密売が殷賑を極めた。

ベトナム戦争の後方支援拠点になった神戸港。港湾労働者を取り仕切り、港湾荷役を差配したのが山口組だった。

暴力団と神戸港

筆者が2か月に渡る「禁酒の会」の取材で知り合った元組員が大阪市内の某所で話を聞かせてくれた。元組員は75歳、土気色の額に5センチの縫い後が刻まれている。「ここ触ってみい」と言われ、剃り上げた頭上に触れると、ピンポン玉が入りそうなほど深い窪みがあった。「ペコペコやろ、ヘマしたら一升瓶で思い切りどつかれるんや。よう、今まで生きとるわ」と力なく笑った。

元組員は高校卒業後、山口組傘下のある組の構成員になり、神戸市内で暮らした。40歳で組を抜けてから35年経っても神戸に足を向けることはできない。JRも、阪急も、阪神も、山口組本部のある神戸市灘区に向かう電車には怖くて乗れないという。真意は確かめようもないが、筆者に明かした内実を紹介する。

まず山口組は港湾荷役、神戸芸能社、労働争議介入、これやね。三代目の田岡組長は最初、川崎で働いたし、港は原点や。港湾荷役を一手に引き受け、組合を完全に抑え込んだんや。赤子の手をひねるがごとしや。

荒っぽい港の連中もペコリや。やり方？簡単や。暴力なんか使わん。ビビらせたい奴の家突き止めてな、当時どこでも売ってた犬や猫の団子の餌があったけど、そこにな、2センチほどの待針10本位差し込んで門の前や庭にそっと置くんや。腹すかせたペットや野良が食べると、胃袋血まみれで口から血吐いて悶絶すんねん。小さいのは死による。そんで十分やった。万が一ポリに調べられても、「動物好きですねん」で済むしな。後は芸能界や、地方興行を仕切るんや。美空ひばりも見たで。

組長がすごいのは社会の勉強や。安定したシノギがないとあかん、新聞読んで勉強せえと言われた。インテリヤクザやね。米軍はようわからん、けどな、米兵は一人一人覚醒剤を持ってんねん。当たり前や、戦地に行くんやで、恐怖心は相当やったんやろな。それは出まわっとった。それより寝袋や。あれ死体くるむんや。それとか遺体の衣服はよう売れたわ。まあ神戸名物や。米兵はよう暴れたけど、警察も手におえんかったやろ。気持ちは解るで。命がけの戦争や、人を殺し、殺されたりや、神戸でハメ外すのも俺は解る。うまいことおさめるのも仕事やった。

でもやっぱり港の荷役の差配や。米軍の空母来ると、ほんまに色々運ぶんや。積み荷を降

ろしたり積んだり、工場の引っ越し以上やで。基地の外でも、日雇い労働のおっさん、何人でも必要や。わしは下っ端やったけど、山口組がおらんかったら、米軍も不便やったんちゃうか。

ベトナム戦争時の米軍基地について、関係者は沈黙したままだ。戦地で破損し、肉片のついた車両や兵器の修理、傷ついた米兵の遺体の冷凍保管と清浄に従事した日本の民間人がいる。精神を病んだ米兵による暴行や海中に蹴り落とされ、おぼれかける事件も起きたため、基地内の日本人労働者は団結してデモを行った記録がある。だが、当事者は筆者の取材に対し、一切口を開こうとはしない。ただ、「組は怖い」との一言を残して。

証言者が見つからない中、戦災孤児だったT氏がメリケンパークを歩きながら話を聞かせてくれた。T氏の死と隣り合わせの過去については後述する。

今じゃ想像もできへんやろうけど、港は船と人と生活の匂いが充満してたわ。中突堤とメリケンパークの間は艀（はしけ）だまりやってんで。

（戦災孤児T氏）

艀とは港湾で船舶から重い荷物の積み下ろしのために作られた平底の小舟だ。多くはエンジンを積んでおらず、曳き船に牽引されながら航行する。大型船から港へ物資を運搬する「海のタクシー」だ。この艀は生活の場でもあった。電気もガスも水道もない船上の暮らし。冷え込む冬、灼熱の夏は眠れぬ夜を過ごした。生活者はよく海中に落ち、溺死した子どももいた。艀は1969年の2、130隻をピークに減少の一途をたどり始める。理由は艀による運搬を必要としないコンテナ船の登場だった。

ケンカは日常茶飯事やし、戦災孤児を助けてくれる人なんかおらん。毎日必死で生き抜く時代やった。特に闇市がひどかった。万引きは当たり前やし、食うか食われるかや。特に朝鮮の人が戦中のうらみか暴力をふるって好き放題や。それに立ち向かったのが山口組や。警察をあてにできへんかったから、頼りになったわ。

港での日雇いの仕事をくれたんもそうや。倉庫や港で物流仕切る会社あるけど山口組の息がかかっとるのはみんな知ってたわ。ルールなき時代に生活できたのも山口組が港を仕切った面はあるわな。特に戦災孤児にとっては最後の行き場所やったしな。

（戦災孤児T氏）

第2章　神戸と戦前――帝国の策源地――

神戸開港

神戸は坂の街である。アメリカに爆撃され、アメリカの核が持ち込まれた神戸。その起伏に満ちた歴史を知る足がかりも坂道だった。

「坂の上の雲」を目指し、脱亜入欧を図った近代日本の物語もまた、坂のあちらこちらに散りばめられている。山麓に異人館が立ち並ぶ神戸北野から居留地に向かうトアロード。西洋と東洋、明治と令和をつなぐおよそ1㎞の坂道は神戸開港とともに整備された。

起点の神戸北野には聖地が混淆し、神々が共存する。1935年に建てられた日本最古の神戸ムスリムモスクや、ユダヤ教の会堂・神戸シナゴーグ。日本唯一のジャイナ教寺院にロシア正教の神戸ハリストス正教会。カトリック神戸中央教会に神戸バプテスト教会。作家・石川達三は初回芥川賞受賞作・『蒼氓』で、この道を下り、神戸港からブラジルに向かった移民を描いた。治安維持法で検挙された俳人・西東三鬼は『神戸・続神戸』でドイツ海軍の潜水艦乗組員や、妖しいアジアの商人が闊歩したトアロードを描写し、手塚治虫も『アドルフに告ぐ』で神戸在住ユダヤ人とナチスの相克を活写した。

坂を下り、JRの高架を超える。戦後、この線路沿いには日本最大規模の闇市が広がった。トアロードのつきあたりである旧居留地には大丸百貨店の列柱が異国情緒を醸し出す。

かつて外国人居留地は日本の法律が届かぬ「不平等の最前線」だった。

香港や上海で暗躍した英国系商社の拠点となり、戦艦や武器を扱うジャーディン・マセソンやキャメロン商会、世界一の規模を誇るロイヤル・ダッチ・シェル石油の前身、サミュエル商会が館を構えた。このサミュエル商会は日本統治下の台湾でアヘン取り扱いを一手に担った。

旧居留地を西に出ると神戸のランドマーク、中華街だ。さらに南を行くと港が見える。海岸沿いを走る国道を超えると、神戸海軍操練所記念碑と『アヘン戦争』を書いた神戸ゆかりの作家、陳舜臣アジア文藝館が待つ。海を見ながら神戸港に突き出す中突堤を目指す。目の前にメリケンパークが広がる。ここは開港時、アメリカ総領事館の前にあったためアメリケンにちなみ、メリケン波止場と呼ばれた。

「神戸開港」を展示するのがメリケンパークの中心にある神戸海洋博物館。川崎重工業の企業博物館「カワサキワールド」も館内に設けられている。

一歩足を踏み入れると、イギリス艦船が大海原の彼方から迫ってくる。プロジェクションマッピングで描き出された木造戦艦「ロドニー号」。エントランスホール全体を使って展示された全長12ｍの戦艦、側面には大砲が並ぶ。

１８６８年1月1日、このロドニー号が12隻の艦船を従え、21発の礼砲を放った。アメリカ、フランス艦船など外国艦船６隻も参集し、神戸港は開港した。

この砲艦外交が日本開国の引き金だった。１８５３年、ペリー率いるアメリカ海軍東インド艦隊の黒船来航をきっかけに、日米修好通商条約が結ばれた。アメリカに領事裁判権を認めたが、日本に関税自主権はなかった。下田・箱館に加え神奈川、長崎、新潟、兵庫、江戸、大坂（明治維新後に大阪と表記）の開港が定められた。が、兵庫（＝神戸）開港は朝廷が大反対し開港は延期された。直後にやってきたのは軍艦だった。1854年、開港を促すべくプチャーチン率いるロシア艦隊が大坂湾に来航、朝廷は危機感を強め、幕府は瀬戸内海の防衛対策を迫られた。1864年、江戸幕府の軍艦奉行であった勝海舟は海防のため「神戸海軍操練所」を設立。攘夷と開国、欧米とアジア、平和と戦争。神戸開港は相克から始まった。

博物館には初代戦艦「大和」がある。明治政府の国策、富国強兵の要こそ造船だった。イギリス人キルビーが経営する造船所を前身とする海軍省小野浜造船所が1887年、三等国防艦「大和」を神戸で建造。日清戦争が迫る中、東郷平八郎は完成に気をもみ、幾度も訪れた。

ロドニー号の傍に「カワサキワールド」の入り口がある。中には船舶・艦船・潜水艦・戦闘機・鉄道車両・航空機・モーターサイクルを手掛けてきた川崎造船所の歩みが展示されている。船舶進水式や、航空機等ができるまでの様子を紹介する「ものづくりシアター」、実際に客室や運転室、操縦席にも入れる0系新幹線、ヘリコプターの実物展示や、フライトシミュレーターも体験できる。この造船業から始まった川崎重工業創業の歴史、そして、同じく神戸の発展を支えた三菱重工神戸造船所の歩みは「日米関係」を映し出す。

潜水艦と神戸

川崎重工業神戸工場は1881年、川崎兵庫造船所として発足した。敷地面約36万平米、人員は協力会社を含めて約４、４００人。神戸港を周遊する遊覧船は出航してほどなく、右手にクレーンや工場棟が立ち並ぶ一帯が近づいてくる。最初に見えるのが川崎重工業神戸工場、数分後に三菱重工業の神戸造船所が現れる。ここが日本唯一の潜水艦建造の拠点だ。潜水艦は定期的に補修が必要なため、神戸への観光客はほぼ年中、ドッグ入りした「深海の使者」の姿を見ることができる。

筆者は潜水艦進水式の取材が許された。川崎重工業の甲子園球場約9個分の広大な敷地に工場棟が複雑に並ぶ。（写真6）

全長80ｍ近く、漆黒に塗装された「海の忍者」。天井から吊るされた日本酒の一升瓶が潜水艦にぶつけられると「軍艦マーチ」が鳴り響く。魚雷を発射する艦首は旭日旗で覆われ、スクリューは海面に向けられている。その形状、設置状況は潜水艦の性能に直結する機密であり、決して公開されない。自衛官はじめ、在日米軍や各国の駐在武官も参列するなか、静かに進水していった。潜水艦は隠密性を抑止力とする。訓練は数週間に及ぶが、艦長とごく数名の幹部以外、行き先も所在地も知らされない。隊員も家族にすら訓練概要は明かせないという。個人スペースは上下1ｍ以下の間隔で重ねられたベッドだけだ。

海中は電波がほとんど届かず、携帯電話もＴＶも使えない。海中のわずかな音で敵を察知するため、静穏さは必須。昼夜と曜日の感覚を維持するために規則正しい生活が欠かせない。人知れず、地道な活動で日本を守っている。

軍事機密の塊である潜水艦建造は関連産業の裾野が広い。海水との摩擦の少ない特殊鋼材に始まり、深海の水圧に堪えられる特別加工や溶接技術。電波探知を避ける特殊塗装に魚雷発射装置など、1,300社ほどが関与する。世界最大規模の空調メーカー、ダイキン工業もその一社だ。前身は1924年創業の大阪金属工業。日本海軍潜水艦の空調設備を手掛けた。当時、冷房装置の装備は画期的であり、南太平洋での長期作戦行動を可能とした。ダイキンは砲弾も製造している。

現在海上自衛隊の潜水艦は22隻体制。約2km離れた神戸の三菱重工業と交互に建造し、戦後、神戸で総計56隻を製造した。

日本初の国産潜水艦は1906年、この川崎造船所ではじまった。日露戦争に参戦させるべく海軍が建造を主導。開発を支えたのはアメリカだった。アメリカの図面をもとに日本人技術者が第六潜水艦を作り上げた。その後、海軍はドイツの技術も導入し、新鋭艦を次々に建造。敗戦までに241隻を保有、その多くが「神戸産」だった。

この川崎造船所は川崎正蔵が創業し、1896年、松方幸次郎を社長に招聘した。首相、松方正義の三男として薩摩に生まれた松方幸次郎は乾ドック、ガントリークレーンなど近代的な設備を拡充。鉄道、航空機事業にも進出した。松方コレクションで知られ、イギリスを拠点に美術収集にも注力した。世論対策も重視し、1898年、当時、川崎に批判的だった神戸又新日報に対抗すべく神戸新聞を創刊した。

潜水艦建造を牽引した松方にとって、第六潜水艦の沈没事故は衝撃だった。１９１０年、川崎造船所で建造した潜水艇が広島湾でガソリン潜航の実験訓練中に沈没。乗員14名全員が殉職した。ほとんどの乗員は配置についたままだった。艇長の佐久間勉は天皇への謝罪とともに、冷静な事故分析や潜水艦の未来、遺族への遺書を残した。一部紹介する。

陛下ノ艇ヲ沈メ部下ヲ殺ス　誠ニ申訳無シ　国家ノ為メ職ニ斃レシト雖モ将来潜水艇ノ発展ニ打撃ヲ与フルニ至ラザルヤヲ憂ウ　希クハ益々勉励以テ将来潜水艇ノ発展研究ニ全力ヲ尽クサレン事ヲ

（佐久間勉艇長遺書）

これが「潜水艦乗組員かくあるべし」と称賛され、修身の教科書や軍歌にとり上げられる。川崎造船所は潜水艦のみならず事業を拡張。民間初の大型軍艦「淀」や民間初の蒸気機関車、そして国産初の巡洋艦「榛名」を建造。製鉄事業も始めた。

第一次大戦における船舶需要を見越し、１９１８年、運搬船ストックボートの短期建造世界記録を樹立。余勢をかり、航空・自動車製造を開始。川崎汽船も立ち上げ、海運業に進出した。

１９２６年、ドイツの技術を移入して伊号第1潜水艦を建造する。全長およそ１００ｍ、敵国の勢力範囲まで長距離航行し、攻撃する巡洋潜水艦だった。第1次世界大戦で大きな戦果を上げたドイツの潜水艦・Uボートを原型とし、ドイツ人技術者を招き、指導を仰ぐ。ドイツのクルップ・ゲルマニア社製「U142」の設計図を基に建造され、推進装置、電池、潜望鏡も全てドイツ製だった。

「満州」を走る特急「あじあ号」用蒸気機関車を製造した後、1939年に川崎重工業に改名。1941年には航空母艦「瑞鶴」を建造。この「瑞鶴」は日米開戦の端緒となったハワイ真珠湾攻撃に参加した。この作戦には川崎造船所で建造された航空母艦「加賀」、給油艦「日本丸」、伊号第二十一潜水艦も参戦。三菱重工業神戸造船所からは先遣隊として伊号第十六潜水艦、伊号第二十潜水艦、伊号第二十二潜水艦、哨戒隊所属の伊号第十九潜水艦が参加。

潜水艦に限ればパールハーバー奇襲作戦に参加した8隻のうち、神戸産が6隻と最多だった。その後、戦闘機「飛燕」、43年には純国産ジェットエンジン「ネ‐0」の飛行試験に成功した。

三菱重工の神戸造船所も、川崎造船所と相似の歴史を歩んだ。1905年、三菱合資会社神戸三菱造船所として設立された。造船業から枝分かれして鉄道や建機、発電を開発、製造し、ここから三菱自動車や三菱電機が創設された。

敷地面積は本社工場のみで約67万平米、人員は協力会社を含んで約8、000人。現在、原子力発電プラント、航空機や産業機械を手掛けている。現在の主力が潜水艦の建造であるのも川崎と共通だ。創業時、三菱神戸造船所はイギリスの技術を導入し、浮ドックを採用。大戦中のドイツ潜水艦Uボートに刺激され、イギリスのビッカーズ社と技術提携契約を交わした。

１９２０年、呂型第52潜水艦を竣工。このタイプは海軍潜水艦の中核を成し、27年までに計18隻を造った。１９３０年のロンドン軍縮会議では制約を受け、１９３６年までの建造は４隻にとどまった。だが、戦争が始まるとシンガポールでの造船所の復旧と経営を受注。終戦までに２、３６４隻を修理した。

１９３７年、海軍は巡洋潜水艦を計画。排水量２、６００ｔの世界最大の大型潜水艦で速力、航続力において世界一の性能を誇った。三菱造船所でも６隻を建造し、タイの小型潜水艦４隻も製造。戦局が悪化した１９４４年から終戦までの時期、造られたのは輸送用潜水艦が11隻。こうして戦前から終戦までに手掛けたのは潜水艦86隻（うち建造中止27隻）、砲艦４隻、海防艦10隻。戦後も１９５４年、川崎造船所と共に防衛庁に協力し、潜水艦開発計画案を作成する。

脈々と続く国産の潜水艦開発。

だが、戦後初の潜水艦はアメリカ製だった。防衛庁は欧米との技術格差を埋めるべく、アメリカから１、６００ｔ型潜水艦の貸与を受ける。それが初代「くろしお」として１９５６年、戦後初回航した。この米製潜水艦は戦時中に造られたが、技術、運用面の優秀さが日本に衝撃を与えた。同年、川崎造船所で「おやしお」が建造され、以後、１９５９年、三菱が「はやしお」と交互に受注、建造を続けるようになる。

この軍事技術の民間利用が１９６２年に芽生える。所謂、デュアル・ユースである。潜水艦技術を民間海洋調査開発に利用する計画で読売新聞の正力松太郎が推進。1964年、潜水艦「よみうり号」が誕生する。核の平和利用を推進し、原発導入を牽引した正力は深海でも「軍民両用」を主導。戦後初の自航潜水船はオーストラリア東海岸など広域調査に使われ、八丈島で台風により全損するまで約380回の潜航を実施。民間潜水船としては世界最高の稼働率だった。この「よみうり号」を足がかりに海洋開発、深海調査が本格化する。後ほど紹介するが、この三菱重工神戸造船所はアメリカの核開発と伴走するように、日本最大の原発製造拠点となってゆく。

軍都の胚胎

神戸の発展を支えたのは潜水艦だけではない。かつて日本一の商社だった鈴木商店、その系譜を引く神戸製鋼や、繊維の鐘紡、日豪貿易の兼松、日本だけでなく、英系タイヤメーカーのダンロップ、後にロイヤル・ダッチ・シェル石油になるサンライズオイル、そして台湾や満州、朝鮮半島、南洋諸島など日本の植民地と神戸をつなぐ海運業が神戸経済を牽引した。中でも大規模だったのが飛行艇だった。

作家・城山三郎は『零からの栄光』で川西航空機の「紫電改」や飛行艇開発の苦闘を描いたが、阪神間が製造拠点だった。現在の新明和工業の前身がこの川西航空機である。戦中、水上偵察機や飛行艇、紫電改などの海軍航空機を製造した。川西航空機を支えた川西清兵衛は1896年、神戸で日本毛織を創業。日本軍が進出した極寒の満蒙では防寒具は欠かせず、川西は海軍や陸軍の制服にも使われる羊毛を扱った。財をなした川西は紆余曲折を経て川西航空機を創業。イギリスやドイツの技術を研究する。１９３０年、現在の西宮の鳴尾に工場移転し、鳴尾飛行場で飛行艇の試験飛行を行った。その後水上戦闘機や陸上戦闘機「紫電」を開発し、１９４３年には鳴尾工場周辺一帯も製造拠点となり、勤労動員で6万人以上が従事した。加西市の鶉野飛行場にも分工場を設置し、紫電改を製造。敗戦までに紫電４４６機、紫電改44機を造った。宝塚、姫路にも製作所が設立され、球児の殿堂・甲子園や小林聖心女子学院、関西学院大学にも工場が置かれた。

神戸と近隣地域は富国強兵の最前線だった。

大日本帝国憲法と神戸の伊藤博文

列強の軛から逃れ、アジアの一等国を目指した近代日本。脱亜入欧を説いた福澤諭吉は『西洋事情』で万国公法の意義を表明し、開国に踏み切る決心を促した。

欠かせないのが文明国にふさわしい「一身独立」する個人。そのために民主主義や基本的人権の前提となる「自立した国民」意識を福澤は「演説や討論の稽古」を通して「始造」した。アメリカの政治学者、ベネディクト・アンダーソンは『想像の共同体』で権力が意図的に神話や国語、国史やメディアを活用することで「国民」、「国家」は恣意的に人工的に創られると論じた。開国を突き付けられた実験国家、明治日本にとってナショナリズムの形成と国民意識の涵養は喫緊の課題だったでは、「日本国とは何か」。この難儀なアポリアに真正面から向き合ったのが初代兵庫県知事、伊藤博文だった。JR神戸駅から山側に向かう坂道の先に伊藤の神戸滞在の名残りがある。今でこそ三ノ宮駅周辺が賑わうが、神戸駅周辺がかつての神戸の重心だった。神戸市役所も所在し、米騒動で燃やされた商社鈴木商店も本店を構えた。現在、駅の真南には蒸気機関車D51が展示され、元神戸市長・宮崎辰雄の挨拶が刻まれた石碑には矜持と称賛が宿る。

長い間活躍した君を神戸市民は近代鉄道史に不滅の功績を残したとして、東海道本線、山陽本線の終点・起点の近くに迎える。（神戸市長・宮崎辰雄）

明治の時代、「帝都」東京から「商都」大阪を経て「港都」神戸をつなぐ鉄道は殖産興業の要だった。神戸駅から北に歩くと右手に裁判所、左手に天皇に殉じ、祭神となった楠木正成を奉る湊川神社が続く。20分ほど、なだらかな坂道を行くと神戸大学医学部附属病院に着く。その背後に大倉山公園がある。

かつて源氏物語や平家物語の舞台となった須磨ノ浦を一望した景勝が神戸っ子の誇りだった。今、野球場がある広大な公園は明治政府の御用商人、大倉喜八郎が日清戦争後に建てた別荘跡地だ。この大倉を岡倉古志郎は『死の商人』（岩波新書、1962）で「維新戦争の鉄砲屋」と称した。大倉は日本の台湾出兵、日清、日露戦争で軍への武器調達を担い、戦争の度に巨利を得る。メリケンパークに聳えるホテルも大倉財閥の系列だ。この地に初代総理大臣、伊藤博文の像が佇立していた。高さ3mほど、フロックコートを纏い、左手に持ったのが自ら起草に関わった大日本帝国憲法。

初代兵庫県知事を務めた伊藤は、大倉の別荘を「神戸第一の眺望」と褒め称え、頻繁に利用していた。1909年、伊藤がハルピンで射殺されたのを契機に大倉が銅像を建立。別荘も神戸市に寄付した。今はなき伊藤の像が正対したのが神戸港だった。一体、その眼差しの先に、如何なる理想を描いたのか。

不平等条約の起原

神戸港は1868年1月1日、兵庫港として開港した。2日後、王政復古の大号令により徳川幕藩体制は崩壊。明治新政府による統一国家が成立した。開国の最前線となった神戸だが、政府初の外交危機の現場となった。神戸事件である。

旧居留地のランドマーク・大丸神戸店の傍にある三宮神社に碑が残されている。11日、明治維新の黎明期に備前藩兵の隊列をフランス水兵が横切ったことに端を発した紛争で，イギリス、フランス兵と銃撃戦となり、駆けつけたイギリス公使パークスにも発砲した。

英仏軍は居留地を占拠、港内停泊中の日本艦船を抑留した。対外関係の悪化を恐れた明治政府は伊藤に対応を担わせ、陳謝。藩士滝善三郎の自刃で幕引きを図った。この事件により明治政府は鎖国、攘夷からの決別を国の内外に公表することになった。

同年5月、兵庫県が設置され、7月12日、伊藤は初代知事に任ぜられる。遊興に熱心で、花隈の料亭に入り浸りだったが、これはさておく。

翌年5月21日までの短い任期にも関わらず、伊藤は近代国家に向けて活発に活動、版籍奉還を建白する。これは中央集権化のために全国の藩主が土地（版）と人民（籍）を朝廷に返還するもので、翌年、伊藤は国是綱目「兵庫論」を捧呈する。この「兵庫論」は君主政体を掲げる第一条から始まり、第二条では政治兵馬の大権を朝廷に帰しむる、以下、世界万国との通交、国民の身分格差を無くし「自在自由の権」を付与、「世界万国の学術」の普及、国際協調を説き、攘夷を戒める第六条からなっている。文明開化の政治を行い、「皇国数百年継受の旧弊を一新して天下の耳目を開く可」とし、大学校を設立することも求めている。

最も、狙いは別にあった。伊藤は各藩の政権を朝廷に帰一することを主張、全ての法律が朝廷からの発出でなければ国民の文明化は覚束ないと考えていた。権力の集中と共に民心帰一、「帝国臣民の創造」を期していたのである。

今に続く地方と中央の相克の胚胎はこの「兵庫論」に見て取れる。伊藤にとって海洋国家・日本の港を全て政府が管轄するのは当然だった。

１８６９年６月、明治政府は中央集権化を図るため、全国２６１の藩を廃し、府県を置く廃藩置県を実施。１８７２年には日本最初の近代学校教育制度を制定、73年には徴兵令を公布。国民皆兵主義を取り、満20歳に達した男子に兵役の義務を課した。土地の私有所有を認める地租改正等によって近代国家としての体裁を形成していった。

その総決算こそ憲法だった。富国強兵、殖産興業政策に邁進するために，西洋諸国との間の不平等条約を撤廃させるために、文明国にふさわしい近代法典を整備する必要があった。

憲法の輸入　ドイツとの出逢い

兵庫県知事を務めたのち伊藤は調査の為にアメリカに向かう。その後も岩倉使節団の一員としてサンフランシスコやワシントンを訪問、不平等条約改正談判のために全権委任状を下付されたため一時帰国するも、１年以上かけて憲法について研究に従事した。範としたのは当時の新興国ドイツだった。１８７３年３月11日、伊藤は首都ベルリンでドイツ皇帝に謁見、宰相ビスマルクと会見した。だが待ち受けていたのは「蹉跌」だった。

ベルリンの中心には勝利の女神ヴィクトリアがいる。高さ63ｍの戦勝記念塔・ジーゲズゾイレの石塔の上に女神は鎮座する。この女神を拝むように周囲に鉄血宰相ビスマルク、そして近代ドイツ陸軍の父と呼ばれる参謀総長モルトケなど、ドイツ統一の立役者の像が置かれている。当時､ドイツは「遅れてきた国」だった。プロイセン首相だったビスマルクは武力によるドイツ統一を企図し、デンマーク戦争、１８６６年に普墺戦争、そして１８７０～７１年の普仏戦争で、宿敵フランスを撃破し、統一を果たした。採用したのは立憲君主制。皇帝に戴いたヴィルヘルム1世の権力が大幅に温存され、憲法があっても君主が統治の中心を占めた。そのため「外見的立憲主義」とも呼ばれるが、憲法を制定し、君主の権力行使に一定の制限も課した。このドイツ帝国成立をもたらしたのが鉄道だった。

戦争は兵站が決する。現在、ドイツ各地に張り巡らされた高速道路網「オートバーン」が有名だが、統一前、モルトケとビスマルクは線路網を領土の隅々まで敷設した。兵士や武器弾薬、糧秣などの補給を鉄道輸送で行い、戦勝を得た。

列強の専横を肌で知る伊藤はアメリカ大統領制やイギリス議会制度も研究したが、立憲君主制を採用したドイツ帝国に明治日本との親和性を見た。そして「臣民」創造の駆動装置として、神の代わりに天皇を位置づけた。君主が権力を把持しながらも、表向き国民の政治参加を認める近代憲法を持つドイツ帝国のあり方に伊藤は明治日本の未来を重ねた。

神戸にはドイツとの関わりが色濃く残されている。異国情緒漂う北野の「風見鶏の館」はドイツ人貿易商が建設した。この風見鶏の館を舞台にNHKドラマが放映されたことで戦後、低迷した北野再生のきっかけになった。

第一次大戦で日本はドイツと戦火を交えたが、太平洋戦争では軍事同盟を結んだ。神戸には「杉原ビザ」を手に敦賀経由で神戸に滞在した「流氓ユダヤ人」コミュニティもできたが、風見鶏の館ではナチス将校が会合を重ね、ナチス将校が集うクラブ・コンコルディアも作られた。最たる日独の結節点が潜水艦だった。

作家・吉村昭は『深海の使者』で太平洋戦争中に陸・空路を断たれた日独両国間で軍事機密を運んだ潜水艦の悲劇を詳述したが、Ｕボートの乗組員も神戸に参集した。軍事技術提携はほとんど奏功しなかったと見られているが、敗戦間際、最終兵器開発に「皇国の存亡」を託した日本にとって、潜水艦こそ生命線だった。

話が随分、脱線したが、憲法調査でベルリンを訪れた伊藤は行き詰った。ベルリン大学で教えを乞うた公法学者グナイストは極めて消極的だった。グナイストは「憲法は民族精神の発露であり、民族の歴史に立脚している」と述べ、憲法は言語や文化と同様、民族精神に根差した歴史的生成物であると諭した。暗に明治日本の後進性を示唆したのだ。

焦慮の念を深めた伊藤が目指したのがウィーンだった。

国家学の泰斗、ローレンツ・シュタインと面会し、「シュタイン国家学」から啓示を経た。伊藤は「心ひそかに死に所を得た心地」になるほどで、後に日本から「シュタイン詣で」が繰り返されるようになる。伊藤が求めたのは憲法の条文より立憲国家の全体像と憲法施行後の国家運営の指針だった。

その焦点が国民に開かれた議会制度である。ドイツでは専制的で、ヴィルヘルム１世も「日本天子の為に国会が開かれるのは喜ばしくない」と伊藤に伝えた。日本国民の文明度の低さというより、当時、ドイツ帝国ですら議会運営に難渋しているのに、日本が議会という民主主義装置を使いこなすのは無理と見たのではなかろうか。ではシュタイン国家学のどこが明治日本と親和性

を持つと伊藤は思ったのだろうか。乱暴な要約になってしまうが、シュタインは、

議会制度は国民の政治参加に不可欠だ。しかし利害によって左右され、政治は安定しない、これに対して議会制度を補完して国家の公共的利益を実現するシステムとして行政が必要とされる。その行政は憲法に基づく。

（国家学者シュタイン）

伊藤はシュタインとの出会いにより、立憲体勢の全体像のみならず、その制度的基盤をなす「行政」に開眼した。その後、ベルリンに戻り講義を受けた後、ロンドンに赴き、調査を深めた。

大日本帝国憲法が公布されたのは1899年2月11日。「文明の一等国への切符を手にした」ことに陶酔した神戸の街は祝祭空間と化した。

ナショナリズムの伝播装置　皇道と鉄道

現在、地方自治は「民主主義の学校」と言われる。国政と違い、神戸市のように市長と市議会議員がそれぞれ直接選挙で選出される仕組みは天皇と議会の併存を必死に模索した伊藤の残滓と言えよう。しかし、新興政府による憲法だけで人心帰一は実現できない。

ドイツの政治学者、マックス・ウェーバーは「支配の三類型」として合法的支配、伝統的支配、カリスマ的支配を挙げた。伊藤は明治天皇を伝統とカリスマを体現する威信とし、帝国国民を創

造する礎として神の代わりに天皇を置いた。

この明治天皇が神戸へ向かう「皇道」が「鉄道」だった。


明治日本は列強に対抗すべく、海外に進出。１８９４年、朝鮮半島の権益をめぐり日清戦争を戦った。喫緊の課題が兵士、武器弾薬を戦地に運ぶ鉄道建設だった。線路の延伸に邁進し、東京から西に伸びる東海道本線の終点、神戸と広島がつながった直後、天皇は最高司令部「大本営」を広島に移転。広島城に置かれた大本営に伊藤も通った。天皇は皇居を出て神戸に宿泊、９月に広島入りした。宇品港（現・広島港）有する広島は後方支援拠点になり、日本は勝利をおさめる。

この時期、帝国議会も広島で開かれ、伊藤も参列。日清戦争の下関条約も神戸と関連がある。陸奥宗光である。神戸海軍操練所に学び、第４代兵庫県知事を務め、シュタインに国家学を学んだ。伊藤と共に全権大使として清との交渉にあたった。台湾や遼東半島などが割譲されたが、ドイツなどによる三国干渉がなされ，日本は半島を清に還付した。

陸奥宗光は外交交渉を記した『蹇蹇録』を残した。この『蹇蹇録』の有名な一文「他策ナカリシヲ信ゼムト欲ス」は沖縄返還時に佐藤栄作の密使として核密約交渉を担い、密約に懊悩し、自死した若泉敬の遺作タイトルとなる。

神戸での初代の伊藤博文像は天皇に殉じた楠木正成を奉る湊川神社に建立された。だが、日露戦争後、アメリカの斡旋で結ばれたポーツマス条約に不満を持った神戸市民が暴徒化し、条約に関わった伊藤像は引き倒され、神戸の街中を引き回された。

帝国臣民を創造し、その帝国臣民によって断罪された伊藤博文。

その後、初代韓国統監になった伊藤はハルビンで暗殺される。死後、大倉山に再建された像も戦中の金属供出で撤去された。

君主制と議会制。天皇と憲法。

時代の要請がもたらしたアポリアと格闘した伊藤博文。その記憶は神戸市役所と指呼の間にある旧居留地の町名に残されている。

第3章　神戸と戦争―軍都と聖都の蹉跌―

富国強兵の博覧会

伊藤博文らが主導し、欧米に追いつき、追い越せと殖産興業、富国強兵に邁進した明治日本。その「国のあり方」を大日本帝国憲法で定めた伊藤は人心帰一の基軸として神の代わりに天皇を置いた。その天皇が国力を映しだす自国艦隊を観閲する観艦式こそ軍都・神戸の基点だった。

日本初の観艦式は１８６８年４月18日、大阪の天保山沖で始まった。明治天皇が船上から観閲するなか、日本６隻、フランス１隻が参加。しかし当時は明治の黎明期、日本の艦船は外国からの輸入だった。一方、神戸は貿易振興に邁進する。１８９８年、貿易額は全国の42％を占め、輸入額は日本一になる。そして経済成長と呼応するように軍備も拡充されてゆく。

近代海軍として初の観艦式が実施されたのが神戸沖だった。大日本帝国憲法が施行された１８９０年の４月18日、軍艦18隻が参加。御召艦は高千穂が務めた。

観艦式が本格化したのが１９００年４月30日の大演習観艦式。神戸沖は艦船で埋め尽くされ、軍艦23隻、水雷駆逐艇８隻、水雷艇18隻、計49隻が東西に隊列を組み、「軍艦行進曲」が神戸に鳴り響いた。

守るも攻むるも黒鐵の　浮かべる城ぞ　頼みなる
浮かべるその城　日の本の　皇國の四方を　守るべし……

「軍艦行進曲」は海軍省の制定行進曲となり、日米開戦時も繰り返しラジオから流された。現在も海上自衛隊でも儀礼曲に採用され、進水式や出港式典で奏楽されている。戦後は「軍艦マーチ」と呼ばれ、パチンコ店の定番ＢＧＭとして使われるようになり、ミャンマー国軍も公式軍歌に採用している。

観艦式は戦前18回、催され、多くが神戸沖を会場とした。日英同盟締結後の１９０３年、列強各国も参加。日本海軍の軍艦32隻、駆逐艦13隻、水雷艇23隻が参列、イギリスからは戦艦グローリーや防護巡洋艦、ドイツも防護巡洋艦ハンザ、ロシアの防護巡洋艦、イタリア、フランスも加わった。

この時、明治天皇の親閲を迎えるべく神戸市内の学童数百人が神戸港を一望する山に集い、日の丸を振りながら人文字で錨を描いた。この山は4年後に「錨山」と命名され、錨をかたどった松が植樹される。今も日没後から23時まで電飾の灯りがともされ、東隣の神戸市章を闇夜に描く「市章山」と共に神戸のランドマークになっている。

日露戦争最大の海戦「日本海海戦」を経て、観艦式は国力を顕示し、軍事力を展示する「博覧会」になってゆく。１９０８年の大演習観艦式には潜水艇が初参加、神戸沖に軍艦50隻、駆逐艦53隻、水雷艇12隻と共に潜水艇7隻が参加した。

人類初の総力戦となった第一次大戦後の１９１９年は横須賀沖で開催。地中海へ派遣された第一、第二特務艦隊、戦火を交えたドイツから奪取した戦利潜水艦7隻が参加。

大戦は未曽有の海運ブームをもたらした。神戸の船舶業界はロンドンを除くと世界一の活況を呈し、内田信也、山下亀三郎らの「船成金」を生み、阪神間が「成金色に染まった」と言われるほどだった。今も阪急御影駅周辺に点在する邸宅がその活況ぶりを彷彿とさせる。

1930年、特別大演習観艦式が神戸沖で開催。同年、神戸港の輸出貿易額は全国首位、シェアは35％を越える。

船舶がひっきりなしに往来する中、艦船165隻、飛行機72機が結集。神戸市民が見物に訪れた港では「観艦式記念海港博覧会」が開催された。

戦争の展示場

日本は当時、世界三大海軍国になっていた。全国民を戦争動員する総力戦の時代、軍事思想の普及拡大も博覧会の目的だった。開催に合わせるように10月1日、超特急「つばめ号」が神戸と東京を結ぶ。

観艦式記念海港博覧会は9月20日～10月31日のおよそ40日間。会場は3つ。第一会場は兵庫突堤の埋立地。第二会場は「東の浅草、西の新開地」と言われた神戸随一の歓楽街・新開地と隣接する湊川公園。第三会場が現在、王子動物園がある関西学院跡。

神戸新聞は初日の様子を、「呼び物の水族館では評判の海女が早くも巧みな潜水技術をみせ、あっと言はせた他珍魚の数々、海洋、水産の出品も変わらぬ人気」と報じた。大阪朝日新聞も詳報し、9月28日の記事の見出しは「時代の尖端を行く設備、近代科学の粋を集む」、行間から賑わいが滲んだ。

神戸市を主体に県、商工会議所連合主催。海軍、内務、商工、鉄道、逓信五省の後援を得て日本は海と港から「新興日本の産業は海港の発展から」の標語を高く掲げて、港湾都市としての神戸市が全国の人々に海事、国防知識を普及させ併せて財界好転の動因ともしたいという大抱負をもって着手した事業である。

第一会場は広さ3万坪、博覧会の主力が集まっている、大アーチ大正門の偉大な姿が聳え大噴水を前に控えて飛行機の形を現わした航空館に向い合って第一、二、三の三貿易館、それから海軍館、船舶館、電気館、朝鮮館、海事海運館などの近代的な色彩に富んだ高層な建物が立ち並んでいる、この海面に面した会場は海の殿堂の如き感がする。各館とも興味万々たるものがあり観衆をアッと云わせる。

殊に余興として大砲から人間をうち出し、百二十呎の空中を飛ばすと云う素晴しいものがある。

第二会場 湊川公園。広さは1万1千坪、余興にも随分面白いものがある、芸者の手踊り、海女の鮑取りなど艶ッぽい。ここは水産館、海洋館、水族館の三つが設けられて魚の棲息状態から漁業に関する総てを見せ、海洋の神秘、一万種からの貝類の陳列、気象学上の奇現象

など誰にでもわかるよう仕組まれ電飾灯スカイ・サインなどで景気を添えている。

第三会場 関西学院跡。敷地は17、000坪。静的なものばかり美術館、記念館、観光館、拓殖館等があって燦然たる芸術の光を放っている。

（大阪朝日新聞）

観艦式記念海港博覧会では子どもの国や遊興娯楽施設も作られ、「怪力婦人」、「ドイツ大魔術」も披露された。中でも話題になったのが記事にもある「人間大砲」、観衆はヤンヤヤンヤの大喝采だったという。港では水族館と軍艦「陸奥」の主砲と砲弾の模型が展示され、海軍戦利品を陳列し、飛行塔や潜望鏡を備えた。

この博覧会に象徴されるように神戸では「戦争の日常化」が進む。国際情勢が激変した1929年、アメリカを震源とする世界不況が神戸にも伝播。1933年、ドイツではヒトラー率いるナチスが政権奪取、国際連盟と軍縮会議から脱退した。同年、神戸では兵庫県国防協会、大日本国防婦人会神戸支部が発足。

「暗い時代こそ光が必要」と神戸市は11月7日、第1回みなとの祭を開く。空前の賑わいとなり、80万の市民が花電車に花自動車、みなとの女王に懐古行列や国際大行進、海上ちょうちん行列に花火大会を楽しんだ。祝祭は眠らない。神戸の街はガス灯のイルミネーションが輝き、艦船や市役所はライトアップされ、市章や錨が山麓に灯った。夜景や阪神淡路大震災慰霊の「ルミナリエ」で知られる神戸は戦前からイルミネーションの街だった。

１９３６年、再び、特別大演習観艦式が神戸沖で開催。艦船１００隻、飛行機１００機が参加。観艦式記念神戸博覧会が湊川公園と六甲山を会場に開かれた。主催は神戸市。日中戦争が迫り、軍事色はより強まり、国防思想普及の徹底も目的だった。

湊川公園には国防館が設置された。館内は、国民に臨戦意識を涵養すべく戦場のパノラマがつくられた。海軍の栄光の歴史である日本海海戦や軍神・広瀬神社、潜水艦の行動や港湾都市の防空、銃後の活躍が紹介された。

陸軍特別大演習

陸軍も天皇総監のもと毎年１回大規模演習を実施した。

初開催は１８９２年の栃木県。神戸では１９１９年、現在の神戸市立須磨離宮公園の前身、天皇家の別荘として作られた武庫離宮に大本営が置かれ、陸軍特別大演習が実施された。司馬遼太郎の『坂の上の雲』で描かれた松山出身の軍人、秋山好古が参加。秋山は日本騎兵の父と呼ばれ日露戦争で騎兵戦術を駆使した。開催地となった神戸市須磨区は古くから軍事、交通上の要地として百人一首にも詠まれた。源氏物語の光源氏が滞在した寺があり、一の谷、鵯越など「平家物語」で描かれた源平の古戦場がある。

１９３６年、神戸市の西にある姫路で「国防と資源大博覧会」も開かれた。姫路城に進駐していた陸軍の倉庫敷地（現在姫路市立動物園あたり）が会場になった。民間防衛に役立つ防空壕の作り方や兵器展示、潜水艦の潜望鏡は実際に見ることができた。姫路港でも潜水艦の体験搭乗が行われた。

王子公園と博覧会

観艦式に大演習、祝祭や博覧会、このメディア・イベントこそ、ナチス・ドイツも重視した愛国心を涵養する宣伝・啓蒙装置だった。

「観艦式記念海港博覧会」第三会場となった現在の王子公園は神戸とアメリカの宗教、教育の回路だった。1899年、アメリカのプロテスタント系キリスト教教団から派遣された宣教師W・R・ランバスが原田の森に関西学院を創立。1929年に西宮へ移転するまで英語やキリスト教教育の拠点になった。

しかし日米開戦後は「反米の聖地」と化す。1941年、約3、000坪の敷地に兵庫縣神戸護国神社が設けられる。国のために殉難した英霊を祀り、1939年に招魂社から改称した。アメリカの空襲で社殿を焼失した後、阪急六甲駅近くの灘区篠原で再建され、兵庫県東部ゆかりの戦没者53、257柱を祀る。この日米戦争で焼尽した親米と反米の培養地では戦後、神戸の戦後復興を懸けた博覧会が開かれることになる。

核との遭遇　アインシュタインの来神

１９２１年11月18日、アインシュタインが神戸港に降り立った。ユダヤ系ドイツ人の理論物理学者は特殊相対性理論、一般相対性理論を打ちたて、核兵器開発の礎となる研究を主導した。アインシュタインは１９３３年にナチスに追われて渡米、後に日本に投下された原爆開発を担うマンハッタン計画に参画する。彼を日本に招聘したのは１９１９年に創刊された総合雑誌『改造』だった。大正デモクラシーの思潮を背景に進歩的な編集方針で知られ、ノーベル文学賞を受賞したイギリスの評論家バーナード・ショーや平和運動の国際的指導者として活躍したバートランド・ラッセルも神戸に招いた。神戸港には神戸・大阪の労働組合員５万人以上が出迎えようとしたが、当局によって阻止されるほどの歓迎ぶりだったという。日本の研究者にも大きな刺激を与えたラッセルとアインシュタイン。二人は戦後、世界の軍縮と核廃絶、平和に向けて手を携えるようになる。

アインシュタインが滞在したのがメリケン波止場のそばにあったオリエンタルホテルだった。共同設計したのが広島県物産陳列館、後の原爆ドームを設計したチェコの建築家ヤン・レッツェル。宝塚にある小林聖心女子学院も同じチェコ出身のアントニン・レイモンドが設計した。芦屋川沿いのヨドコウ迎賓館を設計したフランク・ロイド・ライトの弟子だ。だが、このレイモンドは戦中、アメリカで日本の空襲計画に参加。木造家屋を建造し、爆弾の破壊力を試す実験に加担した。

1938年、焼夷弾の製造会社「スタンダードオイル」社からの招待を受け渡米。アメリカ軍少将カーティス・ルメイは焼夷弾の「効果」を検証するため、レイモンドに「日本の労働者が住む家屋を設計してほしい。畳と障子、瓦屋根で」と注文した。レイモンドはユタ州の砂漠にあるダグウェイ試験場で日本の木造長屋の街並みを再現。3カ月後、2階建ての3棟の木造住宅を4列、12棟の長屋が2組完成。こうして1943年の5月以降、焼夷弾投下実験が繰り返された。

落下軌道、落下地点、発火範囲、火災の規模、燃焼能力、消火の可能性など、細かいデータが集められた。家屋の再現は正確を極めた。畳が敷かれ、卓袱台、布団、座布団が配置されていた。箸や炭火鉢、洗い桶といった台所用品、さらには雨戸や物干し台も設置され、庇の下には欄干も取り付けられた。爆撃実験は雨戸を開けた状態と閉めた状態、すなわち、昼夜が想定される。屋根もトタンと瓦、2種類を造り、建材も日本のヒノキに近いものが使われた。また、漆喰の代用として南西アメリカで使われている「アドビ」という土壁を用いた。実験に使用するほど大量の畳を、米国国内で生産するのは不可能だった。そのため、米国海軍が出動し、ハワイに暮らす日系人の家庭から掻き集めた。さらには日本と同じ装備の「消防団」まで組織され、鎮火実験も行っていた。すぐに消火されると日本を火の海にできない。米国は実験を繰り返し、空襲の「効率」を向上させる。B29による空襲が本格化したのは、この実験の翌年。東京大空襲や神戸空襲にレイモンドが日本で経験した日々の暮らしが活かされた。

長い記述になってしまったが、アインシュタインの来日は日本初のノーベル物理学賞受賞者、湯川秀樹に影響を与えた。講演を聞き、理論物理を極める意欲を高めたという。そしてアインシュタイン同様、極秘の原爆製造計画に参画する。

日本の原爆開発

１９４５年８月、広島と長崎に原爆が投下され、同年末までに21万人ちかくが亡くなった。アメリカが原爆開発プロジェクト「マンハッタン計画」に着手したのは日本の真珠湾攻撃前だった。この究極の兵器開発を日本も目指した。１９４４年６月、日本海軍はマリアナ沖海戦で米軍に惨敗、翌月、サイパン島が陥落。これでB29による原爆投下が可能になった。この時期、日本軍上層部で噂になった言説がある。「マッチ箱ひとつの量で、戦局を一転させる新型爆弾がある」。この新型爆弾こそ同盟国ドイツでも起死回生をかけて進められていた核兵器だった。日本軍は研究機関に開発を要請。「二号研究」と「F号研究」を推進する。「二号研究」は陸軍から依頼を受けた理化学研究所の仁科芳雄研究室が担い、１９４３年６月ごろに開始された。理研には日本の原子物理学を牽引する人材が集まり、戦後は原子力発電普及の推進力となる。

だが開発はできなかった。必須であるウランの国内埋蔵量は極めて微少であり、乏しい資材で実験を続けたものの、空襲で研究員の多くが自宅を焼け出され、仁科の自宅も、研究資料も焼失した。

一方、「F号研究」は、海軍と京都帝大の荒勝文策研究室が主導した。この研究に参加したのがアインシュタインに刺激を受けた湯川秀樹だった。当時、40歳手前、海軍から現在の約7億円の予算を与えられ、ウラン濃縮に遠心分離法を採用。結局、設計段階で終戦を迎えた。戦後、湯川は平和運動に深く関わるようになる。1955年7月9日、米ソの核軍備競争の激化を背景に，かつて神戸を訪れたラッセル、アインシュタインが核兵器廃絶を訴える「ラッセル・アインシュタイン宣言」に参加。湯川らはこの宣言を核保有国の米ソ英仏中、そしてカナダのリーダーに送った。国際紛争解決を武力に頼らず，平和的手段を勧告した宣言は世界的反響を呼び起こす。57年7月、この宣言がきっかけとなり、カナダでパグウォッシュ会議が開催。原爆投下から半世紀経った95年、同会議はノーベル平和賞を受ける。日本でパグウォッシュ会議を牽引した湯川は「核兵器は悪である」と主張し、死の間際まで、科学者として核なき世界の実現を訴えた。

神戸空襲

伊藤博文の像があった大倉山公園。ここに2013年8月、「神戸空襲を忘れない──いのちと平和の碑──」が設置された。核兵器を開発したアメリカは神戸を核投下目標に選定し、模擬原爆を落とす。徹底的な無差別空爆を実施し、神戸の市街地の3分の2を焦土とした。日本国や自治体はこの神戸空襲犠牲者を把握していない。公的な死没者名簿は存在せず、民間の有志が設立した「神戸空襲を記録する会」が調査し、平和の碑に1、750人を超える犠牲者の名を刻んだ。

だが、記録されたのは氷山の一角に過ぎず、今も犠牲者の数は増え続けている。

一体、アメリカによる神戸空襲はどのような規模だったのか。何故、アメリカは神戸を徹底的に破壊しなければならなかったのか。

新神戸駅の近くにある神戸市文書館。近くに連合国軍捕虜収容所跡地がある。文書館は美術館として建てられ、戦後は米軍が接収した。ここに空襲の記録が残されている。

日本本土への空襲は１９４２年４月18日、東京、名古屋、神戸などを皮切りに開始された。サイパン陥落後に本格化し、１９４４年11月１日、サイパン、グアム、テニアンからなるマリアナ諸島基地から飛び立ったＢ29が初めて日本本土上空を飛ぶ。阪神間に出現したのは12月15日の午前９時頃。偵察目的に１機が進入した。

神戸に初めて爆弾が投下されたのは45年１月３日。この日から敗戦までの８か月間で１２８回もの空襲を受ける。特に２月４日の爆撃は東京大空襲に向けた「実験」だった。

東京大空襲は３月10日に行われ、死者10万人以上と見られる。以後、日本全土で無差別焼夷弾投下が開始され、神戸市中西部が壊滅的被害を受ける。夜間攻撃も始まり、神戸、東京、名古屋、横浜、大阪の５大都市への空襲が本格化。５月、神戸沖を機雷封鎖する「飢餓作戦」が始まり、瀬戸内海は死の海となる。紫電改の製造拠点、川西航空機甲南製作所が攻撃をうけ、さらに６月、西の須磨から東は西宮までの広範囲が破壊された。７月24日に模擬原爆が投下され、広島に原爆が投下された８月６日、神戸のほぼ全土が焼尽した。

被害は甚大だった。街に風を遮るものはなく、彼方に茫洋と地平線が広がった。戦災家屋数

141、983戸、総戦災者数は罹災者530、858人。死者は確認できただけで7、491人。負傷者17、002人とされる。

だが、実際はさらに膨大な被害であった。人口1、000人当たりの戦争被害率は47人。人口、面積から割り出した被害率では5大都市で最悪だった。この徹底的な空襲は何が目的で、何処に照準したのだろうか。「米軍戦略爆撃報告書」にその理由が詳細に記されている。5回の空襲を順に紹介する。

「2月4日の作戦要約」

出撃爆撃機110機、損失2機。

第1目標・上空滞在時間：14時57分～15時56分の59分間。高度約7、470～8、230m。

(目標の重要性)

神戸は、日本で六番目の大都市、人口約100万人、日本の主要港である。造船所群は、船舶建造と船舶用エンジン製造能力の面で日本最大の集中地域。神戸では本州の西端からの山陽本線と大阪・東京への東海道本線とが連結している。鉄鋼、鉄道車両、機械、ゴム、兵器などの基幹産業施設は、神戸の輸送活動と密接に関連して立地している。神戸を通過する国道は、市中の密集区域を通過している。

攻撃目標として選定された地域は、1平方マイルあたりの人口密度が平均10万人以上、高度に密集した市の中心部である。

（爆弾）
爆弾：神戸市街地域の建物は燃えやすいので、焼夷攻撃が最も効果的。
投下間隔：個々の焼夷弾が適度に広がるよう約152ｍに設定。

（後方支援）
B29の事故に備え、マリアナ基地から日本本土までの海域に、陸・海軍合同で、救助艇、救助機を使った大規模救助作戦を展開。

（損害評定）
鐘ヶ淵実業　施設の49％破壊（約820、000平方フィート）
三菱重工業神戸造船所　施設の2％破壊（約68、000平方フィート）
川崎車輌　小建造物4棟破壊（屋根面積約22、000平方フィート）

「3月17日の作戦概要」

出撃爆撃機331機、損失3機

第1目標上空時間：2時29分～4時52分の2時間23分間。高度：約1、520～2、900m

爆弾：主力部隊はM69焼夷弾。目標上空約610mで作動するよう起爆装置をセット。

他に4ポンド・マグネシウム弾を搭載。2種類の焼夷弾によって、消防活動は異なる方法を採らなければならなくなる。焼夷弾は水を掛ければ鎮火するが、マグネシウム弾は水をかければ急速燃焼する。できるだけ消火活動を混乱させるためであった。

「5月11日の作戦要約」

目標：神戸—川西航空機深江製作所

出撃爆撃機102機、損失1機。

攻撃高度：約4、790～6、100m。

爆弾：500ポンド通常爆弾のみ搭載。

(目標の重要性)

目標は、川西航空機の最新式小型航空機の工場のひとつである。この工場は近年川西航空機の近隣工場である鳴尾製作所から四発エンジンの飛行艇（EMILY、二式飛行艇）の生産を引き継ぎ、さらに新式の双発陸上機（KONA63、極光）を生産。

（損害評価）

目標の約39％を損壊（DAMAGE）あるいは破壊（DESTROY）。

損壊には大規模部品組み立て工場の70％内部火災。

目標北東に隣接した神戸高等商船学校の約70％破壊

「6月5日の作戦要約」

出撃爆撃機530機、損失11機。

第1目標上空時間：7時22分～8時47分の1時間25分間、高度：約4、160～5、730m。海軍にはこの作戦任務の詳細が伝達され、潜水艦4隻、大型救助機4機、洋上艦艇3隻と救助艇が空海救助任務に割当てられた。爆撃機1機が、敵機に激突され、日本の海岸から約3、220m離れた海上に不時着。11名の乗組員のうち、4名の乗組員は潜水艦によって救助。

（損害判定）

現在、神戸に与えた損害合計は、約22・7㎢。市街地の約56％。

（目標）　（合計破壊率）

湊川火力発電所　30％破壊

神戸製鋼　小建物５棟破壊、小さい建物五棟破壊。点在家屋破損。

神戸製鋼　50％破壊

川崎重工　15％破壊

川崎車両　小規模損壊、

日本ダンロップ　１００％破壊

ライジングサン石油　10％破壊

神戸港第一地区　20％破壊。

鉄道省鷹取工場　35％破壊

日本エアーブレーキ　60％破壊

川西機械　40％破壊

沖電気　１００％破壊

川崎重工業　10％破壊。

川崎重工業　15％破壊

神戸ガス　80％破壊

「8月5・6日の作戦要約」
目標：西宮―御影市街地
出撃爆撃機２６１機、損失1機
第1目標上空時間：0時25分～2時1分の1時間36分間、高度約3、８４０～4、８８０m

(目標の重要性)
この都市地域は大阪湾北岸に位置し、神戸の東側の郊外地域を形成。大阪と神戸の大企業に部品を供給する下請中小工場地帯として重要。

(米軍戦略爆撃報告書)

米軍の攻撃目的は明確だった。神戸には物資・兵士を運ぶ鉄道、航路、道路が連結し、油槽やガスタンク、発電所に鉄鋼所が立地し、航空機、車両、船舶に潜水艦と空・陸・海・深海を移動する兵器や運輸手段の製造拠点があった。神戸は米軍にとって必ず破壊しなければならない日本の戦争遂行の要だった。山が海に迫るため、港の後背地に労働力が集住し、絨毯爆撃の「効果」も高かった。

模擬原爆「パンプキン」

アメリカは神戸を原爆投下目標候補とした。

1945年4月27日、アメリカの原爆投下目標選定委員会は重点的爆撃先として東京都、横浜、名古屋、大阪、京都、神戸、八幡、長崎を選定。その上で、投下先候補として長崎市、佐世保市や神戸市など17都市を定める。5月10日の第2回目標選定委員会で神戸市は外されたが京都市、広島市、横浜市、小倉市が照準された。理由は、①大きな都市にある重要目標である、②爆風で効果的に破壊できる、③原爆投下まで被害が少ない。既に甚大な被害を受けていた神戸は外れたが、模擬原子爆弾が投下された。当時、爆弾投下は目視で行われた。高速移動中での精密爆撃は天候に大きく左右される上、人類史上初の原爆の爆風は投下爆撃機にも及ぶ懸念があった。そのため「予行訓練」が必須だったのだ。

原爆投下のために結成されたのが第509混成部隊。人員は1、767人。14機の戦略爆撃機B29が配属された。同部隊はテニアン島から目標まで飛来し、偵察後、長崎投下型原爆「ファットマン」と同形状の模擬原爆「パンプキン」(総重量約4、800kg)投下を繰り返した。訓練は命がけだった。延べ49回、30都市で行われ、神戸は45年7月4日、4ヵ所に投じられた。いずれも軍事的要衝だった。

天皇家の別荘・武庫離宮の東にある山陽電鉄東須磨駅近隣の国鉄鷹取工機部では1名が死亡。神戸港の艦船建造の要、三菱重工神戸造船所では7人死亡。この他、平清盛が修築した「大輪田の泊」を起源とする兵庫運河に隣接する川崎車輌機関組立工場、また場所は特定できないが神戸製鋼にも落とされた。

神戸周辺では滋賀県大津市にある東洋レーヨン滋賀工場で14人近くが死亡、１００人以上が負傷。大阪の東住吉区では住宅街に落とされ、現在も記憶を継承すべく、紙芝居や劇が続けられている。和歌山では精油所。海軍の日本海側の拠点・京都の舞鶴では海軍工廠造機部の水雷工場が爆破され１００名近くが落命した。訓練と言えない犠牲を出した投下訓練を経て、原爆は８月６日広島に、８月９日長崎で炸裂した。

神戸の特攻

米軍に対し、命がけの反抗がなされた。

Ｂ29が次々に飛来した神戸では、摩耶山山頂はじめ六甲山系に高射砲部隊が配置される。だが高高度を飛ぶＢ29には無力だった。敗戦が日本にひた迫る中、１９４５年3月17日午前3時頃、神戸上空で特攻がなされた。戦後、連合軍捕虜や戦犯裁判の調査を行ってきた民間団体「ＰＯＷ研究会」の調査によると、伊丹基地から飛び立った陸軍飛行第56戦隊の緒方淳一大尉操縦の飛燕が米軍第73航空団５００爆撃群所属のＢ29に体当たりした。当時の朝日新聞記事を紹介する。

（神戸市中央区の六甲山系にある）再度山の山頂にはＢ29の醜い尾翼の残骸が叩きつけら

れており、憎みても余りある米兵の五つの死体が目白押しになっていた（中略）再度山の現場から約千米はなれた尾根を二つ越した先に叩き落とされている敵機の胴体で、この胴体の中に緒方機の脚と冷房機が深くめり込んでいた。

Ｂ29搭乗員11人のうち、９人が死亡。パラシュートで脱出した軍曹の２人が再度山の中腹で捕まり、大阪城付近にあった憲兵隊司令部へ送られ、斬首された。ＧＨＱ資料では、Ｂ29が２、３つに分裂。破片の１つは神戸市内にあった抑留所から約８００ｍ地点に、尾翼部分は反対側の５００ｍ付近に墜落。１名の遺体は抑留所の下の山道に落ち、警官によって仮埋葬された。尾翼部分に５名の遺体があり、軍によって埋葬された。他の２名の遺体は抑留所の下の丘で発見された。１ヶ月後、最後の遺体が抑留所の上のレクリエーション庭で発見され、近くに埋葬された。

Ｂ29が墜落した再度山は三宮から車で北に20分、開港以後に神戸で暮らした外国人墓地がある。神戸発祥の毎日登山が行われ、六甲全山縦走路など、ハイキングコースが充実している。この中腹にある大龍寺に１９９９年、緒方大尉の慰霊碑が建立された。２００７年、Ｂ29搭乗員の名前を書いたプレートも設置された。

聖都となった神戸

生を賭して敵を攻撃する特攻。カミカゼと呼ばれた特攻は１９４４年10月、フィリピンで開始された。航空特攻の命中率は11～12％ほど。陸海空軍で４、０００人近くが落命したといわれる。この特攻を生んだ思想的背景が皇国史観であり、その主柱が神戸の湊川神社で奉られる楠木正成だった。

海軍中枢が特攻を検討したのが１９４３年の夏。陸軍でも特攻の志願、提案が相次いだ。海軍中尉、黒木博司は自爆攻撃を嘆願する「血書」を海軍に提出。提案した有人魚雷は「回天」として採用された。だが黒木は訓練中に回天と共に海底に沈んだ。22歳だった。遺書を綴り、回天の内壁に「天皇陛下万歳」と刻んだ。黒木が支持し、心酔したのが東京帝国大学の実証的な歴史学者であり国粋主義者、平泉澄だった。日本を「神の国」とする皇国史観の指導者であり、平泉が称揚したのが楠木正成だった。

皇国史観とは日本の歴史を万世一系の天皇を中心とする国体の発展ととらえ、日本国民は臣民として、古来より「忠孝をもって天皇に仕えた」とする歴史観である。平泉は14世紀に天皇親政を復活させた後醍醐天皇に命を捧げた武将・楠木正成を範とし、「臣民悉く、陛下の御為に生命を捧げ奉る」と唱道。国民に天皇への忠誠を要請した。平泉は後醍醐天皇に仕えた忠臣の心境を次のように述べた。

我々は死んでも宜い。この戦は現実には勝たなくとも宜い、日本国の為には日本国の道徳を確立する為には何処までも我々は奮闘しなければならぬ。

（国粋主義者・平泉澄）

日本各地に楠木正成の銅像が建造され、ゆかりの地が観光名所となった。特攻隊の各隊の名前にも楠木正成にちなんだ命名が数多く採用された。こうして楠木正成が最期を迎えた神戸は聖都となる。海軍で特攻を主導した大西瀧治郎中将は訴えた。

特攻で2千万人の命を犠牲にする覚悟を決めれば勝利できる。日本人全部が特攻精神に徹底した時に、神ははじめて勝利を授ける。（大西瀧治郎中将）

大西は徹底抗戦を主張。1945年4月、戦艦大和を主力とする沖縄水上特攻部隊が出撃。海軍軍令部次長、小沢治三郎中将も「今般の空気よりして、当時も今日も特攻出撃は当然と思う」と述べた。特攻を是とする空気は楠木正成ゆかりの神戸や周辺に浸透してゆく。

1943年、明石市の明石川河口付近にあった川崎車両が舟艇工場で特攻艇「震洋」を製造。震洋はベニヤ板でつくられた小型船で、船首に重さ250kgの爆薬を搭載し、敵の艦船に突入し自爆する。乗員は1人か2人。エンジンは乗用車で時速は20ノット。駆逐艦には追いつけず、10ノット以下の輸送艦が攻撃目標だった。1945年1月、陸軍はフィリピン北部リンガエン湾、海軍はコレヒドール島で特攻を実施。近畿では後に神戸の海上自衛隊基地分隊が置かれる和歌山県由良に部隊が置かれた。終戦までに国内外に約3、500隻が配備され、戦後の連鎖爆発事故などで約2,500人が犠牲になった。

神戸の北西、加西市の鶉野飛行場でも特攻隊が訓練を行った。現在も滑走路やトーチカが当時のまま残存する。敷地の一部は神戸大学農学部が農場などに使用しているが、地下格納庫も残置される。この鶉野飛行場と周辺はかつて姫路海軍航空隊基地であり、川西航空機鶉野工場も併設され、「紫電」「紫電改」などが製造された。ここに17歳から25歳までの若者、約320名が全国から集められた。そして1945年2月に編成されたのが特攻隊「白鷺隊」だった。4月から6回にわたって鹿児島の串良基地から出撃し、63名が還らなかった。

近年、紫電改の実物大模型が完成し、全長約9メートル、幅約12メートルの姿が飛行場の滑走路で平和学習のために公開されている。

1937年、神戸の西に建設された加古川飛行場（尾上飛行場）も特攻機の中継拠点だった。780mの滑走路を持ち、飛行13連隊、101教育隊が置かれる。終戦直前、全国から鹿児島の知覧に向かう航空機給油や機体整備の拠点だった。近隣の旅館には特攻隊勇士の血書が残されている。ここで将校が若き飛行兵に特攻の意思を確認するため、3つの選択肢を提示。それは「熱望」、「志望」、「希望」だった。

防諜の犠牲

戦争は神戸を軍事機密で覆った。そして、人知れず、犠牲者がでた。

呼吸できなかった。息を吸えないし、吐けない。父が吊るされ、殴られ、鼻から、口から血を流してる。気絶してる。そしたら水桶に放り込まれた。僕8歳でした。幼い子どもの目の前でようやく再開した父が殺される。差し入れた弁当を足で踏みにじった警察が僕の顔みて笑うんです、もっと見ろと……。

姫路市の閑静な住宅街で暮らす林義常さん（80）。70年間近く、忌まわしい記憶を封印してきた。絞り出すように、幾度もつまりながら、言葉を紡ぐ。これまで医師になった息子や、日本人として生きる孫にすら、決して明かさなかった神戸華僑弾圧事件の実相。その傷が癒えることはない。

終戦間際でしたね。僕ら神戸におりましたが、散髪屋だった父が突然、大阪府警に連行されたんです。母も妹も、そらもう、不安でした。恐怖でした。周りに助けてくれる人、頼れる人もいませんし。でも帰ってこない。何度警察に会わせて欲しいと言ってもだめ、ひたすら待っても戻らない。母も泣くだけだった。そこで僕は一人で大阪府警まで行きました。そしたらね、言われたんです。どうしても会いたいなら見せたるわ。この窓から覗けって言われたんです。

そしたら……。目の前で殺されるような拷問でした。……父は戻りませんでした。容疑は

スパイ、諜報、それだけでした。

母と妹を支えるため林さんは8歳で「大人」になった。1949年、横浜で開かれたC級戦犯国際軍事裁判で法廷に立ち、父の無罪を訴えた。後に明らかになったGHQ資料では父がスパイではなかった事実が明記されていた。だが、父を取り調べた警官、拷問した警官は無罪放免となった。父、林孝根さんの思い出は写真一枚のみ。いつ日本に来たのか、何故、神戸に居を構えたのか、何も語らぬまま亡くなった。

「何故、スパイにされたのか、どうして殺されたのか」、林さんは込み上げる怒りと葛藤で気が狂いそうだったという。それでも、全て飲み込もうと、もがいた。日本を恨み、中国へ戻ることも考えたが、生まれ育った地を離れることはできなかった。死に物狂いで働き、家族を養うことを父への供養にすると決心し、パチンコ業を手掛けた。

林さんは毎年、父に会いに行く。神戸市長田区の神戸港を望む丘にある「神阪中華義荘」。春は桜が咲き誇る華人・華僑の共同墓地だ。市街地から1924年に移設された。今、神戸の華僑は5世代目を迎え、斜面一杯に墓石が立ち並ぶ。この一角に父は眠っている。林さんは父の顔写真を刻んだ墓石の前に立つときだけが「子ども」に戻れる。

苦労という苦労は全部したかもしれませんね。父を失ったのが8歳でしたからね。母と妹

のために犯罪以外はなんでもやった。そりゃね、恨みましたよ。忘れるなんて絶対にできませんよ。でも我が子に言うつもりはなかったですね。日本で生きてゆく子どもに日本を嫌いになってほしくない。今、取材を受けた理由はね。もうスパイの容疑で殺されるようなことが起きて欲しくない。当時は何でもかんでもスパイにされたから。

中国革命の指導者、孫文は幾度も神戸を訪れた。明石海峡大橋の傍にある孫文記念館「移情閣」は神戸と近代中国の深い関わりを物語る。孫文は死が迫る最中、1924年11月28日、神戸高等女学校で「大アジア主義」について講演した。定員2、000人の会場で収容できないほどの盛況だった。

我がアジアは最も古い文化発祥地である。即ち数千年以前において、すでにアジアは非常に高い文化を持っていたのであって、日本の不平等条約撤廃こそ、アジア全民族復興の日だった。人に徳を抱かせる文化は、中国の古語では王道という。アジアは王道の文化である。欧洲においては物質文化が発達し、覇道が盛んになり、世界各国の道徳は日々退歩した。

（孫文「大アジア主義」演説）

孫文は西洋列強の帝国主義を「覇道」と批判し、東洋には徳による政治、「王道」があるとした。講演の最後に「今後日本が西洋覇道の犬となるか、あるいは東洋王道の干城となるか」と訴え、日本は覇道を捨て王道に戻るよう求めた。

しかし、日本は覇道を選んだ。

戦中、軍都・神戸は街自体が軍事機密になった。機密保護を理由に弾圧事件が起きたが当事者は沈黙を続けてきた。関係者が次々に鬼籍に入る中、華僑弾圧事件を伝える施設が創られた。1979年、神戸港の傍に神戸中華総商会ビルが建立、その1フロアに華僑自らが運営する神戸華僑歴史博物館が開設された。ここに神戸華僑の歩みが展示されている。

1868年の開港時、上海、香港、長崎などから数十人の華僑が訪れ、秋までには240名が居留した。主な職業はカミソリ、洋裁鋏、包丁を使う「三刀」。雇用主の西洋人への理髪、洋服仕立て、料理人が多かった。華僑は外国人居留地では暮らせず、居留地周辺に貿易商館を構え、中国人街を形成した。満州事変が起きると大半が中国大陸に向かったが、行き場を失い、留まった人もいた。元館長の藍瑛さん（80）は身をもって戦中の神戸を知る。


華僑は「落地生根」という言葉そのものです。植物の種子が地に落ち、根を張り、花が咲く。葉が繁り、落葉となって根に還る。滞在した地に根付き、故郷にするんです。私は華僑ですが80年生きた今は神戸が故郷です。華僑は居住国と政治的関わりはもたない。批判せず友好に努める、それが私たちの生き方です。でも、当時は悲しかった。神戸の学校では竹やりで

人形を突き刺す訓練が行われた。その時です、「敵国の支那人がここにおる。お前、人形の横に並べ」と言われました。同級生の標的にされたんです。

街中もスパイにされるのが怖くてあるけなかった。当時、神戸は機密一色。海を見ていると港湾の守りや貿易船舶の数、それに艦船装備を視察、駅に向かうと軍需物資の流通量を視察、田畑を散歩すれば食料生産能力の確認、山に行けば防空体制や高射砲部隊の偵察とされる。天気すら防空に関わる重大機密だった。新聞にも天気予報なんてのらないしね。夜間、電気の灯りが漏れようものなら、すぐに「共謀したのか」と憲兵がやってくる。

当時、神戸では街中に「守れ！ 機密 防げ！ 間諜」と書かれたポスターが貼られ、学校では「スパイは敵だ」と唱和させられ、防諜カルタも配られた。特定秘密保護法のモデルと言われる軍機保護法により、憲兵は子どもの散歩にも目を光らせた。1899年に設立された孫文ゆかりの中華同文学校は「スパイ養成機関」と敵視され、満州事変後、生徒が続々と帰国。神戸の至る所で密告が奨励され、住民同士も相互に監視する中、神戸華僑弾圧事件が起きた。

博物館には3人の犠牲者の写真が展示されている。神戸華僑呉服行商組合への大弾圧事件とも呼ばれる。1944年6月から終戦にかけて、神戸の華僑13人が日本と戦争していた中国のスパイ容疑で大阪府警外事課の警察官に逮捕された。府警本部はじめ住吉、西成などの警察署で天井につるされたまま何時間も竹刀で殴られ、指の間に棒を挟まれ、食べ物も十分に与えられず、6

名が亡くなった。

ＰＯＷ研究会らの調査では、生存者5人は1人の釈放を除き、長期刑を宣告され、終戦後に解放されるまで空襲時も避難させてもらえず、独房に入れられていた。歩道に置かれた米国旗を踏まなかったために逮捕されたケースもあった。弾圧の容疑者は大阪府警の地方警視や警部補、巡査部長、巡査ら7人。警部補は訴えが取り下げられ、ほかの6人も無罪とされた。ただ、警部補は別件で有罪となり重労働が言い渡された。起訴内容には「中国人戦争捕虜を拷問、虐待を行った」との記述があった。

忌まわしい記憶を抱いたまま鬼籍に入った妻もいた。博物館に展示された犠牲者・陳守海さんの妻・林木宋さん（90）は神戸学生青年センターで娘と共に講演を行った。「てん足」で歩行も、日本語も不自由ななか、懸命に言葉を紡いだ。

呉服の行商人だった夫は1944年、突然、大阪府警に突然逮捕され、曽根崎署に連行された。何度面会を求めても認められず、45年1月に呼び出しがあり、迎えに行くと夫はすでに息絶えていた。痩せこけ、見慣れた温和な面影はどこにもなかった。木宋さんは日本語が話せず、文字も書けず、やり場のない思いを伝えることができなかった。幼い子ども3人が残され、反物を抱え、行商にでた。

木宋さんは、99歳で亡くなった。娘の珠栄さんは姫路で飲食業を営む。幼い頃から父の死について知りたいと母に訴えたが、真相を聞かされたのは亡くなる数年前だった。珠栄さんは母の沈黙の意味を今も反芻している。

「今では、うーん、ありがたいかな。日本人に対して恨みを持つことがなかったから」。

弾圧の矛先は華僑だけではない。かつての同盟国、イギリス人も標的になった。

戦争直前の1940年に起きた「コックス事件」。軍機保護法違反容疑で在留英国人14名が検挙され、1名は取り調べ中に自殺。イギリスも報復し、英国滞在中の邦人を強制収容した。

神戸でも逮捕者がでた。JR塩屋駅から北に広がるジェームス山。明石海峡大橋や淡路島を一望する景勝地には異人館やゴルフ場が作られた。この中腹に現在、結婚式場となっている洋館ジェームス邸がある。敷地は1万平米、スパニッシュ様式の豪邸は1934年、イギリス人貿易商E・W・ジェームスが建てた。コックス事件で逮捕されたジェームスは1889年、神戸で誕生。26歳の頃に名門、横浜のキャメロン商会に幹部社員として入社、巨万の財を成し、関東大震災を機に神戸に戻り1930年代から住宅開発を手がけた。

だが日独伊三国同盟が結成され、米英への敵意高まる中、1940年7月27日、長崎や東京など日本全土で在留英国人11人が軍機保護法違反容疑で一斉検挙された。

ロイター通信のコックス東京支局長が取り調べ中に憲兵司令部で飛び降り自殺した。日本の外務省は、「憲兵隊が日本全国に広がる英国のスパイ網摘発した」と発表。計14人が逮捕される。神戸でもジェームスやIMPERIAL CHEMICAL INDUSTRY支店長や5人が逮捕された。大阪でも、神戸を拠点に羊毛卸売業や海運業者の支配人2名が捕まった。

シンガポールで1845年に創立された英字紙THE STRAITS TIMES紙によれば、10月1日、日本の司法当局は10人起訴、うち7人が軍機保護法違反などにより有罪と発表。日本人1人も在留英国人支援容疑で起訴される。翌日、日英間で政治決着が計られたとみられる。駐日英国大使館は7人の刑罰が確定したと発表し、ジェームスは釈放され、裁判なしで罰金200円となった。しかしイギリスは即座に報復。ロンドン、香港、シンガポールなどで日本人10人を逮捕・拘束し、一部、国外追放処分とした。この諜報合戦は冤罪をうんだ。

スパイにされた日本人

癒えない犠牲者の痛苦は今もロンドンに残されている。イギリスに滞在していた愛知県出身の台湾銀行社員の江口孝之は開戦前、スパイ容疑で逮捕され、自動車レースで知られるマン島に連行された。マン島は英国とアイルランドの間に浮かぶ、淡路島ほどの大きさの英王室保護領だ。戦中は「敵性外国人」の収容地になった。収容所として使われたのは海岸沿いのホテルだった。持ち物全てを失った江口はトイレットペーパーに家族への遺書を綴った。

江口はロンドン留学中に英国人女性と結婚し、娘のエドナと息子に恵まれた。しかし突然の逮捕により家族は引き裂かれ、残された子どもは周囲からは「非国民」と白眼視された。そして戦争勃発後、嫌がらせは激化の一途を辿る。

日本とイギリスはインパール戦で知られるビルマ（現・ミャンマー）で戦火を交え、双方甚大な数の兵士が落命した。１９４２年5月、日本軍はビルマ全土を制圧し、連合国軍側は本格的反攻を敢行。日本軍は44年3月に英領インド北東部の攻略をめざしたインパール作戦を開始。だが、日本軍は食料・装備が枯渇し、補給計画すらなく大敗。兵力約10万人のうち約3万人が死亡し、約4万人の傷病兵が出た。日本兵の遺体が散乱した退却路は白骨街道と呼ばれた。この日英の戦争で、イギリス兵も捕虜になり、神戸にも連行された。

敵国人の父を持つエドナはすさまじい虐めを受けた。学校では殴られ、制服を裂かれた。弟への攻撃はさらに激しかった。難を逃れるため弟は姓を変えスペイン出身と偽った。

エドナは父親への愛憎半ばする、複雑な感情に苛まれた。強制収容された日本人は１００人近くだった。大半は交換船で帰国したが、江口は苦悩した。敵国イギリス人の妻、11歳の娘エドナと弟を敵国日本に連れてゆく訳にはいかず、家族は崩壊する。江口はインド英領に6年近く拘留されたのちに日本に戻り、１９６７年に死去した。

戦後、エドナは父に思慕の念を募らせ、日本に手紙を送り続けた。80歳を超えても父のスパイ容疑を晴らそうと英政府の資料を調べ続けた。大英図書館でトイレットペーパーに記された父の遺書を発見したのもエドナだった。筆者の手元に交通事故で亡くなる直前にエドナにインタビューしたＴＡＰＥと取材メモが残されている。

言葉にできません。私の中には日本とイギリスの血が流れています。その日本とイギリス

が戦争をする。友好国が敵国になり、憎みあう。父が敵国人になりスパイにされる。国家って何でしょう。一番つらい時に父はいなかった。父への愛と憎しみの間で揺れました。なぜ悲劇が起きたのか。日本で逮捕されたイギリス人を取り戻すために父はスパイにされたのです。国家を問いたい。祖国の過ちを突き止めたい。何より、もっと父を知りたい。遺書には家族の思いがあった。会いたかった。話したかった。

国家の相克。強制収容が生んだ悲劇。日本では敵国人への弾圧はさらに苛烈だった。国内でおよそ１３０の捕虜収容所がつくられ、およそ３６、０００人が収容された。この収容所に向けてビルマなど東南アジアから移送中に輸送船が撃沈され１１、０００人ちかくが海没した。

神戸でも１９４２年、大阪俘虜収容所神戸分所が設置。旧居留地の伊藤町にあったオリエンタルホテル倉庫で、イギリス兵約４００人などが入所した。神戸市文書館の傍には連合国捕虜収容所病院も置かれ、終戦時の収容人員は４８８人（英３６０、豪73、米26など）だった。このうち、１３４人が落命、およそ４人に１人の死亡率だった。捕虜には苛酷な重労働が課され、神戸港、兵庫港駅、灘貨物駅、兵庫駅などでの荷役作業の他、日本通運湊川支店、東洋製鋼、西宮の吉原製油、鳴尾の昭和電極での製造に従事させられた。

相互監視の日常化

幾多のスパイ容疑事件が起きた神戸。戦時下の市民の暮らしはどのようなものだったのか。今日にも通底する「官製監視」から「市民相互監視」への変遷は如何なる犠牲を生んだのか。

1911年、国民の思想、言論、政治活動を監視し取り締まる特別高等警察が発足。総元締の内務省は「特別要視察人視察内規」を定め、社会主義者や「朝鮮人にして排日思想を有するもの」を内偵・視察を開始。1916年、「要視察朝鮮人視察内規」を定め、大阪府警に特高課内鮮係が置かれた。1934年7月、近畿二府六県において軍官民合同で3日間連続防空演習が行われた。これを機に職場に防護団結成される。1937年7月7日、日中戦争が勃発し全面戦争に突入。26日から5日間、近畿一円で大規模防空演習が行われた。9月から開始されたのが国民精神総動員運動。言論、思想統制が本格化し、「八紘一宇」「挙国一致」「堅忍持久」などのスローガンが次々に打ち出された。

神戸新聞社は皇紀2600年を記念し、須磨に八紘一宇の塔（現・みどりの塔）を建設。大東亜共栄圏の範囲を刻んだ大理石の地球儀も設置した。落合重信『神戸の歴史通史編―古代から近代まで―』（後藤書店、1975）によると「戦時下」「非常時」という言葉が日常化し、「欲しがりません勝つまでは」「パーマネントはやめましょう」などの消費を諌めるキャッチフレーズが街中に並んだ。

生活空間から色彩が失われて、1940年に国民精神総動員の一環として「国民服」の常用が制定される。「ハイカラ、モダン」で色鮮やかな神戸ファッションは禁じられ、色は国防色（カーキ），軍服に似た簡素な制服で男性が着用し、女性も１９４２年、「婦人標準服」が定められる。模範とされたのが華美を慎んだ実用的なモンペ姿だった。

「贅沢は敵だ」と日の丸弁当が奨励され、国民は相互に国家の統制から逸脱していないか、私生活を干渉しあう空気が蔓延。この年、戦争協力団体、「大日本婦人会」が結成される。１９０１年、戦死者遺族や傷痍軍人救護を主な目的とした愛国婦人会、１９３２年、大阪の港で出征兵士を割烹着姿で送迎した国防婦人会が合併し、銃後の監視が強化された。

神戸市でも１９３７年10月15日「国民精神総動員だより」、「国民精神総動員時報」22万部を各戸に配布。国民に国民純潔・体力錬成・勤労強化・経費節約・貯蓄奨励・廃品回収など思想の統一が徹底されていった。

１９３８年４月１日に交付されたのが国家総動員法。国の経済活動から個人の生活に至るまで、一片の勅令だけで全て政府統制化におかれるようになる。個人主義は取り締まり対象になり、平和を求める声、民主主義を擁護する思想は「国賊」、「非国民」の証とされた。

１９４０年12月、近衛秀麿首相を総裁とする大政翼賛会が発足、当初は新体制運動を進めるための政治結社としての性格をもったが、後に軍部や右翼勢力と結託した官製組織になった。産業報国会、大日本婦人会、部落会、町内会、隣保を指導下にし、国民生活全般におよぶ統制を可能にした。神戸市の町内会も「神戸市町内会等設置規定」を定め、１、４００の町内会が作られる。

1町内会はおよそ300戸。連合会には市費で吏員、使丁が各1人配属された。隣組は10戸単位で結成。各世帯間の相互監視と国家統制の最小単位となった。毎月集会をひらき、回覧板で連絡事項を共有し、物資の配給、貯蓄、公債の割当て、戦勝祈願、出征兵士歓送、防空演習、金属供出を行った。

この市民相互監視を背景に始まったのが1942年、「防諜強化週間」。ラジオ放送やポスターで盛んにスローガンを繰り返した。

国力のわかるようなことはしゃべらぬこと。応召者の数やいつ、どこへ変った等、兵力に関係ある事や人口、生産物の統計等国力に関係ある事は話さぬように。銃後で不平不満をならべたり、弱音をはいたりすると敵国に通じて意気込ませる。統制に対する不満や皇軍の実力を疑うような話に耳を傾けるな。之は敵のスパイの手に乗せられているに他ならぬ。

（防諜強化週間のスローガン）

検閲は内面化したときに完成する。

国家にとって防諜政策の到達点は相互監視により国民に「いつも見られている」意識を植え付けることだった。この内心の自由の侵害は神戸でも跋扈した。当時は国力の源泉は国民の数。そのため産めよ・増やせよと「国民の増産」が奨励された。新婚夫婦に子どもができないと、隣組の一員から「一体何してるの」と詮索され、不妊治療を強制的に受けさせられたとの証言もある。行政も「愛国の作法」を検閲した。赤紙を受けた時の本人の反応、家族の受け止め方を調べるため、役場書記を巡視係として派遣した。

ある隣組は「動員日誌」をつけさせられた。出征式では隣人が君が代斉唱で「口パク」していないか、万歳三唱できちんと挙手しているか、「愛国者」か否かを判断する為、隣人の一挙手一投足を監視させられた。日常の会話を記録し、平和を望んでいないか密告が奨励された。

この住民相互監視は徴兵制度推進装置になった。大日本帝国憲法は「臣民権利義務」として20歳以上男性の兵役義務を課した。兵が所属する軍隊の構成は職業軍人、招集された在郷軍人、20歳以下の志願兵だが、この志願兵の補充は地方行政団体に課せられた。政府は国民の優劣を健康、体格、体力を基準に分類する「６段階の優生国民基準」を制定。甲種は身長１・55ｍ以上・体格優良。続いて第一乙種、第二乙種、丙種、身体精神等異常や身長１・50ｍ以下は兵役免除の丁種とされ、戊種は疾病その他状況で翌年徴兵再検査対象とされた。

隣組は、構成家族の中から徴兵される青年の序列を上げるべく、「もっと走れ」「寝ないで鍛錬せよ」と他人の家庭の子育てに介入。金属を隠匿していないか勝手に家の中に踏み込んだケースもある。

最も監視されたのが「遺骨の返還」だった。戦地に散った我が子が小さな木箱に収められた骨片となって戻る時、泣き乱れなかったか、政府批判をしなかったかを隣人に見張られた。

相互監視は生死を分ける空襲時ですら行われた。開戦の年、1937年に定められた防空法は改定され、定められたのは「防空は家人の手で」「事前避難禁止、防火協力義務」。市民は避難より消火や燃焼の食い止めを優先するよう要請された。逃げて非国民になるか、留まって愛国者の義務を果たすか。生死に直結する判断が監視されたのだ。

自由の否定

内心の自由、思想の自由の礎となる表現の自由も消滅した。

1941年12月8日、言論出版集会結社等臨時取締法が両院を通過。これは反政府的な言動を取締るよりも、放送、新聞、雑誌を戦争推進のプロパガンダ装置にし、世論操作の手段にするものであった。

同法により、政府の世論指導に協力する言論人による「言論報告会」が発足、入らないと異端者とされ、言論界から排除された。

新聞は日中戦争以後、映画と同じく統制が強化され、新聞用紙数が制限されるようになる。戦中の1942年、一県一紙となり、兵庫県は神戸新聞のみとなった。

報国会も日本文学報国会短歌部兵庫県支部、兵庫県美術連盟、戦争末期の1944年に神戸翼賛俳句会ができた。ほかに兵庫県書道連盟、翼賛報道美術研究会、国粋美術研究会など、国策に沿った地方文化の発展を目的に結成された。

労働組合も１９４０年、産業報国会とされ国策推進機関となった。神戸のダンロップ・ゴム組合は労使で軍事後援会を結成し、応召者とその家族への慰問、援助に専従。

思想統制はスパイ事件を引き起こし、思想弾圧が激化する。

検挙されたのはシュールレアリストが多かった「神戸詩人クラブ」の詩人たち。共産主義とシュールレアリズムの関係が容疑理由だった。共産主義者は一時、神戸地区委員会を結成したが１９４０年9月、一斉検挙される。神戸での検挙者は15人。神戸高商（現・神戸大学）や関西学院大学の学生グループによる活動も日中戦争から太平洋戦争開始までの間に警察の弾圧により壊滅した。

戦時下の抵抗運動に灯台社による明石順三の宗教活動がある。昭和元年、アメリカから帰国した明石は須磨、一の谷にワッチタワー（エホバの証人）日本支部、灯台社を設立。今の須磨ノ浦聖書講堂である。現在の王子公園にあった関西学院の正門前でビラを配布し、翌年に本拠は東京に移った。だが１９３９年6月、治安維持法と不敬罪、そしてアメリカのワッチタワーと秘密裏に連絡しているとのスパイ容疑で明石順三と信者が検挙された。

明石の息子と信者の村本一生は兵役を拒否、不敬罪に問われた。

徴兵拒否の理由は「キリスト教として聖書の汝殺すなかれの教えを守りたい」。キリスト教の良心に基づいての行動であり、拒否運動ではなかった。欧米のクエーカー教徒には良心的兵役拒否者がいたが、日本では３人。最後まで拒否を続けたのは村本のみだった。

聖職者の愛国教育

国家への精神と肉体の奉仕、その基盤が皇国臣民を製造する教育だった。神戸では1930年ごろから市内の各学校に二宮金次郎や天皇に殉じた楠木正成の銅像建立が開始。敷地に奉安殿が建てられ、御真影が納められるようになる。今も関西学院大学の元学長室には奉安殿が残る。

湊川神社への小学生の参拝も奨励された。湊川神社創建の起因は江戸時代から始まる。1692年、徳川光圀は楠木正成が討ち死にした湊川の地に「嗚呼忠臣楠子之墓」と刻んだ墓碑を建てた。

天皇への忠誠と献身を尊ぶ明治天皇は、勅令を出し、楠木正成を祭神として奉る。明治天皇の治世下、忠君愛国と儒教的道徳を唱導する教育勅語が出される。教育の根本を皇祖皇宗の遺訓に求め、国民教育の中心に据えたのが忠孝の徳。政府は勅語謄本を全国の学校に配付し，奉読と天皇，皇后の写真拝礼を学校儀式として制度化した。

湊川神社の北に所在する大倉山公園には1920年、神戸市立各学校・幼稚園職員・生徒が教育勅語下賜30周年を記念し、「克忠克孝」と書かれた高さ3mを超える顕彰碑を設置した。

1941年、皇国民の基礎錬成を目的に交付されたのが「国民学校令」。同盟国ナチス・ドイツに倣った制度で国民の一致団結、個性を排除するため尋常小学校は国民学校に改められ、6年に高等科2年を加えた8年を義務教育とした。

教科書も「聖戦完遂」を強調した国定教科書になる。「興亜ノ大業ヲ翼賛スル皇国民ノ育成」には修身や国史、国語を中心に軍国主義をたたき込み、屈強な兵力育成に向け武道を導入。精神と肉体の鍛錬が徹底され、建国体操、座禅も採り入れられた。

祝祭日や記念日には国威を寿ぐイベントが盛んに行われ、国旗掲揚、宮城遥拝、戦没将兵への黙祷が捧げられた。

儀式は厳粛を極め、一糸乱れぬ行進、礼が求められ、咳やくしゃみは叱責された。式は「君が代」斉唱、御真影に最敬礼、校長の教育勅語奉読が常だった。中学以上の学校教練は強化され配属将校の発言権が増し、授業運営に容喙するようになる。

男子生徒は重要な国防予備軍とされ、１９２１年には教練が始まる。

神戸では県立神戸一、二、三中学校、市立神港商業、私立育英商業など7校が陸軍現役将校学校配属令によって将校が直接指導にあたった。学校教練は軍事教育の基礎を叩き込むことであり、中学4、5年になると兵営や野外教練が実施された。実戦を意識した強歩訓練があり、１か月に一度、50㎞行軍、年に数回、夜間行軍や耐寒行軍、耐熱行軍などが行われた。六甲山の縦走路も行軍路となった。

１９３６年に中学校で柔道、剣道、女学校でもなぎなたが必修になり、実戦に役立つ技能が教え込まれた。

国防予備軍は教育現場以外でも育成された。小学校を出て働く青少年の再教育だ。これまでの青年訓練所や実業補習学校を統合して青年学校が作られた。1939年から12歳から19歳までの男子を義務修学させることになった。小学校6年、青年学校7年の13年が義務教育となった。

自治体の戦争協力

地方自治体も兵士の確保に動員され、日中戦争以後、600万枚の赤紙配布を担った。動員兵数は日中戦争までは60万だったが終戦時は総人口の18・6%の716万。

神戸市兵事係は陸海軍に『壮丁名簿』提出を命じられた。本人の評判、家族関係、資産、職業、宗教、血縁の犯罪歴、精神疾患を聞き込み、身上調査書を作成。欠かせないのが隣組の協力だった。在郷軍人名簿の作成も担当した。兵役が終了した40歳以上の男性の職業、技術、資格、専門知識、特技、そして健康の衰えがないか調べ、治療の見込みまで聞き込んだ。

地方自治体は志願兵確保のノルマも課された。宗教団体に指令を出し、檀家、信徒が志願をするよう説得を要請した。

学校も協力した。在校生や卒業生で成績・体力が優れた生徒名簿を作成し、市町村に提出。その名簿を手がかりに市町村長、兵事係、教員が戸別訪問し、志願するように説得。その結果、志願兵は顕著な増加となる。1937年に9、174人だったのが1942年に63、629人、1943年に111、739人になり1944年は208、660人と倍増した。

志願兵増加政策と共に徴兵も本格化する。戦局が破局に近づく1943年、朝鮮半島など植民統治圏で徴兵が開始され、６月25日の閣議で「学徒戦時動員体制確立要綱」が定められた。戦争遂行のための教育政策が前面に押し出された。

修学は後回しになり、出征兵士への慰問袋や千人針、農繁期の労働奉仕、戦勝祈願の神社参拝、湊川神社や神戸駅での出征兵士の見送りが優先された。勤労動員もはじまった。

当初は食糧増産のためだった。農村での開墾に始まり、学校のクラウンドも畑にした。

この年、12月には徴兵年齢が19歳に引き下げられ、兵役も45歳まで延長。戦争末期の１９４４年５月31日、神戸市民運動場で兵庫県学徒動員壮行会が開かれ、工場動員が開始される。理系や教員養成学校は猶予されていたが、一般学生に徴兵を告げる赤紙が届くようになる。１９４３年11月19日、出陣学徒壮行会が挙行されたのが旧居留地の東遊園地。今の市役所の傍で神戸商大、神戸高商、神戸高工（現・神戸大学工学部）、関西学院大学、甲陽高商（現・甲陽学院高校）、甲南学園の出陣学徒が集められた。この時期、教室は戦地派遣の代理機関と化す。教職員による満蒙開拓青少年義勇軍、海軍飛行予科練習生（予科練）、陸軍特別幹部候補生の応募勧誘が行われた。

県当局は教職員にノルマを課し、兵隊への憧れを涵養するため、颯爽とした容貌の若き兵士を学校訪問させ、勧誘にあたらせた。

国は満州事変後、貧しい農村救済を掲げ、満州への開拓団を派遣。全国で約27万人。兵庫県からはおよそ4、400人と見られている。この満州開拓団の補充として、満蒙開拓青少年義勇軍が結成された。１９３８年から14歳から18歳までの８６、０００人が参加した。当初は県単位だったが1942年から神戸市単独で中隊を持つようになった。

神戸第一中隊は隊員およそ140人、壮行式を挙げたのが湊川神社。茨城県の満蒙開拓青少年義勇軍訓練所で3か月の学習、武道及び体育と農作業の基礎訓練を受けた後、1942年5月14日、神戸港から熱海丸で満州に向かった。

入植は一回きりであったが、戦後、敗戦時に大日本帝国に置き去りにされた「棄民」だったとの証言が相次いだ。教員も神戸市国民学校報国隊が学校単位で作られ、食糧増産、勤労奉仕、慰問を行った。

第4章　神戸と戦後――憲法違反の起原――

敗戦後の神戸

5度の大空襲で神戸は市街地の3分の2が焦土と化し、人口は戦前の約100万から38万人へと激減した。焼けつくされた王子公園の玄関口にある大樹の陰に大理石の戦災復興碑が残されている。側面には「神戸国際港都建設事業、第一工区完成記念。事業着手昭和21年9月、事業完成昭和61年2月」と刻まれている。

1946年11月3日、大日本帝国憲法に代わり、日本国憲法が公布。三権分立と共に、地方自治の保障が規定された。

復興の始まりは「神戸市復興本部」の設置だった。神戸市は空襲により、ほとんどの行政機能が停止に追い込まれた。1945年11月1日、中井一夫（1889〜1991）神戸市長自らが本部長に就任。当時大阪鉄道局長であった後の総理大臣・佐藤栄作ら、あらゆる分野の人材が招聘された。後の市長、宮崎辰雄も職員として参加。区画整理で辣腕を振るうことになる。同年12月30日、政府が閣議決定した「戦災地復興計画基本方針」を受け、翌年、「神戸市復興基本計画要綱」が制定され「大神戸」構想が示された。神戸市を「国際的貿易都市」とし、これに商工業、文化、観光振興が神戸市の礎とされた。

神戸港から人工埋め立て島・ポートアイランドを結ぶ橋のふもとにある公園には元神戸市長・原口忠次郎（1889〜1976）の像がある。「山、海へ行く」で知られる神戸港開発を構想した。佐賀県に生まれた原口は、京大卒業後、内務省に入省、その後満州に渡り、道路建設や治水計画など植民地統治を担った。帰国後は神戸土木出張所長を務める。その後、復興本部長、神戸市助役を経て、1949年神戸市長に当選。1969年まで5期20年務める。宮崎も助役として伴走し、山を削ってニュータウンを創り、海面を埋め立てて人工島を整備する。

一気に進められる復興の時代。その陰で放置され、見過ごされたのが孤児だった。

戦災孤児の終わらぬ戦後

作家・野坂昭如は『火垂るの墓』を書いた。いや、書かずにはいられなかった。

神戸と西宮を舞台に無残な死を迎えた戦災孤児の悲劇は自宅を焼かれ、家族を失った実体験に基づく、半ば自叙伝だという。引き取り先の叔母に拒絶された14歳の兄と4歳の妹は一日一日、懸命に命をつないだ。だが、妹は栄養失調で旅立ち、兄は現在のJR三ノ宮駅構内で衰弱死した。兄の唯一の所持品は錆びたドロップ缶。中には妹の骨片が入っていた。

蛍のように儚く消えた命。一体、どれほどの子どもが身寄りを失い、彷徨ったのか。

1948年2月1日、日本国政府は一回きりとなる「全国孤児一斉調査」を米統治下の沖縄を除いて実施し、その数、123,511人と発表した。

最も多かったのは原爆を投下された広島県で5,975人、兵庫県は5人少ない5,970人で、以下、東京5,830人、京都4,608人、愛知4,533人と続く。だが、この戦後2年以上が経過した時点での調査に過ぎず、実相とは決して言えない。

神戸では戦後、日本最大の闇市が出現し、行き場を失った孤児が集った。幼い子どもにとって一日、一日が「戦争」だった。「お母さん」と呟き、落命した幼児。野良犬と残飯を争った児童。12歳で母になり、14歳で妻になった中学生。被爆し、疎外され、無き者とされた高校生もいた。家畜のように「捕獲」された「浮浪児」は学校に通えず、言葉も、文字も、未来も奪われた。歴史の襞に沈潜したままの声なき声に国は耳を澄まそうとはしなかった。忌まわしい過去を背負わされ、子どもであることを許されなかった3人の戦災孤児が重い口を開いた。

戦争は終わらなかった。戦後なんてない。むしろ、戦後こそ、神戸こそ地獄だった。

澱みなく、朗々と、やり場のない痛みが紡がれてゆく。埼玉県秩父市で戦災孤児だった山田精一郎さんの講演があると知り、車で向かった。神戸から名神高速、中央道でおよそ550km、穏やかな海は遠ざかり、木曽駒ケ岳や雪に覆われた中央アルプスの峰々が続く。7時間半で辿り着いた。荒川の清流が流れる盆地を吹き付ける寒風は六甲おろしより湿気が少なく、痛い。

山田さんは1935年、神戸で生まれた。戦後、中学校の教師としてこの地に赴任し、多くの生徒に向き合った。教え子に俳優、藤原竜也さんもいる。

（藤原さんは）とにかくはしっこい、え、はしっこいって解らない？　神戸から来たら解

らないか。まあ、要領が良くて頭の回転が速いっていう意味かな。関西の言葉はもう忘れたしね。言葉ってその人自身だよね。特に俺は教師だったでしょ、言葉にはこだわるよ。言葉って当たり前に身につくものじゃない。学べなければ手に入らない。そしてね、時に言葉は人を刺し殺す刃だね。蹴られる方が、殴られる方がどれだけ楽だったか、解んないよね。妻にもね。だから俺はね、言葉遣いは（藤原さんに）徹底的に叩き込んだね。苦労しないためにも。

関西弁は一切でない。お会いした時は79歳、かつてイチローが所属した神戸の球団、オリックス・ブレーブスの青いキャップをかぶっていた。思わず「郷愁ですか？」と聞くと堰を切ったように言葉が溢れた。

神戸には戻っていない。10歳で親と別れたんだ。その後の三宮での日々は悲しいなんてものじゃない。帰りたいとも思わない。あなたメディアの人だから「戦後70年、初めての帰郷！」みたいな、お涙頂戴の感動企画を考えてるのか知れないけれど、戦争孤児の戦後は言葉にできないし、そもそも、親がいないことを伝えていいことなんぞ何もない。一切ない。結婚も就職も親がいないだけで馬鹿にされ、信用されず、どれだけ辛い思いをしたか。家を貸り、学費の借金もできなかった。でもね、俺はまだまし。こうして生きてこれたし、家族もで

きたし、何より誇りを持てる仕事を持てたしね。

神戸で人知れず行方不明になったやつ、身を売った子、暴力団に連れていかれた子、野良犬以下だったよ、いや、野良犬の方がまだましかな、たまに残飯もらえるからね。誰も助けてなんかくれないよ。ハイカラ、モダンなんて言うけど、神戸が何をしてくれた、10歳の子どもが、這いつくばり、顔も服も見分けのつかない雑巾のような身なりで、裸足で物乞いしても、その子どもから金奪った奴もいたんだ。鬼畜だね、畜生だよ……。

終戦間際の1945年3月、神戸空襲で父を失った。残された母も6月の空襲で失った。寄辺を喪失した山田さんの死と隣り合わせの日々がはじまった。向かったのは人が集う駅だった。待合室で疲れ切った身を横たえると大人に蹴り出された。夜風を防ごうとトイレで寝ると、他の孤児から「俺の縄張り荒らしたら殺すぞ」と殴られた。

戦後の混乱期、現在のJR三ノ宮駅から元町駅周辺に出現したのが日本最大規模の闇市。野菜や蒸しパン、得体のしれない鍋を売る屋台の残飯を奪い合った。だが、身体の小さい山田さんはありつけず、腐臭漂う肉片で命をつないだ。下痢と嘔吐を繰り返したが、空腹から嘔吐を飲み込んだ。生死を左右したのが寝る場所だった。寒風吹きすさぶ路上の夜、孤児同士、身を寄せ合わなければ落命する。そのため人と人の真ん中を巡って争った。だが熟睡は許されない。寝ている間に衣服や持ち物を盗まれ、生きるために盗み返さざるを得なかった。暴力は日常だった。物乞い中に「営業妨害するな」と孤児に殴られ、屋台のおやじには「臭くて客がけえへん、でていけ」と張り倒された。最も辛かったのが親がいる同年代の子どもの姿だった。

今も昔も駅を行き交う人は絶えない。戦前は出征と帰還、戦後も邂逅と永訣が色濃く交わった。山田さんが身を寄せた神戸駅では、引き上げや疎開先から戻る人々が往来。親と再会し、抱き合う子ども、共に家路に向かう親子連れ、希望に満ちた子どもの表情は山田さんに絶望をもたらした。

当時、駅で生きる戦争孤児は「駅の子」と呼ばれた。寺社仏閣が残され、そこで孤児を受け入れた施設もあった京都には駅の子が集ったが、関西を見限った山田さんは上野に向かった。東京には優しさがあるかもしれないと一抹の期待を込めた。だが、待ち受けていたのは徹底的な容赦なき排除だった。

戦後、日本政府は孤児に対応できず、親戚縁戚の保護に期待するのみだった。居場所を奪われた孤児はスリ団となるしか生きるすべはなかった。結果、「公衆衛生、公序良俗に益さない」と忌み嫌われ、駆り立てられ、トラックで強制移送され、鉄格子で封じられた施設に「収容」される。山田さんが移送されたのは縁もゆかりもない長野県長野市。生活の場となったのは戦争末期に国家中枢機能を移転すべく、急造された松代大本営の一部だった。

屋根があり、壁や窓があり、トイレがあり、布団がある……。

山田さんは当初、安全と安心に心震える思いだった。だが、ここでも疎外された。地元の小学校が孤児の受け入れに難色を示したのだ。何とか登校できることになり、3年ぶりの学び舎に向かった。ところが同級生はいなかった。薄暗く、かび臭い寒々とした一室はとても教室とは思えない。そして壁には「野良犬、帰れ」と書かれていた。その後、地元の子どもと同じクラスになったが、3年間のブランクはイジメに帰結した。国語の教科書の漢字が読めず、意味も解らない。嘲笑に晒された。あろうことか教師までも加担する。中でも悔しかった流行り言葉が「親無し子は脳無し子」。

自分ではどうしようもない境遇への差別を山田さんはゆるせなかった。栄養失調でやせ細った身体を馬鹿にされても、ケンカで負けても、学校を休まないことが唯一の抵抗だった。

卒業後、山田さんは上京し、有名私大を卒業し教師になる。誰にも頼れない日々だったが、全く辛さはなかったと振り返る。

24時間、食い物しか考えられなかった日々を思えば天国だよね。あの頃は恥ずかしいという感覚も、辛いとか悲しい感情すらなかった。どうでも良かった。母を思う余裕なんてなかった。人間、どこまで臭くなるかなんて誰にも解んないよね。シラミが気絶するくらいだったよ、それが自分には気づかない。朝、次は夜、どうして食べ物を手に入れるかしかなかったんだ。臭くても虫けらみたいに扱われても、耐えられるよね。でも食欲と睡眠欲はね、生き

ることに直結するからね、それが心配しなくていいとなると大学受験なんて別にね、ほんと、「お母さん」って呼びながら腐った残飯で腹やられて死んでいった子を思うとね、人生、儲けものって思わなきゃ、浮かばれないよ。日本人って、神戸の人って、そりゃいいところもあるだろうけれど、当時は冷たかったよね、自分さえ良ければいいんだよね。

大体、あなたがこうして取材に来ること自体、情けないよね。日本人が孤児を置き去りにしなかったら、「孤児」じゃなかったんだよ。ちゃんとした教師がいれば子どもは居場所があるんだよ。神戸で亡くなった母は今でこそよく思い出すけど、最後の別れも死ぬまで忘れないけど、いつか、戻れるかな……。

神戸に帰った私は山田さんに電話をかけた「もし、神戸に戻られるお気持ちになられたらお会いできれば幸いです」。その後5年が過ぎた。今も私は連絡を待っている。

孤児にされなかった遺児もいる。82歳のTさんは9歳で両親を失い、母替わりになった12歳の姉に育てられた。Tさんは国の調査で孤児とされず、福祉の対象から外された。姉の嫁ぎ先に引き取られたが、居場所はなく、神戸の街を彷徨った。

王子公園で園内の見知らぬ親子に「お父さん、お母さん」って叫びかけ、金払わずに入

口を突破したわ。よう追いかけられたけど、毎日やったらいつかフリーパスになったわ。動物好き？ちゃうがな、餌や餌。動物、ええ野菜やら魚やらもろとんねん、それを拾うんや。取り合いになると砂を目に投げかけたら一発や。一番の収穫はさつま芋や。生でもなんとか食えたし、一番腹持ちした。あかんのが鰯、下痢するしな。

Tさんは摩耶山の麓で生れた。父は戦中、若くして栄養失調で逝去した。鰻の寝床のようだったという長屋にTさんと母と姉が残された。当時空襲は激化し、闇夜は昼間と化した。

防空壕があった山中に避難して振り返ったら、お日様のような焔の塊が街を走っとった。ゴーって音立てて走るねん。神戸の花火有名やろ、あんなんちゃうわ。川も燃えたし、海も燃えた。焼夷弾が花火のように光の筋に幾つも分かれる。あれ、飛び散るねん。ねっとりした油かなんかや、水では消えへんよ。反撃？あるかいな、グラマンは操縦士の顔まで見える低さで飛んどった。山に高射砲あったけど、悲しいけど音が（米軍とは）全然違う。B29は悠々と飛んでたわ。

怯えるTさんに母は毎晩､添い寝した。「心配なんかいらん､安心して大きくなりや」と囁いた。小学3年生になった日、母は目を覚まさなかった。栄養失調による衰弱死だった。Tさんの悲鳴にも、絶叫にも、応えなかった。すぐに終戦が訪れたがＢ29が飛来、１発だけ落した焼夷弾が長屋を直撃、Ｔさんの家だけが全焼した。寄る辺を失ったＴさんは途方にくれたが３つ上の姉は気丈だった。町工場に自ら出向き、職を得た。弟の母になり、どこからか食べ物を調達した。姉は14歳で10歳近く年上の職人と同棲し、Ｔさんも同居したが、屋外よりも苦しかった。

姉の夫となった男性は字が書けないことを隠し、手にいつも包帯を巻いていた。酒が入るとＴさんを火がついたままの煙管で殴った。姉が子どもを産むと、Ｔさんの居場所は浸食されていった。学生服１着と下着２枚と靴が持ち物の全てだった。後は「弟」のお下がりか、頭を下げて弟に借りるしかなかった。中学では昼休みが嫌だった。周りが弁当を食べる中、水道水を腹いっぱい飲んだ。先生にもらった煎餅も水に浮かべ、ふやかして大きくして食べた。

卒業時の身長は１４５㎝、体重27㎏。卒業後、結核を患った。未来は勉強で切り拓くしかない。神戸高校にも進める成績だったが家を出て、工業高校で旋盤技術を身に着けた。

自分の持ちものがないことで馬鹿にされたけど、もっと大変な子どもがおった。僕ら、六甲山の山頂にあるゴルフコースでよくキャディのバイトしたんや。外人がチップはずんでくれるから２時間の山道へっちゃらや。その外人が住んでたんが「六甲ハイツ」今の神戸大学や。教会あるし、ジープ通るしね、あとは阪急とＪＲの間、今の山手幹線やね、あそこ米軍の飛行機の滑走路やった。チョコレートもらいに暇さえあれば向かった。あと今の御影の豪邸あ

るとこな。あそこも米軍が住んどった。でもな、朝は駅前にコンドームが一杯捨てられとった。僕ら、知らんやろ、ふくらまして遊んだりしたわ。今やったらとんでもないけどね。そう、「パンパン」のお姉さんがな、三宮とか、今いうたところに立っとった。そこで見たんや。同い年位の子が走り寄って、蒸しパン渡してた。お母さんがパンパンやったんや。どんな気持ちやったんやろ。あとな、混血の子や。白人と日本人はええわ、どっちかというと見た目で得したんちがうか、可哀そうやったのが黒人と日本人の間の子や。髪が縮れ、顔黒っぽいのに口の中は赤い。よく、「手のひらはどんな色」と、からかわれとった。朝鮮戦争終わったら急に見なくなったけど、僕ら以上に虐められてた。「駅の子」も悲惨やった。いじめられると、より弱いやつをいじめるのが人間や、神戸の暴力団に朝鮮半島から来た人も多いけど、差別されたことへの反発もあったんや。

Tさんは仕事一色の半生を過ごした。鉄工所を立ち上げ、土日もなかった。家庭を持ち、子どもに恵まれたが、幼い頃から親も家族も知らず、夫婦生活も、子育ても、手探りの連続だった。

知らんからね、親ってどう振舞うべきか。どう子どもに接するか。絵本読んでも僕が過ごしたのと全く違う世界だし、絵本に出てくる人は皆優しいしね。僕に親のお手本はなかったし、自分の子どもには叱るか励ますか、迷いだらけやった。今もやし、死ぬまでや。

僕は居候やったから、絶対に周囲の人を怒らせないことしか考えられへんかった。自分なんかないよ。どれだけ虐待されても笑顔でいることが自分を守る術やった。身体小さかったのも、身を縮めるように生きとったからやね。姉さんはもっと苦労した。一言も言わんまま亡くなったけどね。でもね、僕は毎朝、父母の仏壇へ線香あげる度に思うんや。僕らよりもずっとしんどかったのはお母さんやと思う。子を持たないと絶対に解らんかったけど、幼い我が子を残して死にゆく不安はたまらんかったやろな。辛いときに母に心の中で呼びかけ、「見守ってください」ってお願いばかりだったけど、自分の人生の秋口でしか解らない事があるんやね。

原爆孤児の沈黙

神戸を去った孤児。留まった遺児。過去に永訣するため神戸に来た原爆孤児もいる。

みんなね、被爆したことを知られたくないんです。知られていいこと何一つないしね。就職や結婚に差し障るし、何より家族に咎が及ぶ。コロナもそうだし、神戸はＡＩＤＳ感染者パニック発祥の地でしょ、福島原発事故の後に西宮にある大学の先生が避難してきた学生に「放射能が伝染する」って言いましたよね。悲しいですね本当に……。私たち、敏感すぎるかもしれないけれど、敏感にならざるを得なかったんです。

兵庫県庁や県警本部が立ちならぶ官庁街の一角にある会議室で毎年8月、神戸市原爆被害者例会が開かれている。会員は被爆者とその家族など600人ほど、そのほとんどが被爆した過去を封印してきた。会員同士が街角で会っても素知らぬ顔で通り過ぎることもあったという。差別を恐れ、仕事を引退するまで参加できなかった人も少なくない。

貞清百合子さん77歳（2015年取材時）、広島で被爆し孤児になり、結婚を機に神戸に移り住んだ。70年近く忌まわしい記憶を封印してきたが、「この国の行方」への不安から取材に応じた。

広島を棄てたんです。広島で原爆孤児に希望はなかったの。だから21歳で移ってきた神戸でも黙ってました。家族と医者以外、誰にも知られてはならなかったの。過去を偽ることは自分自身を否定すること。辛いときもあったけど原爆の放射線を浴びたことは絶対に知られてはならなかったんです。

息苦しさに押しつぶされそうになる度、貞清さんが向かったのは神戸港だった。ポートタワーを背に、行き交う船を眺め、潮騒に耳を澄まし、海風を思い切り吸うと気が晴れると言う。「北からは川が流れ、南に海が広がる広島と似てますね」と声をかけると、言下に否定した。（写真7）

違います。ここには原爆がない。私が来た頃の神戸港はアメリカの空母や艦船がひっきりなしにきたし、異人館とか、アメリカの文化が至る所にあったし、人々もアメリカに憧れ、装いも音楽もアメリカ風だった。でも原爆は落とされなかったでしょ。絶対に解ってもらえないと思うけど、この核兵器のない平和な景色がどれほど貴重なものか神戸の人が気づいてほしい。もし戦争になったら核が使われるかもしれない。「非核神戸方式」って全然知られていないけど、大事に、大事にして欲しいんです。

貞清さんは王子公園から南に下ったＪＲ摩耶駅の近くで暮らしている。夫を病で失ったが息子とその家族に囲まれ、多くの友人との交際を楽しんでいる。被爆を明らかにしてからは平和活動に参加し、街頭で核兵器廃絶に向けた署名を呼び掛けている。お楽しみは平均年齢70歳の女子会だ。居酒屋に集い、広島カープの熱戦を肴に杯を重ねる。友人は語る。

私ら提灯に群がる夜の蛾なんですよ。妖艶でしょ。貞清さん、冗談ばっかりでほんまに明るいけど、被爆したことを言ってくれるまで暗い暗い。なんか、人に会うのを避けるようだったわ。いつ見かけても下向いてたしね。こんなに社交的になるなんて嬉しい限りやけど。

貞清さんが死を意識しない日はない。幾種類ものガンが次々に見つかり、手術を繰り返してきた。今も神経機能不全で足の感覚がない。60歳を過ぎてからも腫瘍が首や内臓にできるため毎月の検査が欠かせない。貞清さんは「病気は連れ合い」と語る。「医師からガンのデパートって言われました。でも、今は前向きです。被爆を伝えることが大事だと解ったし、今こそ、声を出さないといけない時代ですのでね」

貞清さんが広島を棄てた理由は被爆者への差別だった。共に奇跡的に一命を取り留め、支え合ってきた友人が20歳で自ら命を絶った。生まれ育った故郷への絶望に打ちのめされた貞清さんは過去を手放した。

封印した記憶はどのようなものだったのか。触れると血が噴き出る癒えぬ傷のごく一部を紹介する。貞清さんは爆心地から北東に1・5㎞の住宅街で暮らしていた。7歳の時、原爆が落とされた。

よく晴れていましたね。8月はいつも灼熱の日差しが降り注ぐけど、あの日は爽やかでした。でも突然、何か光ったんです。後は爆音。何も覚えていないんです。多分、土壁が守ってくれたのかしらね。気づいたら瓦礫まみれ。何とか抜け出すとあたりは夜のよう。空は雲に覆われ、あたりは埃と煙、ねずみ色一色、そう、色がない。木々の緑も空の青も、何もかも色がない。そして生きているのは奇跡だって気づくんです。

辺りには手足がちぎれた死体だらけ、顔が吹き飛ばされた遺体もあった。焼け焦げた人間

の臭いなんで嗅いだこともないし、また気を失いました。でも家族を探さないといけないでしょ。でもどこにもいない。あてもなく彷徨う中、急に鼻血が出たの。続いて下血が止まらない。7歳とは言え、女の子でしょ、一瞬、恥ずかしいとの気持ちがあったけど、周りは服を焼かれ、皮膚が垂れ下がっている。人間が人間でなくなってしまう。

爆風は建物を吹き飛ばし、烈火が地を覆った。貞清さんの故郷は原爆ドーム以外、海まで見渡せる荒野になった。何を食べたのか、どこで寝たのか、一切記憶はないが、ようやく見つけた妹は変わり果てた姿で、貞清さんは正視できなかった。

父母は生きていた。しかし再会を喜ぶ間もなく母は突然倒れ、口や鼻、耳など全身から出血し落命した。後を追うように父も大量吐血で命を落とし、家族全員を失った。貞清さんも下痢が止まらず衰弱していった。誰かが日本赤十字病院に連れていってくれた。待っていたのは通訳の日本人と白衣を着た外国人だった。ほぼ裸身で身長や体重を測られ、採血された。被爆状況と体調を詳しく聞かれたが、治療はなかった。「定期的においで」と言われ、無料で診断してくれると喜んで通った。いつしか広島市街の東にある比治山の頂上に連れていかれるようになった。カマボコのような形の建物が立ち並ぶ、ABCCと呼ばれた施設で、始まったばかりの生理や発育状況を記録された。

このABCCはトルーマン大統領の命を受けて「全米科学アカデミー（学術会議）」が設立した。

被爆者の福祉を口実に、47年に広島、48年に長崎で放射線の人体への影響を「調査」した。75年に日米共同運営「放射線影響研究所」に改組され、今も「調査」を継続している。「調査すれども治療せず」と言われたABCCは、世界初となる10万人規模の被爆者疫学調査を実施。被爆者の長期観測により平均寿命やガン発症率、細胞変化を追跡した。人類史上例のないデータの蓄積は世界でも最重要とされ、原発事故避難の際や原発作業員の許容被ばく基準策定にも使われた。ABCCは被爆者の遺体の細胞や器官を標本として保管し、一部をアメリカ本国にも送った。世界に類を見ない被爆者調査は核兵器のもたらす「効果」を立証する好個の物証とされた。

そしてABCCは核兵器開発にも関わっていた。米軍が最重要と位置づけた「ICHIBANプロジェクト」。原爆の威力を確認するため極秘で日本の木造家屋の資材をアメリカの核実験場に送っていた。貞清さんには今も毎年、アンケート調査票が届けられる。

私たちは広島の人に「モルモットじゃ」と言われました。でも、当時はアメリカの核開発に協力しているなんて意識もないし、第一、手を差し伸べてくれるだけでも嬉しかったのです。戦後は原爆病っていう言葉がはやり、ピカが伝染ると差別されたんです。私たち、被害者なのに蔑まれたんです。家族を失った友人がいました、私と同じ、父も母も失ったもの同士、励まし合ってきたんです。でも、自殺したんです。「希望が持てない、どれだけ頑張っても希望が見えないって……。」その上「モルモットじゃ、原爆で補償金もろた成金じゃ、

結婚しても子どもは産めんし、産んでも奇形」って言われたら、辛いですよ。

貞清さんは21歳で広島を棄てた。結婚を機に神戸に移り住んだ。流産と死産を６回経験したが子どもに恵まれ、孫も産まれた。広島で受けた差別を恐れ、被爆者であることは決して知られてはならないと沈黙を続けた。神戸は優しかったと言う。（写真８）

広島との違いは、開放感でしょうか。世界に開かれてるっていうか、風の流れが澱まない。私みたいなよそ者も流れ着く。なにかカラっとしてるんです。ジメジメしていない。ヤクザがいるのは一**緒**だけど。みんな**優**しかったですよ。**立ち入らないし、突き放さない。被爆者で孤児って明かさなかったからかも知れないけれど、今はここが故郷かな。広島にはカープの応援に行くし、体験談を話しに行くし、最近、原爆資料館にも私の被爆に関係したものが保管されました。もう嫌な街ではないけど、神戸に戻るとほっとする。**

残された時間を意識するようになった頃、日本は日米同盟を強化し、憲法解釈の変更で集団的自衛権の行使を認めた。この国の今後を懸念した貞清さんは自身の体験を学校で話す活動を始めた。

ＡＢＣＣの調査を受けてから７０年以上が過ぎた。調査結果は教えられず、何度も問い合わせを続けてきた。2015年の夏、初めて結果が届けられた。私も立ち会ったが、貞清さんは涙で読むことができなかった。1時間後に再訪し、封をきった。（写真9）

そこには1945年8月6日の貞清さんがいた。どんな家に住んでいたのか、被爆した場所、座っていたのか立っていたのか、周囲の壁や高さ、貞清さんが忘れていた詳細な被爆状況が英語で記録されていた。続いて下痢などの症状や、身長や体重の変化、1年毎の成長の軌跡、そして神戸に来てからの生理の周期や流産や死産、今も頻発する病の数々が記されていた。

蘇る記憶。貞清さんは夢中で紙面をめくった。そして、手が止まった。一番苦しみ、それゆえ、最も知りたかった家族を失ない、孤児になった時期の記録は省かれていた。

神戸の米軍基地

戦災孤児が懸命に命を紡ぐ中、神戸には連合軍が進駐、その主力が米軍だった。街中に基地が作られ、港は接収された。

現在、米軍基地は世界各地に置かれている。総数はおよそ5、000。変動が激しいが、内訳は本土に約4、100、グアムなどの海外領土に100以上。アメリカ以外に世界40か国、4地域（英領、オランダ領が各2）に510近い基地を展開している。基地を資産価値で評価すれば冷戦後、日本は首位に立つ。

関西にも米軍が使用できる施設がある。滋賀県では一時利用可能施設として陸上自衛隊今津駐屯地、今津饗庭野演習場、饗庭野射撃場。京都府には専用施設、「米軍レーダー基地・経ヶ岬通信所」が設置された。駐留米軍が実弾射撃訓練を行う陸上自衛隊福知山射撃場も一時利用施設になっている。兵庫県でも一時利用可能施設に陸上自衛隊伊丹駐屯地が指定されている。

世界規模で広がる日米同盟の最前線。戦後、神戸と米軍の関わりはどのような規模であり、神戸の果たした役割は如何なる重要性を持ったのだろうか。

敗戦後、日本各地でＧＨＱによる占領と接収が始まった。神戸には米軍キャンプが作られ、六甲山頂にはレーダー基地が設置された。

はじまりは１９４５年９月25日午前８時ごろ、和歌山県二里ヶ浜に米軍の大型輸送船が到着。連合国軍約１万人が上陸した。そこから陸路と鉄道で神戸方面に向かい、午後５時５分から11時過ぎまでに５つの列車が省線（現・ＪＲ）三ノ宮駅に着いた。その数およそ８、０００人、翌日にかけて宝塚、姫路、西宮にも５つの列車が到着、米軍第６軍・第33歩兵師団がそれぞれの宿舎に入営した。占領下の神戸については村上しおり『神戸 闇市からの復興 ― 占領下にせめぎあう都市空間 ―』（慶應義塾大学出版会、２０１８）が詳しいが、宿舎は港にある神戸海運局（現・神戸税関）、隣接する旧生糸検査所、そして旧居留地の神港相互館、大丸百貨店などのビルだった。

駅や宿舎には銃を構えた警備兵が立った。揚陸された７００人ほどからなるトラック輸送部隊が１週間にわたって神戸や姫路に向かい、10月15日までに１１、０００人の兵士が進駐した。（写真10）

1952年4月のサンフランシスコ講和会議で占領が終わるまでの約7年、神戸は米軍の拠点となった。進駐開始翌日、神戸基地司令部が神戸海運局（税関）に設置された。翌年、旧居留地の神港ビルに移転。「家具を提供せよ」と書かれた指令書や落書きも神港ビルに残されている。シュークリームで知られるようになる洋菓子のヒロタも、ここでパーラーを開き、洋菓子を出品、マッカーサー家族にもクリスマスケーキを焼いた。

旧居留地の堅牢な建築物が長期にわたって接収され、基地機能は拡張され、兵士の休養や居住環境の向上も図られた。将校と家族のために焼け残ったホテル、阪神間の個人所有の住宅が次々に接収された。宝塚歌劇場、宝塚ホテル、甲子園ホテルも使われた。神戸の接収住宅は兵庫県の7割以上を占めた。コックス事件で逮捕された塩屋のジェームス邸など、ジェームス山の60戸を筆頭に、御影や岡本にある山手の122の邸宅、北野の異人館、六甲山上の別荘地や垂水区舞子の有栖川宮別邸（現在のシーサイドホテル舞子ビラ神戸）、須磨に点在した住友などの財閥の別荘も接収された。東遊園地は米兵のレクリエーション用グラウンドとして使用された。東京の代々木にはワシントンハイツが作られたが、神戸では阪急六甲駅の山側に広がる神戸大学の現在の六甲台第2キャンパス（文理農学部）に「六甲ハイツ」がつくられ、米軍人と家族用住宅225戸が新設された。眼下に阪急、国鉄、阪神、神戸製鋼と海を睥睨し、プール、テニスコート、教会、芝生の公園、舗装路が整備され、近隣住民は「丘の上の合衆国」と噂した。

これら接収住宅で暮らすのは高級将校とその家族およそ350人に限られ、以外は焼け跡に設営された「かまぼこ兵舎」で生活した。

米軍基地は大きく2つ、三宮のそごう（現・阪急）百貨店の南東側一帯に埠頭まで広がる約31万㎡の広さのイーストキャンプ、神戸駅の北、新開地本通りの東に設置された10万㎡のウェストキャンプ（キャンプ・カーバー）だ。ここでも「格差」はあった。ウェストキャンプは黒人、イーストキャンプは白人専用だった。この他、三宮駅南にはモータープールが設けられ、武庫離宮（現須磨離宮公園）も射撃場（KOBE RIFLE RANGE）として利用された。

占領下、この神戸基地は西日本最大規模の後方支援拠点になっていった。1945年末、連合国軍は大幅に軍備縮小する。1946年2月に呉基地、4月に名古屋基地、九州基地が閉鎖された。神戸では米軍第6軍は動員解除になり、代わって第8軍が占領政策を実質的に担うようになる。神戸が生産・物流の要衝だったため、四国、九州、本州南部への兵站拠点とされる。兵站なくして戦争遂行はできない。戦線に軍需・生活物資、兵士を補給し、傷ついた装備や兵士の修理、休養を提供する戦争の基点が神戸だった。

閉鎖された基地が管轄したエリアへの後方支援を担い、名古屋から2,500人、九州から280人が神戸基地に移入された。神戸基地の管轄エリアはイースト・ウェスト両キャンプのみならず、芦屋や鳴尾飛行場や甲子園、西宮球場のある西宮も含む。

戦争への回路が港だった。主要施設として新港第1～第6突堤、中突堤、兵庫第1、2突堤等、また川西、住友、三菱、三井等の臨港倉庫の大半が接収された。

これら神戸の米軍基地返還は神戸税関再開に伴う１９４６年11月22日の兵庫突堤の基部接収解除に端を発する。47年２月に兵庫第１、２突堤、50年４月に新港第５、６突堤、52年にメリケン波止場（現・メリケンパーク）、新港第４突堤が解除された。ほぼ、全面返還になるのは59年２月だが、非核神戸方式が成立する１９７５年まで米艦船寄港は続いた。

六甲山の米軍アンテナ

標高９３１ｍの六甲山最高峰には米空軍レーダー基地「ＲＯＫＫＯ ＣＯＭＭＵＮＩＣＡＴＩＯＮＳ ＳＩＴＥ １９５６th ＣＯＭＭＵＮＩＣＡＴＩＯＮＳ ＧＲＯＵＰ」が作られた。かつて日本軍が高射砲を設置した跡地だった。周囲を遮るもののない山頂にはマイクロ波を送受信する直径16ｍと19ｍの二対４基のパラボラアンテナが置かれ、周囲一帯は金網と有刺鉄線で囲われた。その後、自衛隊の通信基地も隣接して置かれた。

１９９２年に返還されるまでの運用実態は明らかにされていないが、戦争は情報が決する。軍事機密や戦略指令を届ける通信網整備・拡充は冷戦の行方を左右する最重要戦略だった。核の脅威が高まり、沖縄や神戸に核が持ち込まれる中、六甲山の米軍レーダーは一体、どのような役割を担ったのか。その手がかりが九州にあった。

２０１６年、福岡と佐賀の県境にある「在日米軍背振山通信施設」の用地返還が決まった。冷戦の最中に脊振山山頂付近に設置され、近隣住民らが長年返還を求め、米軍が応じた形だ。これで佐賀県に米軍施設がなくなり、福岡市内でも返還が実現するのは37年ぶりだった。同時に玄界灘に浮かぶ対馬の米軍対馬通信所も返還された。

対馬通信所は１９４８年、米軍に接収された。４つのパラボラアンテナがあり、２つは佐賀県背振山の方向を、２つは韓国の蔚山の方向を向いていた。当時は通信衛星もなく、米軍はマイクロ波によって中継レーダー基地を経由しながら通信を行った。現在、マイクロ波の軍事的重要性は下がったが、冷戦初期は戦略の要だった。

通信網の大動脈たる「マイクロ波通信幹線」は米空軍司令部が置かれた東京・横田と沖縄・嘉手納基地を結ぶルート、対馬通信所を経由する韓国ルートだった。六甲山のレーダー基地はこの軍事通信網の一端を担った。マイクロ波通信の大動脈は在日米陸軍司令部のある座間基地（神奈川）も組み込み、横田、大観山（神奈川）、六甲、祖生（山口）、背振山、知覧（鹿児島）、八重岳（沖縄県）。この軍事機密の回路は、背振山で分岐し沖縄ルートと、対馬通信所経由の韓国ルートに分かれる。

米軍最大の抑止力、核兵器の運搬手段は主に3つ。敵国を直接攻撃する大陸間弾道ミサイル（ＩＣＢＭ）、敵国の領海近くまで接近攻撃できる潜水艦発射弾道ミサイル（ＳＬＢＭ）、そしてＩＣＢＭやＳＬＢＭが開発される以前に核兵器運搬、攻撃を担った戦略爆撃機だ。六甲の米空軍レーダー基地が設置された冷戦初期、ＩＣＢＭやＳＬＢＭは実用化されていなかった。核が持ち込まれた沖縄・嘉手納基地の戦略爆撃機に核戦略指令を届けたのはこの通信ネットワークではなかったか。断定は許されないが、神戸の六甲山が米軍の核戦略を支えた可能性を指摘したい。

1974年、ベトナム戦争は終結が近づき、米軍は神戸港第6突堤を神戸市に返還した。一方、六甲山頂の米軍レーダー基地は冷戦終結まで残された。

アメリカの軍事戦略に組み込まれた日本。「日米同盟の代償」が憲法違反だった。

封印された憲法違反「民間人戦地派遣」

ああ、俺は何をしているんだ、俺は人殺しの手伝いをしてるんだ。目の前のトーチカに焼け焦げ、黒い炭の塊になった北朝鮮の兵士がいるんです。戦争で死んだんです。私にとって朝鮮の港はどこも見慣れた景色のはずでした、でも何もない、建物も、道も売店も。風がね、吹き抜けるんです。海からね、ずーっと。その先で爆音が響いてくる。周りには戦車とジープが次々と爆音の方向を目指して出撃していく、誰も真っ黒な死骸を見ない、いや見れないんだね、怖くなるから。米兵だって怖いんです。私、立てなくなり、崩れ落ちましたね、ああ、俺は戦争に参加して、手伝っているんだ。

元船員の三宮克己さん（87歳）。人知れず朝鮮戦争に参加した。米兵や戦車、武器弾薬を積んだ船で戦地に派遣された。気温零下20度、凍てつく北朝鮮の港では波しぶきが氷になり、暴風に

のって皮膚を割いた。凍傷で片肺は機能不全になった。三宮さんは神戸港に来ると封印してきた負の過去が蘇る。（写真11）

帰ってこれなくなった人がたくさんいます。帰ってきて亡くなった友達もたくさんいます。私は探し続けているんです。一緒に海を渡り、生死を共にした仲間を。ＬＳＴ92号の乗船名簿を。神戸には大勢いるはずです。船員の街だし。でも、みんな黙っている。憲法ができて、戦争しないって決めたのに戦地にいったこと、銃撃戦に参加したこと、言えないんだね。やっぱりね。神戸は平和な海であってほしい。ここから再び、若い兵士が、戦地に送られないでほしい。軍需物資を送り出す拠点になってほしくない。

冷戦が熱戦になった朝鮮戦争で神戸は米軍の出撃拠点だった。武器弾薬、海兵隊が列車や船で次々に集結し、戦地に派遣された。輸送を担ったのが日本の民間船員だった。この憲法違反となる他国の戦争参加は永らく無きものとされてきた。知られざる民間人の戦争協力、延べ数万人とも言われるその実態はほとんど明らかになっていない。

２０１４年の春、三宮克己さんは63年ぶりに神戸港を訪れた。闘病中で肺の半分を切除したばかりだが、どうして伝えたいことがあると東京から足を運んだ。筆者と新神戸駅で合流し、車で港に向かった。三宮さんは見慣れぬ景色に戸惑いを隠さなかった。

横浜と違って山が近いね。久しぶりだね。変ったね。三宮、私と同じ名前だね。ここ米軍基地あったでしょ、騒然としてたね、軍需物資がどんどん運び込まれ、米兵も緊張しているのが解る。いらだってたよね。あ、港だね。懐かしい。当時神戸儲かってたね。照明弾作ってた。神戸製鋼で鉄条網と弾薬をんどん作って儲かったのは有名な話。戦争ほど儲かるものはないよね。でも、こんなにお洒落な建物なかったしね、メリケンパークっていうの。あれがポートタワーか。なかったね。こんなにきれいなんだ。当時はね、緊張しましたよ。倉庫が並んで米軍のガードマンが門番で。ライフル持ってね。何度か横浜から朝鮮半島に行くときに物資補給で立ち寄ったけど、米兵の空気がビリビリしてたよね。今から戦争なんだって。

三宮さんは日本が植民地支配していた朝鮮半島の鎮南浦で生まれた。現在の北朝鮮にある南浦で黄海を臨む工業都市だ。当時、統治する日本人の子どもは何不自由ない暮らしだった。海や山で遊びまわり、自然に恵まれた故郷に愛着を持ったという。15歳の時、日本海軍少年兵に志願し、今は韓国海軍の軍港がある鎮海に向かった。(写真12)

驚いたのは満開の桜だった。海軍では電信や船舶内燃機関の整備などを学んだ。特に朝鮮半島の気象、海岸線の地形、港湾機能や、日本への航路は重点的に叩き込まれた。戦局が悪化すると本土に送り出された仲間もいたが、三宮さんの配属された部隊は鎮海で終戦を迎える。ようやく訪れた平和。が、息つく間もなく引き揚げ船に乗るように要請される。そして三宮さんは初めて「戦争」に触れる。

LSTっていう船です。巨大運搬船。ＬＡＮＤ　ＳＨＩＰ　ＴＡＮＫ。前がパカって開いてね、車でも人でも載せれる。底が平で港が無くても、浅瀬でも、人や車両をおろしたり積んだりできる。全長は１００ｍほど、幅は15ｍ位。３、４００人は運べる。米軍がね、使ってたのを借りたんです。１００隻以上って聞いてます。戦争中は戦車とか積んで、機関銃で武装してたのをとっぱらった。船員がね、足りなかったから、声がかかりましたよ。海もよく知っているしね。中国や朝鮮半島と日本を何往復したか忘れるくらい。でもね、苦労なんて感じない。初めて戦争の悲惨さを知りましたね。特に中国大陸からの引き揚げ拠点だった葫芦島、北京と満州の間にある港、あそこにいくとみんな泣いてるんです。服装もボロボロ、生き分かれた家族も多かった。船中で泣くんです。我が子を失った母親が自分を責めるんです。言葉かけられなかったね。みんな飢えていてスリもしょっちゅう。悲惨でした。

旧厚生省などによると、終戦時に６６０万近い日本人が海外にいた。最も多かったのは中国で軍民合わせて約３８４万人が残された。国は引き揚げのため援護局を全国各地に設置。佐世保や博多港に１９４７年４月までに１３９万人が引き揚げた。だが、取り残された日本人も少なくなかった。戦後、中国残留婦人・孤児のうち約6，700人が永住帰国したが、実態は未だ明らかになっていない。引き揚げ船に乗って10か月、少し落ち着いたころ、三宮さんは横浜に居を構えた。日本では憲法が公布され、戦争に関わることもないだろうと船員として生きてゆく決意を固めた。民間運搬船の乗組員になり、生まれ育った故郷と祖国を結ぶ仕事に誇りとやりがいを感じた。だが洋々たる希望は突然、暗転した。

1950年の春、三宮さんに声がかかった。

「君は朝鮮半島をよく知っているだろう。別の船に乗ってくれないか。大事な仕事なのですぐに準備して港にいって欲しい」って言われたんです。当時ね、国際情勢なんて解らない。アメリカと米ソの関係悪化は何となくわかるけど、新聞でもラジオでも朝鮮半島のこととか、日本の米軍の動向なんて、一切伝えないわけです。大事な仕事って、引き揚げだと思いましたね。

神戸を訪れた三宮さんは目的があった。乗りこんだＬＳＴ92号の乗船名簿だ。闘病が長引き、残された時間を意識するようになった頃から生死を共にした船員仲間に会いたい、話し合いたいとの思いを募らせてきた。向かったのはメリケンパークから北に歩いて15分ほどの距離にある海員組合の資料館だった。

ずっと来たかったんです。ここに犠牲になった船の記録が残されています。戦争で日本の海運は壊滅状態に陥りました。商船の５分の４を失ったんです。戦時中の記録だけと聞いているけど、ここなら、戦後の記録もあるかもしれない。この写真みてください。大きな船でしょ。ＬＳＴ92号、日本人が運航したんです。いつも20～30名はいたかな。船のこと以外、口聞いちゃいけなかったから、素性は解らないけど戦友です。きっと朝鮮戦争で、何人かは必ず死んでいます。この船の名簿が欲しいんです。生き残りに手紙を書きたいんです。

三宮さんが横浜港から乗り込んだのはＬＳＴだった。日本人船員50人ほどが乗っていたが、誰からも行き先は告げられないまま、船は夕日を追うように西に向かった。暗夜航路が明けると神戸港だった。そして「戦争」が始まった。

ＬＳＴは戦車揚陸艦に改装され、船首から夥しい量の砲弾が詰まれ、戦車も轟音と共に乗り込んできた。髪を刈り上げ、初々しさが残る若い米兵が日本人船員に怒鳴った。

一切話すな。下船は許さない。日本への連絡もするな。ラジオも聞くな。夜は窓のカーテンを閉め、外を見るな。甲板や船内の移動も禁止だ。

１９５０年６月25日、北朝鮮は38度線を超えて韓国に浸入、朝鮮戦争が勃発する。三宮さんの故郷は冷戦の最前線になった。戦時中、日本の民間船舶はすべて政府が統制したが占領下は事実上、アメリカが統制し、民間商船は次々に米軍の物資輸送に「徴用」された。実はこの時、神戸は朝鮮戦争の出撃拠点だった。日本各地に駐留していた第25歩兵師団所属の第27歩兵連隊、第35歩兵連隊などの2万人近い米兵が集結し、9月、LST47隻（30隻は日本人船員が乗り組む）、輸送船、貨物船66隻が次々と戦地に向かった。（写真13）

アメリカが支援する韓国の存亡がかかった仁川上陸は暗号名「クロマイト作戦」と呼ばれ、朝鮮戦争の帰趨を決する最重要作戦だった。当時、在日米軍には十分な輸送船がなく、マッカーサー元帥は極秘で吉田茂首相に海上輸送と朝鮮戦争支援を要請。集団的自衛権の行使を禁じ、戦争放棄を謳った日本国憲法が公布されていたため、憲法に反するこの日本の民間人戦地派遣は決して知られてはならなかった。

神戸港を出たのは真夜中です。神戸の夜景って有名って聞くけど、港は真っ暗。他の日本人も不安そうだったね。こっそりラジオ聞いたのがいて戦争が始まったって噂はあった。どこに向かっているかは解らない。知らされない。船長と気象担当くらいじゃないかな、知ってたの。たまに船室のカーテンの隙間から覗くと遠くに見慣れた関門海峡の灯りが見えた。そこから北上、船が揺れるから、あ、玄界灘って解った。まあ身体で知ってるからね。そこでね、船がとまった。今にして思えば他のLSTと待ち合わせてたんだね。

目を覚ますと、三宮さんの乗ったＬＳＴは大船団に合流していた。軍艦３２０隻、車両６、５００両、物資２５、０００ｔ、水兵・陸兵５４、０００人。ノルマンディ上陸作戦以来、最大規模の敵地上陸部隊だった。

北上を続けると９月にも関わらず、急に気温が下がる。艦内の空気は一変し、戦車がエンジン音を轟かせ、武装した米兵が銃を構えて哨戒にあたった。船首に据え付けられた機関銃には兵士が配備され、上空に目を光らせた。右手に朝鮮半島の峰々が見えるとライフジャケット着用を命じられた。甲板に出ることが許され、一体、どこに向かっているのかを確かめようと階段を駆け上った。

仁川の沖合でした。ソウルに近い要衝です。今は国際空港があるかな。あそこは潮の干満が激しいのが有名です。そこで解った。あ、潮を見て一気に上陸するって。周りはね機雷だらけ。小さな掃海艇が除去してた。浮かんでいるもあって、それはライフルで撃つ。戦場だよ。遠くから砲撃音聞こえてくるし。震えたね。でも、米兵も震えてた。今も覚えてるけど、若い兵士が壁にもたれてた。足がガタガタして立てないくらい。怖いんだよ、当たり前だよね。吐いてるのもいた。家族と写った写真を握りしめて泣きそうなのもいた。本当の戦争だもの、俺だけじゃないんだ、怖いのはって思うと、何か、米兵も仲間のように思えたね。

1950年9月15日午前6時30分、仁川上陸作戦が開始された。当時、韓国は北朝鮮に攻め込まれ、釜山近郊まで追い詰められていた。この上陸作戦はアメリカの起死回生をかけた戦闘だった。三宮さんを乗せたLSTは大河、仁川をさかのぼり、浅瀬に乗り上げた。船首から兵士が飛び出し、腰まで海水に浸かりながら陸地を目指す。鉄板が下ろされ、その上を通って戦車が出撃する。上空は戦闘機が爆撃を繰り返しながらソウル方面に向かい、後方からは援護射撃の銃弾が空気を引き裂く。三宮さんも物資移送を命じられ、上陸した。そこで目にしたのは焼け焦げた若い北朝鮮の若者だった。

ああ、俺は何をしてるんだ、これは戦争じゃないか、北朝鮮の若者が焼け焦げている。目の前で死んでいる。ああ、初めて思ったね、「俺は人殺しの手伝いをしている」。戦後だ、平和だなんて日本では言われてたけど、憲法もできたけど、北朝鮮は敵かもしれないけど、俺が生まれたとき、韓国も北朝鮮もなかった。何で戦わないといけないの、どうしてアメリカがここにいるの、俺は何やってるの……、北の兵士にも母親も父親もいるだろう、この姿を見たら、どう思うのか。俺が運んだ爆弾が殺したんだ……。

この朝鮮戦争で日本人の民間船員は主に神戸と横浜から少なくとも8万人近い米兵を戦地輸送した。筆者が確認しただけで戦争参加した日本人船員は、延べ8、600人以上。この他、仁川上陸作戦だけで3、936人の沖仲士が参加したとの証言もある。朝鮮半島の港湾荷役や鉄道、発電所にも派遣されていたとの証言があり、実際はさらに多いと見られる。三宮さんは戦争のただ中で、「不都合な事実」をなきものとする政府の姿勢を知った。

仁川に上陸した後に、仲間がラジオを聞いたんです。禁止されていたけど米兵も上陸でそれどころじゃない。顔見知りになっていたし、親しくなったのもいた。彼らも情報に飢えていた、そりゃそうだろ、命かかった戦争だしね。それで見逃してくれたんだね。そしたら、日本でね、国会論戦をやっている。「朝鮮戦争に日本人が参加しているって本当か」って。政府は否定したね。朝鮮海域のおける米軍の輸送に日本人船員が従事していたかどうかについては、確認し得ないって。馬鹿野郎って言いましたよ。現に俺たち仁川にいると。

その後、三宮さんは朝鮮半島の港を回った。釜山、元山、と転々とするうちに季節は冬になった。極寒のなか、米兵輸送に従事した。肺が凍傷になったが、船を降りなかった。理由は取り残された日本人妻との別れだった。

船を降りようと思ったけどね、降りなかった。それはあの叫びを聞いたから。仁川のあと、38度線の北に向かった。上陸作戦を終えて船が岸を離れたとき、「待って、のせて」て悲鳴

が聞こえたの。米兵は日本語解らないけど、僕ら、「え、なんで、ここで日本語」って思うでしょ。見たらね、走ってくるの、日本の女性が、髪振り乱して。必死だった。取り残されてたんだよ。引き揚げ船に乗れなかったんだよ。韓国ならまだしも北だよ。可哀そうに。米兵にお願いしたよ。頼む、載せてやってくれって。泣いたよ、叫んだよ、でも駄目だった。あの女性、どうなったんだろう、故郷では朝鮮人に嫁いだ日本人女性もいたしね。あの悲しさもあったし、生活もあったから乗り続けた。今もね……あの叫び声を思い出すと、眠れない。

1953年7月27日、朝鮮戦争は休戦を迎えた。米軍の犠牲者は25、000人以上、韓国は100万人、北朝鮮と支援した中華人民共和国はさらに多数が命を落とした。

休戦後、三宮さんは船を降りた。生まれ育った朝鮮半島に行きたいとも思えなくなった。結婚し、市会議員などを務め、負の過去を封印した。取材に応じたのは戦後70年が過ぎた時期、日米同盟が強化され、憲法改正に向けた既成事実が次々と重ねられる状況に不安を感じたからだという。

神戸から自宅のある東京・府中に戻った三宮さんは体調を崩した。長期入院中に生死の境を彷徨った。半年後、筆者の携帯が鳴った。「言えなかったことがある」。退院直後の三宮さんは団地の一室で待っていた。顔は青ざめ、矍鑠とした声は消えいるようだった。（写真14）

こんな姿になっちまって、情けないね。でもよく来てくれたね。どうしても言えなかったけど、聞いてもらいたくなってね、実はね……。

長い沈黙が続いた。妻が「もうやめておいたら」と背中をさする。筆者もペンを置き、辞去の挨拶をしようとした。その時――。

仁川行った後にね、向かったのが鎮南甫だった。覚えてるかな、俺の故郷だよ。生まれ育った街だよ。あそこを目指した。そして砲撃して、爆撃したんだ。遠目に見えたんだ。街が燃えるのを。唖然としたよ。俺の故郷だよ。その故郷を俺が乗ったＬＳＴから、俺が運んだ兵士や戦車が出撃する。俺と一緒に育った人がいただろうし、同じ空気、同じ時期を過ごした子どもはどうなったのか、俺は降りれなかったね。船から。でもこんなに罪深いことってあるか。

自分の故郷を攻撃する、破壊する……言えなかったね。妻にもね、人間に許されることじゃない。俺はね、心配なんです。他国の戦争に参加して、俺みたいなことする人がでないかって。故郷を破壊する権利なんて誰にもないんだよ……。

このインタビューの３年後、三宮さんは旅立った。

戦後の戦死者

戦地派遣されたのは三宮さんだけではなかった。米軍の上陸作戦には航路案内や港湾に設置された機雷除去が欠かせない。この命がけの掃海活動を担わされたのも日本の船員だった。そして21歳の青年も「戦死」した。遺された兄との最後の別れの地が神戸港だった。

ここですね。64年前に弟と会ったのは。あの時を思い出すと胸が熱くなります。神戸港のまさにここ、ポートタワーはなかったけど、いまのメリケンパークの傍に、弟が乗ったMS14号が来たんです。「兄貴、会おう」って電話をもらって駆けつけましたね。弟は任務については一言も話さなかったし、私もあえて聞かなかった。それが後で米軍の要請で朝鮮の海で銃弾飛び交う戦地に向かったと解った。まさに集団的自衛権の行使じゃないの。そして殉職したのは弟たった一人。犠牲者がでているんです。

中谷藤市さん（87歳）。満州から引き揚げた後、大阪に移り住み、消防士になった。神戸港を訪れるのは弟との別れ以来だという。（写真15・16）

坂太郎は21歳だったね。僕の2つ下。兄弟愛っていうか、非常に仲のいい弟でした。機雷を処理する掃海艇を誇りに思ってたようです。お世辞にも立派とは言えなかったけど、全長

30ｍほどの木造のお粗末な小船でした。弟は厨房を担当してたかな。一晩泊めてもらいました。ハンモックで弟と枕を並べてね。故郷の島の話、弟が海軍にいた頃の話、話は尽きません。まさか最後の別れになるとは思いもしなかったので。ここに立つと、しみじみ64年の彼と別れた時の実感、哀愁が込み上げます。

弟は神戸から戦地に向かい、「最後の戦死者」になった。しかしその死は米軍と日本政府によって決して漏らしてはならないと封印された。国家のために殉じた弟が国家によって無き者にされる、その不条理に中谷さんは懊悩した。取材に応じたのも二度と戦死者が出て欲しくないとの願いからだった。

戦争っていうのは悲惨です。満州の引揚も地獄だった。決して言えないことばかりだった。ソ連兵が来てね、女性を求める……。もう言えん。墓場まで持っていく。でも弟の死はもっとやりきれない。無念さは如何ばかりだったろう。21歳ですよ、これからなのに、戦争は終わっていたのに、アメリカの戦争に参加して機雷除去で命を落とす。その死すら黙らされる、こんなことが二度と繰り返されてはならない。

武士のような容貌の中谷さんは弟を乗せた船が向かった神戸港沖を眺めた。

その眼差しの先にはかつて「死の海」が広がっていた。

戦時中、アメリカは「飢餓作戦」を展開した。約67、000個の機雷投下による海上封鎖で海の生命線は寸断された。近畿への物流は7割減少。海運の要衝、瀬戸内海は重点的に機雷投下され、神戸港だけで民間船舶20隻が撃沈し75人が死亡。戦後も584人の一般市民が犠牲になった。いまも不発弾や機雷処理は終わらない。

戦後、日本の復興に海上交通と港の再開は喫緊の課題だった。そのため元日本海軍の船員が集められ、機雷を除去し、航路を切り開いた。しかし、平和の代償は大きかった。

神戸港からフェリーに乗り、4時間ほどで香川県の高松港につく。そこから車で西に向かうと1時間程度で海の守り神、金刀比羅宮だ。長い階段の途中に瀬戸内海を望む展望地がある。そこに木漏れ陽がさす掃海殉職者顕彰碑が置かれている。毎年5月、追悼式がひらかれ、神戸の海上自衛隊阪神基地隊隊員も参加を続けている。顕彰碑は1952年、朝鮮戦争の最中に兵庫、香川両県知事や32都市の市長が発起人となり建立された。碑文は吉田茂首相が揮毫。一部を紹介する。

第二次大戦中、瀬戸内海及び日本近海には六万七千余個に及ぶ各種機雷が敷設され、昭和二十年八月の終戦時、日本周辺の主要港湾、水路はことごとく塞がれていました。戦後、安全な海上交通を再開することが、国家再建の緊急業務となり旧海軍関係者は率先して航路啓開業務に従事しました。昭和二十七年までの六年有余に亘って主要な航路が啓開された。航

路啓開隊員は掃海や爆発物処理に挺身し、不幸にも七九名が殉職しました。
（掃海殉職者顕彰碑）

この79人の殉職者中に北朝鮮の海に沈んだ坂太郎さんの名前はない。兄の中谷藤市さんは仕事を引退した今も、その死を調べている。大阪市浪速区にある自宅に坂太郎さんからの手紙を保管している。写真と共に思い出を語ってくれた。

弟はね、小学校時代は典型的なガキ大将、所謂、ゴンタでした。生まれたのは昭和4年10月15日、今の山口県周防大島町で生まれました。6人兄弟の3男、まあやんちゃだったね。でも生活は厳しい。実家が漁業を営んでいたけど、まあその日暮らしみたいなもの。子どもも多いし、親父とおふくろは一日も休まず働いていたね。僕ら兄弟も学校よりも一日も早く働こうって思っていた。それで僕は小学校を出ると満州の開拓団へ、坂太郎は日本海軍に志願しました。坂太郎は戦後、瀬戸内海、太平洋で掃海活動してました。坂太郎は一家を支えたんです。定期収入があったのは彼だけで、給料の半分を実家に送金した。家には祖父や祖母もいて11人家族が助かったんです。

１９５０年、坂太郎さんは瀬戸内海の掃海活動の最中「次の活動は期間は普段より長くなる。

防寒装備もいる」と伝えられた。たまたま寄港していた神戸で兄と会い、山口県下関に向かった。沖合には日本各地からの掃海艇が集結していた。アメリカが日本に朝鮮戦争での掃海作業を要請し、極秘で設立された「日本特別掃海隊」だった。延べ1、200人が最前線で活動し、450人ほどが後方支援を担った。（写真17）朝鮮半島へ向かう直前、坂太郎さんは下関から2通の手紙を兄に送った。（写真18）中谷さんが1、000回は読んだと言う手紙は陽に焼け、透視できそうなほどの薄さだった。そこには船長に「38度線は超えない」と説明を受けた直後の不安が滲んでいた。

もう64年前なので文字も薄くなってきましたね。読みます。朝鮮方面へ向かいます。どうなるか解りませんが、いよいよ明日4時下関出港です。家族に服を送ります。

1950年10月6日、老朽化した木造掃海艇7隻は漆黒の玄界灘を越え、北朝鮮の元山に向かった。中谷さんは戦後、弟が参加した作戦を調べてきた。（写真19）

ほとんどの隊員が悲壮な心境で出港したけど、彼は割りと豪胆な性格なので、きっと腹を括っていたと思います。

坂太郎さん達24人を乗せたＭＳ14号は木の葉のように前後左右からの波に翻弄された。気が付けばアメリカの艦船が護衛するかのように併走していた。他の掃海艇では船長が「朝鮮の海に行く」と伝えると不安の声があがり、引き返したケースもあった。坂太郎さんは夜が明けたとき、船長から「38度線を超える」と告げられた。目標地は北朝鮮の軍事拠点、元山。掃海艇の乗組員に驚愕と不満の声があがったが船は北上した。

元山は日本の植民地統治拠点であり、大陸や朝鮮半島各地への進出起点だった。天然の良港で軍事利用に適し、造船業が栄えた。イワシ漁などが盛んで大規模水産基地もあり、神戸と同じ港を中心に発展した軍港都市だ。

坂太郎さんを待ち受けていたのは戦争だった。元山沖合いはアメリカ第７艦隊の戦艦が集結していたが、機雷が敷設された港への侵攻中に触雷し、１００人以上が死傷。海面には遺体が漂っていた。アメリカの掃海艇は金属製だったため、機雷が感応しやすかった。港付近の小島からは銃弾が浴びせられ、アメリカ軍も艦砲射撃で応戦、島の丘が消滅するほどの激しさだった。日本の掃海艇は木造であり、乗組員は高い掃海技術があったため、アメリカは港湾侵攻の先駆けを日本に託す。こうして日本特別掃海隊は米軍上陸のため、時に手漕ぎボートや素手での掃海作業で文字通り手探りで航路を切り拓いていった。

１９５０年10月17日午後３時21分、ＭＳ14号は触雷した。24人の乗組員は救命胴衣をつけて避難したが、坂太郎さんは炊事担当だったため、船底に近い厨房にいた。掃海艇は坂太郎さんだけを乗せたまま、ゆっくりと北朝鮮の海に沈んだ。兄の藤市さんは弟の最後が安らかであったことを願ってきた。

きっと即死だったと、苦しまなかったと理解しています。米軍が引きあげようとしなかったのも仕方がない。即死だったから、間に合わなかっただろうし、あっという間に沈んだはずだから。兄としては、そう信じたい。

この命がけの掃海活動が日本の民間人が乗り込んだＬＳＴによる米軍の上陸作戦を支えていた。（写真20）だが、アメリカのために逝った21歳の日本人青年の死を日米両国は隠蔽した。

事故があって1週間、米軍将校が実家に来たんです。日本人と一緒にね。言うんです。もし公に知れたら重大な国際問題になる。日本国には憲法があり、米軍と共に戦争に参加することは憲法違反になる。アメリカは日本の憲法を尊重する。決して口外してならない。当然、お支払いはする。もし、どうしても親戚や島の住人にばれたら、「瀬戸内海での掃海活動中で殉職したことにして欲しい」って。

もう父も母も怯えてね。戦争に負けた国ですよ。母は殺されるかもと泣きました。アメリカに逆らえる訳がない。小さい島なので、噂はすぐに広がるしね。弟が亡くなったことは島

の人たちは知っていたけど、実際のことは誰にも言えなかった。怖いんです。私だって怖かったです。誰にも言えませんでしたよ。どれだけ悔しくても家族の間ですら話さなかった。

憲法施行から3年、米政府にとっても日本政府にとっても、「戦後の戦死」は不都合だった。隠蔽の代償は見舞金だった。現在の2億円に相当する、当時としては破格の額が提示された。遺族には強い抵抗があったが、受け入れる他なかった。無きものとされた坂太郎さんの殉職。中谷さんの両親は苦しみながら亡くなった。およそ30年が過ぎたころ、元海上保安庁長官が朝鮮戦争への掃海隊参加を公表し、当時の首相は殉職を顕彰した。中谷さんは弟にできる供養は何かを考え、２００８年、靖国神社に合祀を申請する。しかしその死を証明できるものは何ひとつなかった。幾度も役所に足を運び、公式記録を求めた。結局、靖国神社も「死」自体は認めた。しかし「合祀は大東亜戦争までの殉死者が対象である。坂太郎さんの死は他国同士が戦った朝鮮戦争であり、できることなら合祀したいがどうしてもできない」と返答した。

靖国神社は十分検討してくれた。拒否理由は理解できる。公には日本の戦争ではないし、結果的にアメリカのために殉じた訳だからね。政府が進めている集団的自衛権の行使、他国の戦争に参加して他国の犠牲になる、戦死した坂太郎に戦後はない。弟の死を無駄にしてはならない。

隠蔽される記憶と記録

一体、朝鮮戦争にどれほど日本の民間人が派遣されたのだろうか。

戦後、連合軍による占領統治の窓口になった調達庁が1956年に発行した『占領調達史』によると「朝鮮作戦向け兵器弾薬等軍需品その他の積載、輸送、警備、附帯事務等の兵站補給作業に従事したもの相当数にのぼったと推定される。朝鮮海域において勤務する船員や特殊港湾荷役等に従事する者に対しては（中略）特別手当を支給した」と記載されている。1951年1月までの間にこれらの作業従事者から381名の負傷者がでている。

特殊港湾荷役者の業務上死亡1名、疾病79名、死亡者3名含むその他の経緯101名、特殊船員の業務上死亡22名、疾病20名など計254名、その他朝鮮海域等において特殊輸送業務に従事中死亡したのは26名（港湾荷役4名、船員22名）であるが、これはあくまで記録が残されているものからの集計で実際はさらに多いと見られる。

朝鮮戦争と日本の関わりを調べてきた前橋国際大の大沼久夫教授の調べでは、戦地輸送だけで最低延べ8、000人、アメリカの海軍学校の資料でも「朝鮮戦争においてアメリカは日本の協力なしに戦争は遂行できなかった」と評価、大沼教授が兵力換算すると「20～30万人分の働き」で後方支援したと分析する。北朝鮮も日本の参戦を恐れていた。朝鮮戦争の捕虜の中に日本人と思われる兵士が存在し、金日成はソ連中枢に懸念を伝え、国連の場で日本の戦争参加に反対表明するよう呼びかけた。

韓国でも知られない日本人の犠牲

では、韓国では日本の民間人戦争協力は知られているのだろうか。

筆者は韓国に向かった。大阪港から毎週、釜山行きの国際フェリーが出航する。釜山は神戸からおよそ６５０km、日本に最も近い海外の大都市だ。今は国際貿易港として神戸を抜き、アジア随一の発展を遂げた。朝鮮戦争の最中、釜山には韓国臨時政府が置かれ、港は避難者であふれた。当時作られた市場は今も活況だ。

韓国もアメリカの戦争に参加し、ベトナム戦争に兵士を派遣した。釜山には最近まで市の中央に米軍基地があった。現在の釜山市民公園で、甲子園球場とほぼ同じ大きさで最大５、０００人の米兵が駐留していた。朝鮮戦争で多くの市民が落命し、街を見下ろす丘には忠魂塔が建立された。追悼碑にはアメリカへの献辞と共に殉じた人々の名前が刻まれている。だが日本人の名前はなかった。筆者が街角で市民に聞いても誰一人知らなかった。では実際に戦った軍人なら知っているのだろうか。取材の最たる目的地に向かった。

在韓国国連記念公園（ＵＮＩＴＥＤ ＮＡＴＩＯＮＳ ＭＥＭＯＲＩＡＬ ＣＥＭＥＴＥＲＹ ＩＮ ＫＯＲＥＡ）。国際連合が認定した世界唯一の国連活動での犠牲者が眠る墓地だ。朝鮮戦争最中の１９５１年につくられた。釜山郊外に立地する広大な敷地に国連旗と参加国の国旗がはためく。朝鮮戦争ではアメリカの招請により22ヶ国が国連軍を結成、４万人近くが亡くなった。墓地にはカナダやフランス、オランダ、トルコなど11カ国の犠牲者２、３００人が眠る。（写真21）

ここに4人の無名の死者が埋葬されていると知り、E・J・PARK広報官に聞いた。

ここに日本人はいません。朝鮮戦争に日本人が参加したか?、そんな事実は聞いたこともないし、韓国人は誰一人習ったこともありません。日本の民間人が韓国でアメリカを支援したなんて、一体、どこでそんなことを聞きましたか?

（在韓国国連記念公園広報官）

韓国で一切知られていない日本人の犠牲。取材を進めると朝鮮戦争で犠牲になった日本人の記録が見つかった。外務省外交資料館。ここに死亡を公的に裏付ける1951年9月13日付けの記録が残されていた。（写真22）

占領政策を司るGHQは皇居近くの現在の第一生命ビルを拠点とした。ここから外務省への通知書だった。HIROSHIMAのN氏という日本人が1951年9月6日、STATUSは一般船員のSEAMANではなく、「MARINE」、海兵隊員とされ、釜山にある国連墓地に埋葬されたと記されていた。筆者は改めて国連墓地の広報官に資料を見てもらったが、「全くしらない」との回答だった。

韓国でも国連にも知られることのない日本人犠牲者。Nさんは海兵隊員だったのか。日本の商船会社の社史と会報を調べると、当時大阪に本社があった大手商船会社に記載が見つかった。取材は社のイメージが傷つくことを理由に拒否されたが、会報のコピーは認めてくれた。そこには訃報の欄に一行、「中原〇〇、出港作業中、不慮の事故のため殉職」とだけ記されていた。

中原さんは商船会社の民間人だった。享年51歳。釜山の近くで亡くなり、追悼式が行われていた。遺族は明石海峡大橋を望む神戸市垂水区で暮らしていた。筆者の取材依頼には、

本意ではないとは言え、結果的に、戦地に赴いたことは知られたくない。他国の戦争に関わったことは言いたくない。そっとしていてほしい。

日本とアメリカ。国家の思惑の中で無きものとされる民間人の犠牲。三宮さんから「横浜にはベトナム戦争で戦地輸送した船員がいた。横浜なら資料があるのでは」と聞き、取材に向かった。神奈川県横浜市。ここも朝鮮戦争における後方支援の拠点だった。連合国軍約40万人の内、10万人が駐留した。この横浜市に神奈川県立公文書館がある。ここに朝鮮戦争の際に日本人船員が米軍の物資補給に動員され、行方不明となったとのＧＨＱ通知書が残されていた。資料課の職員が頑丈な扉を開け、資料保管庫を案内してくれた。（写真23）

私共、今回資料を公開するに当たり、相当調べましたけれど、当時はＧＨＱに徹底的に報道管制が敷かれ、朝鮮戦争の情勢を伝える新聞や雑誌記事は一切ない。そこで県の渉外資料を探しました。これですね……。

色褪せたA4サイズの22通の事故報告書だった。戦後、横浜港に駐留したアメリカ軍は現在の税関に臨時司令部を設置した。1950年11月27日、神奈川県は司令部から「極秘の伝達事項があるので至急訪問せよ」と指令を受けた。県が受け取ったのは軍事機密とされた事故報告書。英字タイプで事故発生現場はAREA—Bとだけ記され、状況も、原因も一切記載はない。被害者はMISSING（行方不明）とされた。

22通の報告書も全て詳細は省かれていた。その後、神奈川県には通知が届いた。1950年11月15日、北朝鮮の元山沖で大型船舶などを牽引する小型船・LT636号が機雷爆発で沈没、乗組員27人中、22名が亡くなっていたことが判明した。

戦後の戦死。憲法違反にあたる犠牲。神奈川県は対応に苦慮し、遺族にどう伝え、どう対応すべきか決断できなかった。犠牲者の戸籍は突き止めたが、遺体も遺品もない上、米軍司令部は死亡証明発行を拒絶した。

神奈川県は実相の公表を許されず、事故の真相究明を求める犠牲者の遺族から疑惑の目で見られた。行き詰った県は当時、アメリカ領事館だった寺院で密かに慰霊式を挙行。遺品として空っぽの遺骨箱、遺影として慰霊式の様子を撮った写真を遺族に送った。（写真24）

神奈川県立公文書館にはこの他、朝鮮半島の港で荷役の積み下ろしにあたった日本人の記録も残されていた。

銃弾が飛び交う中の作業による骨折や大怪我、またアメリカ兵に殴られ、海中に落ちる事故は頻繁に起きていた。神戸に関する記録もあり、船員たちが活動期限をしっかり定めて交代させるよう要求していた。神奈川県以外でも佐世保での死亡事故など、記録に残されているだけで56人の死亡が確認された。だが、神奈川県以外では犠牲の記録は非公開のままである。

朝鮮戦争と憲法違反

憲法違反となる日本の戦争参加。朝鮮戦争は日本の戦後を転換した。逆コースである。戦後、マッカーサーから指示を受けた日本政府はＧＨＱと折衝を重ね、日本国憲法草案を作成し、議会が修正を加えた。

民心帰一の基軸に置かれた天皇は「国民統合のシンボル」に再定位された。かつての「現人神」は「人間」になり、巡幸を開始。政府は平和と民主主義、あるいは貧困からの脱出という戦後的価値理念を宿した「新しい国民」の形成を企図した。

１９４６年11月３日、日本国憲法が公布される。天皇を日本国の象徴とし、国民主権、基本的人権の尊重、戦争放棄、男女平等や表現の自由の保障、そして憲法が最高法規であると定めた。だが冷戦の激化を背景に、アメリカは１９４８年、占領政策を転換。日本をアメリカが主導する自由主義陣営に組み込み、共産主義に対抗するアジアの防波堤に位置づけた。

50年に入ると共産党弾圧，職場でのレッドパージが行われ、６月25日の朝鮮戦争を契機に公職追放が解除された。８月10日、アメリカの要請で「わが国の平和と秩序を維持し，公共の福祉を保障するのに必要な限度内で，国家地方警察及び自治体警察の警察力を補うため」に定員5、000人の警察予備隊が創設された。

1951年9月、サンフランシスコ講和条約を調印し、日本は国際社会に復帰した。同時に締結されたのが日米安全保障条約。日米不平等の起原であるこの条約に基づき、日米行政協定、後の日米地位協定も結ばれる。在日米軍への施設の提供、日本の主権が及ばない出入国・裁判管轄権など規定された。この日米安全保障条約は1960年に改定され、軍事行動に関して両国の「事前協議」、「相互協力義務」などが新たに加えられてゆく。

朝鮮戦争は「日本国憲法の揺らぎ」を招いた。「自衛のための戦力は合憲」、1952年4月、吉田首相は国会で答弁。10月、警察予備隊を11万に増強し、7、590名の海上警備隊を加えて保安隊を創設。1954年に自衛隊が発足。アメリカから「相互防衛援助協定」による軍事援助を受け、再軍備に踏み切った。

海上自衛隊阪神基地隊

あー掃海艇が見える。坂太郎と一緒に神戸港で泊まったのと違って、大きくて立派だな。木製なのは同じか、あれじゃ、波にも強そうだ。

米軍のための掃海活動で弟を失った中谷さんは神戸にある海上自衛隊阪神基地隊を訪れた。毎夏開かれる基地の一般公開イベントだ。周辺は臨海工業地帯、山側には高速道路、南側には瀬戸内海に続く海が広がる。阪神基地隊は主に大阪湾、紀伊水道、瀬戸内海の防衛や警備、艦艇や航空機に対する後方支援、海の生命線を維持するために航路啓開や海中爆発物の処分を担っている。東日本大震災では被災地で救援活動に従事した。

公開イベントには潜水艦や護衛艦も参加、体験試乗を目当てに多くの家族連れが訪れる。阪神基地隊には２隻の掃海艇「つのしま」、「なおしま」が所属する。中谷さんは食い入るように見つめた。（写真25）

今、集団的自衛権行使の実例として政府は朝鮮半島からの日本人保護や、ホルムズ海峡の掃海を挙げている。この掃海艇も派遣されるかもしれん。反対ありきではないが、本当に日本のためになるのか。自衛隊は警察と並んで日本最大の国家組織ですよね、24万人近い自衛官が危険と隣り合わせの日々を過ごして国を守っている。もうね、国の都合で犠牲者がでてほしくない。戦死者は坂太郎が最後であってほしい。

阪神基地隊の起源は中谷坂太郎さんが従事した機雷掃海だ。戦争末期、日本の主要な航路を確保するため航路啓開隊が作られた。重点は、大阪から下関航路の機雷除去に置かれた。海上自衛隊発足後、大阪航路啓開隊は呉地方隊に編入され、1968年、阪神基地隊になった。淡路島と和歌山県の由良にも基地がある。

1955年、淡路島の東浦に仮屋磁気測定所が設置された。機雷から艦艇や潜水艦を防護するためだ。潜水艦の船体磁気を探知して航海位置を割り出し攻撃する磁気兵器への対応として艦艇船体の磁気を測定し、取り除く「消磁」を行っている。由良基地分遣隊は瀬戸内海と太平洋をつなぐ物流の要衝、紀伊水道に面する。1952年、旧海軍基地跡地に発足した。神戸で建造される潜水艦の海上テスト支援を行い、紀伊水道周辺の前進補給基地として艦艇支援を担当している。戦時中は本土決戦の海の砦とされ特攻拠点になり、特攻艇「震洋」が配備された。護衛艦の甲板で模擬弾を見ながら中谷さんはつぶやいた。

自衛隊はまだ戦争では犠牲者は出ていないけれど訓練中に落命した自衛官は1、800人以上です。戦死者がでないこと、そして犠牲が無きものにされないことを願っています。

取材当時、日米同盟は強化され、世界有数の掃海技術を有する海上自衛隊の海外派遣が議論されていた。筆者は阪神基地隊に取材を申請し、掃海訓練の参加が認められた。（写真26）

掃海訓練

「機雷は水中にありますが、海に漂っているタイプもある。目視は決して欠かせません」

大阪湾の入り口、紀伊水道。石油などを輸送するタンカーがひっきりなしに通過する物流の大動脈だ。木造の掃海艇は全長50mちかく。波と波の間を縫うように進む。

乗組員はおよそ40人、訓練は年間を通して続けられている。

掃海艇から海中にワイヤーを左右に流して、接触した機雷を爆破させる訓練や、掃海艇と掃海艇が並走することでワイヤーを面のように広げ、広範囲で掃海を実施するやり方もある。地道な訓練は長い時は数週間に及ぶという。「これは、ソーナーという装備です。海中の人工物を探知し機雷かどうか分析し、爆薬を設置して処分します」

黄色く塗られた小型潜水艦のような筒状の探知機がクレーンで海中に投下された。機雷の除去が危険と隣り合わせなのか今も変わらない。一瞬たりとも気を抜くと大きな事故につながるため、緊張が伴う。機雷には海底に沈められるもの、海底からワイヤーでつながれた状態で海中を漂うもの、海面を漂うタイプなど様々だ。

攻撃目標感知も多岐にわたる。接触はじめ、金属や磁気や音響に反応し、中には自動追尾するものもあり、対応への研究が欠かせない。隊員が海中に潜って機雷を探し、手作業で爆薬を設置して爆破処理する掃海もある。雪の舞う中でも、酷暑の中でも、豪雨の中でも、訓練は続いている。日米同盟は実質的には自衛隊と米軍による結びつきと言える。この神戸の掃海艇がアメリカの戦う戦地や海外に派遣されることはあるのだろうか。司令官に取材を申し入れた。

第5章　神戸と復興―「核」の博覧会―

復興と核ならしの「神戸博覧会」

戦争で焦土と化した神戸。復興の手がかりは戦前、幾度も開催したメディア・イベント「博覧会」だった。1950年、神戸市は兵庫県と共に日本貿易産業博覧会「神戸博」を主催した。期間は3月15日から6月25日まで、王子公園一帯と湊川公園の2会場で約226万人が集まった。構想は1948年ごろにはじまるが、市街地の7割が消失し、予算不足の上、資材配給のメドもたたなかった。事務局長は「神戸市は戦後最大の規模と内容を標榜し、日本の生産能力の粋を結集し、諸外国に範を求め、世紀の絵巻を繰り広げよう」と準備に邁進し、開催にこぎつけた。「モダンで、クラッシックで、さてはアヴァンギャルドな芸術的建造物」を並べた博覧会を目指し、博覧会では初めてとなる「テーマ別展示」を採用。「世界の動き‼ 我が国の再建も世界の運命につながっている。世界の状況をみませう」などのテーマを考案し、それに沿って展示を行った。王子公園が第1会場になった。

摩耶、六甲連峰の翠を背に負い、波静かな茅渟の海を眼下に遠く紀伊淡路の山々の眺望も美しく、広さ47,000坪の緩やかなスロープに点在する松や桜の緑濃い王子会場。

と紹介された。(三菱重工業は戦後3社に分割され、そのひとつである)中日本重工の尖塔が連なり、電力館や川崎館、神戸製鋼に資源の館、野外劇場に野球場、今も使用されているプール、子どもの楽園に酒の家、娯楽街やサーカス場、迎賓館が立ち並んだ。特別会場には奈良や京都など府県別の館が造成されたが、空中写真を確認すると会場周辺には空き地が目立ち、閑散とした森が散在している。第２会場となった湊川公園では「歴史の由緒深い神戸市の盛り場・湊川」と紹介され、農業機械館、衛星館、日光館などがつくられた。

戦後復興の足がかりとなることを期待された「神戸博覧会」だが、同年、朝日新聞社による「アメリカ博覧会」が西宮市で開催された。

この２つの博覧会は敗戦国日本と戦勝国アメリカの「明と暗」をそのまま反映する。アメリカ博は盛況を博するが、神戸博は大幅な赤字となるなど悪戦苦闘の連続であった。事務局長は神戸博会誌に苦衷の滲んだ謝辞を寄せている。

関係者の苦衷、計画と実現の齟齬、元より資金、経費に限りがあり、全きを望み能わず、粗漏また多々あることも大方の諒をこう。

大赤字になったものの、この神戸博は神戸の港湾と海運、そして重工産業の復活に勢いを与えた。

閉会の日には朝鮮戦争が勃発。戦後を終わらせた「朝鮮特需」への助走となり、アメリカの「核ならし」の起点になった。「日本貿易産業博覧会〝神戸博〟会誌『１９５０』」に拠ると出品規定にはテーマ別に個別の出品と内容が定められている。会場をテーマ別に大きく資源、世界、生産、通商、文化、特設館の6つに区分。資源では小テーマ「国土と国民」の下、出品内容として自給できる化繊、硫黄の展示、そして未開発資源として電力、石油が例示されている。「産業復興と国土開発」ではエネルギー資源に石炭、石油等。「基礎資源」は鉄鋼、電力を展示した。なかでも「戦後世界の技術」には英国の原子力工場がある。「見えざる貿易」には進駐軍の調達、港湾サービス、また占領下にも関わらず一般外人需要も例示された「生活文化」ではコミュニティ、厚生、新聞・放送、婦人解放史となっている。「児童」に新しい学習、子どもの科学がある。

アメリカの影響は博覧会の細部に及んだ。SCAP(連合国軍総司令部)のCIE(民間情報教育局)が全面支援し、ポスターや書物、人形やパノラマやジオラマを展開。特に人気があったのは家庭生活に直結する生活必需品。米軍第八軍で飲食物,日用品などを売るPXが尽力、アメリカ人の生活水準や快適で便利な暮らしが神戸市民に現前した。このアメリカ統治下期に開かれた神戸博の注目すべき展示に「原爆」があった。広島市の惨状を伝える模型と平和都市・広島の未来予想図、焼け焦げ溶解した瓦、原型をとどめない漆黒の塊と化した薬品の模型が紹介されたのだ。

『この子を残して』を遺した医師・永井隆の妻のロザリオの鎖も紹介された。随筆家でもある永井は長崎で被爆、重傷を負いながらも救護活動に献身した。妻を亡くし、我が子を残して死にゆく苦しみ、自分の専門である放射線の被爆で死ぬ悔しさを訴えた。戦後、反核運動など被爆地における「核への向き合いかた」の相違は「怒りの広島　祈りの長崎」と表現されることがある。カトリック教徒である永井は著書『長崎の鐘』で原爆投下を「神の御摂理」とし、１００名を超える被爆者の診察の記録である『原子爆弾救護報告書』で原子エネルギーの平和的利用を熱望した。当時、ＧＨＱのプレスコード（45年9月指令）によって厳しい言論統制が行われ、原爆に関する報道や表現などアメリカへの批判は禁止されていた。この永井の「真意」を巡って未だ論争が続いている。

だが大統領が就任式で聖書に手を置いて宣誓するキリスト教国家アメリカにとって、永井とロザリオ、神戸と同じ海外に開かれた港町、キリスト教と関係深い長崎のイメージは核の平和利用を受容させる格好の道具立てだったと言える。

プロパガンダという言葉はローマ教皇庁で主に海外布教活動を統括する「布教聖省」に由来する。「アメリカ博」でもカトリック館が設置され、キリスト教のＰＲはさらに強かった。何故か。当時、世界では米ソ両陣営の対立が深まっていた。イギリスのチャーチルはアメリカで「鉄のカーテン」演説を行い、アジアでは朝鮮半島で冷戦が熱戦に変わろうとしていた。ソ連は神戸博の１年前の１９４９年8月、セミパラチンスクで長崎に投下された原爆と同型のプルトニウム爆弾実験に成功。核戦力の劣位を憂慮したアメリカのトルーマン大統領は同年、直ちに水爆開発を進める決定を下す。

共産主義の敵が宗教だった。『共産党宣言』、『資本論』を書いたカール・マルクスは「宗教は民衆の阿片である」と書いた。ソ連にとってアメリカの建国理念であるキリスト教は忌むべき敵だった。戦争の惨状については国際機関も出品した。敗戦間もない1945年11月16日にユネスコ（国際連合教育科学文化機関）憲章が採択される。ユネスコは国連専門機関で「戦争は人の心の中で生まれるものであるから、人の心の中に平和の砦を築かなければならない」との理念を掲げ、教育、科学、文化の協力と交流を通じて、国際平和と人類の福祉の促進を目的とした。神戸博では、ユネスコは組織の説明や戦火の人々の絵画を展示した。

「核の平和利用」も子どもの館で紹介された。準備段階から「今世紀の人類が企てた最大の創造たる原子力の利用」という世界が注目する「問題」をいかに平易に展示するかが課題となった。前年に原子の構造を解き明かした湯川秀樹のノーベル賞受賞が決まるという明るい話題があり、量子物理学会の泰斗、大阪大学理学部教授・伏見康浩博士に監修を依頼した。こうして決まったメイン展示テーマは「ノーベル賞受賞」。人類の進歩に貢献した功績をたたえる世界的な賞の権威が核の軍事利用がもたらす惨禍を相殺する効果をもたらした。

ノーベルが発明したダイナマイトは土地開発や工事で人類の生活を向上させるが、戦場で幾多の命を奪った。核の軍事利用と平和利用の相克、軍民両用、デュアルユースのジレンマが胚胎したのも、この神戸博だった。展示テーマについて会誌では以下のように述べる。

ノーベルの遺志により世界平和と人類文化への貢献を称揚せんとす。ノーベル賞受賞者こそは実に近世文化史上における世界的権威者を選び…（中略）この測り知れない物理学の進歩と発達に捧げる幾多の有能な物理学者の中からノーベル物理学賞受賞者の功績を学問的系列によって表現せんとす。

湯川のノーベル賞受賞に対しては、核の平和利用を強調した。

国民的な嘉悦と感動消えやらぬ今日であり、更に今次大戦に原子爆弾の洗礼を受けて、その驚くべき威力を体験し、文明の利器も使途によって大なる凶器となることを知り、速やかに平和的使途に活用されんことを切願する。

電力館は関西配電と日本発送電が設立。原子力発電の展示はなかったが、「近代科学の粋たる電力に関するあらゆるものを網羅すべし」との構想で館全体をダイナモ発電機に模し、外面を波形の合成ジュラルミンで覆った。内部にはネオンライトを散りばめ、「世界に延びる日本の電線」の光の文字を灯した。電気通信館では「電話はこうしてかかります」とのテーマのもと、電話、短波無線、通信発達史を展示した。だが電気通信省周知宣伝係から寄せられた神戸博への感想が冷や水を浴びせる。「電気通信は独占的なものではなく、一般人が気軽に簡単に利用するはずがそうであったとは言い難い。官僚的な封建制が大きい原因であり葉書を書くように簡単に利用できない印象」。来場者は大がかりな装置や国際電話網のみ目を奪われ、関心を呼んだものの、「民主主義につながる理解を得られなかった特異な存在だった」と事務局は総括した。

電気通信省による神戸博への批判の背景は戦前の通信の自由、表現の自由の封殺だった。日本国憲法21条は集会・結社の自由と共に表現の自由、検閲の禁止、秘密の保護を規定しているが、大日本帝国憲法では留保が付き、制限された。戦中は治安維持法、軍機保護法による取り締まりが徹底され、通信省は検閲機関と化し、反戦者や共産主義者検挙を支えた。この負の過去の反省がなされていないとされた。

アメリカの反米封じ込め

検閲は占領下も続いた。

ＧＨＱの諜報や検閲を担ったのはマッカーサー元帥の忠臣、チャールズ・ウィロビー率いるＧ２（参謀第２部）だった。このＧ２傘下に民事を扱う民間諜報局（CIVIL INTELLIGENCE SECTION, ＣＩＳ）、刑事を扱う対敵防諜隊（COUNTER INTELLIGENCE CORPS, ＣＩＣ）が置かれた。この民間諜報局（ＣＩＳ）に属していたのが民間検閲支隊（CIVIL CENSORSHIP DETACHIMENT, ＣＣＤ）である。このＣＣＤは郵便、電信、電話の検閲を行う通信部門（COMMUNICATIONS）、そして新聞、出版、映画、演劇、放送等の検閲を担当するＰＰＢ部門

(PRESS PICTORIAL & BROADCASTING) に分かれ、日本の反米的な動きに目を光らせた。

神戸ではＣＣＤは現在の神戸市文書館を本拠地とし、新聞や放送をはじめ、通信及び国民の手紙類を検閲し、日本人の思想動向や世論を調査した。一方、ＣＩＣは日本の警察の協力を得て占領阻害行為を取り締まった。

朝鮮戦争の米軍出撃拠点になった神戸で主な標的にされたのが朝鮮半島出身者だった。戦中、神戸には朝鮮半島から強制動員された人々が港湾整備や荷役、鉄道敷設、トンネル掘削などの肉体労働に従事させられた。戦後戻るべき祖国は南北に引き裂かれ、行き場を失った。当時、日本に留まったのは80万人ほどと見られるが密航も多く、正確な数字は確認できない。民族の言葉を伝えようと母国語や文化・歴史を伝える民族学校を開設したがＧＨＱは閉鎖令を発出。神戸では１９４８年、朝鮮半島出身者が撤回を求めて県庁を占拠する阪神教育事件が起こる。ＧＨＱは非常事態宣言を発出、日本の共産党員含む１、６６４人を検挙した。大阪でも大阪城の大手前公園(現・大阪城公園)で3万人のデモが行われ、警官が発砲。16歳の金太一が死亡した。この米軍による直接介入の責任者がアイケルバーガー第8軍司令官だった。地上米軍施設防衛も管轄し、「朝鮮人と日本の赤」と「占領軍の兵力不足」に深刻な危機意識を抱いていた。当時、大阪との定期航路があった済州島では「四・三事件」が起きようとしていた。アメリカ統治への反発、反攻を懸念したアイケルバーガーは神戸や大阪での反米の動きを徹底的に取り締まる。ＧＨＱ資料(FEC Stuff Study Operation,”StrechableEdition 1, 10 April,1948, Macarthur Memorial) では「在日朝鮮人のうち、特に大阪地区在住の異端分子は、南朝鮮での大規模な暴動と連帯して、在日占領軍を困難に陥れる目的のために示威運動を行い、暴動を起こし、他の民衆運動を支援するかもしれない」と記載されている。

さらにGHQ外交局が米国務省に送った文章にも神戸での監視理由が明示されている。

（日本の朝鮮人組織は）ほとんど共産主義者に牛耳られている。（中略）日本人とほとんど同化することなく、日本人との危険な摩擦を起こす源である多くの在日朝鮮人は、極東における重大な不安定要素であり、かつ、日本における主要占領国としてのアメリカに対する好ましからざるプロパガンダの原因になっている。（1948年9月3日）

朝鮮戦争が始まると、神戸は米軍の仁川上陸作戦の出撃拠点となった。そのため反戦デモ隊と警官隊と衝突した戦後3大騒擾事件の一つ「吹田事件」も起きた。1952年6月24日、米軍の戦地派遣を後方支援する神戸港や伊丹空港（現・大阪国際空港）への武器弾薬搬入を阻止しようと約900人の労働者、学生、在日朝鮮人が「戦争協力反対」「軍需物資輸送反対」を叫び、大阪の国鉄吹田操車場構内や吹田駅でデモを行った。また旧陸軍工廠での兵器製造阻止のためにダイナマイトを爆発させた枚方事件も起きた。

祖国を引き裂き、同じ民族同士が殺し合う朝鮮戦争。苦悶する在日の若者642人が韓国軍に志願し、玄界灘を渡った。だが１３５人が戦死、消息不明になり、２４２人が日本政府から再入国を拒絶された。その中に植民地統治下、神戸に強制動員された男性もいた。筆者が釜山で出会った金さんは創氏改名によって「カナヤマ」として大分県で育った。戦中は兵庫県の川西航空機工場に動員される。神戸空襲に遭い六甲山中まで逃げた記憶は生涯消えることはないと言う。終戦後、朝鮮戦争が勃発。金さんは、韓国を支持する同胞団体が在日青年を対象に参戦を募っていることを知る。１９５０年6月30日の大阪日日新聞は「近畿だけで6万人　韓国義勇軍募集へ」と伝えている。家族は「死ぬぞ」と猛反対したが、金さんは迷わず志願。大阪だけで朝鮮半島をルーツとする１０３人以上の若者が義勇軍に参加した。大分の米軍キャンプで約50日間の基礎訓練を受け、北朝鮮東海岸の元山へ派遣された。金さんが配属された部隊は数日で中朝国境近くまで進軍。だが、北朝鮮軍支援で介入した中国軍に遭遇し、部隊は壊滅。助かったのは金さん一人だけだった。

特需を神戸にもたらし、復興の手がかりとなった朝鮮戦争。作家・金賛汀は『在日義勇兵帰還せず―朝鮮戦争秘史』（岩波書店、２００７）で諜報の最前線だった神戸を詳報している。米軍の仁川上陸作戦に関する軍事機密を、在日朝鮮人が入手していたと指摘する。

じつは在日社会の北朝鮮系秘密工作団は上陸作戦が実施される数日前に上陸作戦の主力である米海兵隊師団の作戦計画書を入手し、国連軍（実質は米軍）が作戦実施日は9月15日で

あることを北朝鮮政府に通報していた。１９４８年９月、北朝鮮が建国、政府内に情報活動を扱う内務省保衛局が設立された。この機関に所属する数名の工作員が在日米軍の動向とその軍事情報を探知する目的で密かに密入国してきた。左翼系在日朝鮮人80人を擁する一大諜報組織を作り上げた。中には後の朝鮮総連終身議長や副議長もいたという。

１９５０年９月８日、工作員の一人が神戸の高級バーで酒を飲んでいた米軍海兵師団の高級将校のカバンを盗み出した。仁川上陸作戦の先陣を切る米海兵師団の主力が神戸港から乗船することになっており、作業の合間に幹部将校がくつろいでいたのだ。盗まれたカバンには上陸作戦書類があり作戦の全貌が書き込まれていた。この重大な軍事機密が入ったカバンの紛失は後に米軍も気づいたが、工作員か、単なる金目当ての窃盗か判断できなかった。すでに上陸開始を数日後に控え、米軍艦船は出航した後だったので米軍司令部は北朝鮮に機密が漏れていないことを祈りながら作戦を実行したという。

（『在日義勇兵帰還せず』）

癒えぬ同胞監視の痛み

知られざる諜報の最前線・神戸。アメリカによる検閲の残滓が神戸の西隣、明石に残されている。ＪＲ神戸駅から西に向かう15分間、車窓には神戸の光と影が明滅する。模擬原爆が投下されたかつての国鉄鷹取工機部、神戸貨物ターミナル駅脇を通過し、源氏物語や平家物語となった景勝地、須磨駅に至る。淡路島を望む海岸線沿いに旧グッゲンハイム邸がある。ヴェネチア国際映画祭銀獅子賞を受賞した映画『スパイの妻』は戦中の神戸が舞台だが、この西洋館でロケが行われた。ＪＲ明石駅の北側、明石城の堀端沿いの鬱蒼とした木立のトンネルを超えると兵庫県立図書館がある。

ここにＣＣＤによる１９４５年から４年間の検閲記録「プランゲ文庫」がある。占領下に出版された新聞、雑誌、書籍、町内会誌や社内報などほぼすべての出版物を検閲した記録だ。アメリカのメリーランド大学に原本があり、ページ数は約60万に及ぶ。マイクロフィルムを確認すると宝塚歌劇団の公演記録、ファンによる文集、市民のテニス愛好会の会報、少年向けの野球雑誌、町内の回覧板など、ごくありふれた印刷物全てにＣＣＤの確認印が押されていた。しかし膨大な日本語の検閲をどのように行ったのか。実は日本人が担わされていた。

阪急宝塚南口駅を出ると、宝塚歌劇ファンの聖地、宝塚ホテルがある。現在は歌劇場の傍に移転したが、ここは実際に使用された衣装や演目の写真が飾られ、出演者も利用する。戦中は日本海軍が接収し、占領下は米軍が使用した。高い天井と紅茶の香り、ショパンの響きがかすかに響くサロンでＫさんが待っていた。80歳前とは思えない、凛とした雰囲気をまとい、銀髪は一糸の乱れもない。筆者は三度、取材依頼の手紙を書き、Ｋさんは匿名を条件に会ってくれた。第一声は「今も心の痛みは消えません」。

Ｋさんは ＣＣＤに雇われ、検閲を行っていた。戦後の混乱期、20歳を超えたばかりで働き口もなかった。そこに早稲田大学を出て英語に堪能な兄から「いいアルバイトがある」と聞いた。東京駅前にある現在の東京中央郵便局に行くと、英語に堪能な東大や京大卒の若者が集っていた。みな生活に困窮していた。面接をしたのはGHQの職員、簡単な英語テストの後、仕事内容を口外しないと誓約を求められた。そして4人ずつのグループに分かれて、日本人の書いた手紙を開封し、検閲した。ノルマはなかったが一日100通以上を担当した。

覚えているだけで1,000人は参加してました。手紙の内容で報告を求められたのは反米的な考えや、文言。朝鮮戦争に関することは全て。米軍の動きとか、噂も。アメリカに不利益になるような内容は全て確認しました。中でも最も重視されたのが広島と長崎に落とされた原爆でした。核兵器に関することは勿論、被害の状況や被爆者の苦しみ、被災地の復興状況や、問題点、アメリカへの非難は必ず報告する決まりでした。原爆で恐ろしいのもありましたね。でももっとショックだったのは日本人かもしれない。中国での戦争が書いてあり、えーって。戦争とはいえ、日本人が中国でこんなことをって……。もう聞かないでください。今でも怖いんです。

Kさんは結婚を機に東京から宝塚に移り住んだ。穏やかな老後を過ごしているが、今も忌まわしい記憶に苛まれる。話を聞いた時期、日本政府は特定秘密保護法成立に向けた議論と進めていた。Kさんは何を秘密にするのかを政治権力に決められることに懸念を深めていた。

心配です。私は戦時中にね、友人に東京は焼け野原になったという葉書を友人に書いただけで憲兵に呼び出され、スパイ扱いされました。憲兵本部で囲まれて、何故、こんな内容書いたんだって。あんなに恐ろしかったことはなかったです。今になって思うと、戦争に負けそうってことが東京の外に漏れてはならなかった。恐ろしい。

給料は良く、若い日本人はすぐに打ち解け、ハイキングや食事会を重ねた。人生の秋口を迎えたＫさんは今も連絡を取りたいと手紙を書き続けているが、返信は一度もない。

立派な大企業の偉いさん、ＴＶで見る有名人もいるけど、みんな過去を知られたくないのかしらね。この名簿はお墓まで持っていかないと……。

ＣＣＤによる大規模検閲は日本人が担わされていた。日本人を監視した日本人は少なくとも４､０００人、早稲田大学の調査で名簿の存在が明らかになった。ＣＣＤはプランゲ文書と同じ１９４５年から４年間、日本の世論、反米思想を極秘に調べた。昭和天皇も占領政策に反する活動を許さなかった。勅令３１１号を出し反米活動を徹底的に封じた。信書の自由を掲げた日本国憲法違反をＧＨＱは徹底的に秘匿し、占領政策を支えた日本人も「個人が個人であるために」欠かせないプライバシーを暴いた負い目から、沈黙した。ＫさんもＣＣＤで働いていた当時、知人から激しく非難された。負の記憶を封印してきたが同胞を監視した心の傷は今も消えない。

知られたくないことのない人っていない。借金の依頼や生活の困窮を訴える手紙、余命僅かな人が残してゆく子どもへの思い、健康状態の悪化で職探しができない父への励ましの便り、見てはいけなかった。

何より忘れられないのがラブレターだった。Ｋさん秘密こそ個人のもの、誰かのものじゃないと話した。

究極の信書って恋文じゃないかしら。赤裸々な告白や、具体的な性行為を求める内容、爪や毛髪だけの封筒もあった。中でも一生忘れないのが体毛で綴った手紙だった。縮れた毛を紙に糊で貼りつけてた。当時は異常で気持ち悪かったけれど、本当の気持ち、何としてでも伝えたい心の叫びって、誰も否定する権利なんかないって今は思う。

神戸博と占領政策転換

占領下の神戸博はアメリカの占領政策の転換も映し出す。

戦争を支えた神戸ゆかりの産業も博覧会に参加した。神戸製鋼は「大東亜戦の終局と同時に、我が社も時局に応じ、平和産業に立ち返り……」との挨拶文を入り口に提示した。館に入ると平和の女神像が白い絹を垂らしてお出迎え。都市復興こそ再建日本の礎だとして、汽車、汽船に車両や地下資源開発機械を並べ、「船も建築もアメリカでは皆軽合金です」とニューヨークの大橋梁が壁に描かれた。三菱重工業から分割された中日本重工業は子ども館の傍に尖塔を設置し社名をＰＲした。電気冷蔵庫、貨物船模型、造船所のパノラマが来場者の目を引いた。川崎重工業の館は５千トン級の汽船の船首が正面入り口にした。艦船工場の大パノラマ、神戸の山や街を背景にした大ガントリークレーン、ドッグや船台のジオラマ、川崎車輛製の電気機関車や、川崎汽船の誇る第一級船の壁画と冷風を送る天井扇風機を出展した。

神戸市が特に注力したのが海運館だった。「プロナードをブラブラ行くと巨馬が翼をひろげたような奇妙な建物。それが海運館と陸運館」と紹介されるように鉄道と航路の結節点、神戸を象徴する構想が練られた。そして地方自治体による地元港の管轄を定めた「港湾法」の意識付けも企図されていたように見える。

準備段階では「平和日本の再建が貿易の振興を通じて行われ、日本産業が海外と連絡する途が海運であることから、しかも戦前戦後を通じて常に我が国貿易港の第一位を占める世界的港湾都市『みなと神戸』としての特殊な立場から海運は最も我々の関心深いところである」とし平明な説明に努力を傾けた。

館に入ると神戸海運局の特別協力で塩屋崎灯台の模型が出迎え、日本の海運について紹介される。世界大戦を契機として世界各国が如何に伸張し、どのように凋落したのか、日本は世界第3位の地位から8位に転落した事実を教え、再建途上にある海洋国家日本の趨勢を港湾、船舶、海員養成の3つの視点から再認識させることが目指された。港湾のテーマは東京、横浜、名古屋、大阪、関門、および博多の6大港湾の建設計画構想をジオラマで伝え、港湾機能と特色を説明した。館の中央には「日本の再建は海運復興から」との標語がつるされ、西側全壁面に将来の神戸港が一望できる大壁画が所せましと描き込まれた。この館最大の展示には準備事務局の願いが描かれた。

我々の心中に描かれている美しい夢、この夢ははかなく消え去るものではない、天の時と、地の利を得た神戸港が我々の努力によって必ず近い将来実現すること。

神戸が天の利、地の利を得たのが朝鮮特需だった。朝鮮戦争で、国土は引き裂かれ、300万人近くが亡くなり、1,000万の家族が生き分かれた。一方、日本では特需に沸いた。神戸でも鉄鋼、機械、輸送機器など重工業生産が著しく伸び、砲弾や鉄条網、ヘルメットを製造した。船舶需要も急増し、川崎と三菱の輸出船舶受注量は日本の2割近くを占めた。神戸港は新突堤が作られ、埋め立て地が東へ拡張していった。

そして１９５９年、「山、海へ行く」計画が始まった。この朝鮮特需が始まる直前に神戸博は閉会。後に地方自治体主催の博覧会として世界的成功を収めた「ポートピア博」の萌芽だったが、大幅赤字が神戸市に重い負担を背負わせた。後に市長になる市職員・宮崎辰雄は「当面、博覧会は禁句や」と話した。この敗因が同時期、同沿線で開かれた「アメリカ博覧会」だった。

親米の創造「アメリカ博覧会」

「アメリカ博」は神戸市の東、西宮市で開催された。会場は阪急西宮北口駅のすぐ南、神戸博の最寄り駅、王子公園駅から14㎞ほどで20分もかからない。阪急電車が御影駅を過ぎた直後、直線だった線路はなだらかに右折する。迂回したのは濃緑の木々包まれた香雪美術館。１８７９年に朝日新聞を創業した村山龍平が蒐集した日本、東洋の古美術コレクションを収蔵する。

関西は戦前、「新聞王国」、「私鉄王国」と呼ばれた。大阪朝日新聞と大阪毎日新聞が鎬を削り、戦争の度に発行部数を伸ばし、総読者数は首都圏の倍だった。

帝都「東京」に対し、民都「大阪」を率いたのが福澤諭吉の慶應義塾で学び、「阪急文化圏」と言われる阪神間モダニズムを築いた小林一三だ。小林の興した阪急電鉄と、当時最も影響力を持つメディアの結節点がスタジアムだった。岡本駅に向かう途中に住吉川を超える。清流沿いに戦争の最中、『細雪』を書いた作家・谷崎潤一郎が暮らした倚松庵もある。

北側には屏風のように六甲山の峰々が連なり、麓には川崎造船所社長を務めた元文部大臣、平生釧三郎が創立した甲南大学がある。芦屋川、夙川を超えると近年、関西で最も住みたい街ランキングで首位を続ける西宮市の重心、西宮北口駅に着く。

この駅で南北に今津から宝塚に至る今津線、東西に三宮と梅田を結ぶ神戸線が十字に交わる。映画「阪急電車」の舞台になった今津線の沿線にはアメリカの宣教師が創立した関西学院大学や神戸女学院大学が神戸から移設、キャンパスは共にアメリカで生まれ、日本に帰化した建築家ヴォーリズが設計した。駅前は学生が集う飲食店が立ち並び、難関中高受験のための学習塾が林立する激戦区でもある。南側には阪神間の文化拠点、兵庫県立芸術文化センターがある。

多くの人々が向かうのは駅から空中通路が続く阪急西宮ガーデンズだ。約7万平米の敷地に約270店舗がある。高級百貨店のほか、低価格のスーパーもあり、映画館や本屋、屋上には六甲山系を望む公園がある。小林一三は「日常の博覧会」である百貨店と鉄道を組み合わせ日本初の駅前デパート、阪急百貨店を立ち上げた。この西宮ガーデンズの前身は西宮球場だ。プロ野球団、オリックス・バファローズのルーツ、阪急ブレーブスの本拠地だった。アメリカンフットボールの試合も行われ、関西学院ファイターズが数々の名勝負を演じた。この汗と涙の熱きドラマのスタジアム・西宮球場では戦中、幾度も戦争称揚の博覧会が開かれた。演出したのが新聞だった。

聖戦のスタジアム

1928年、全国各地で昭和天皇即位を奉祝する博覧会が開かれた。その直後、アメリカ発の世界大恐慌が起き、日本も不景気に覆われる中、政府は国威発揚、戦意高揚を目的に1932年、各地で満蒙軍事博覧会を開催。これを契機に日本全土で「戦争博覧会」が開かれるようになる。

特に「私鉄王国」関西では現在の近鉄や南海に京阪、そして阪急、阪神が開発した子どもたちに夢と興奮を届ける遊園地や、熱戦が繰り広げられたスタジアムで「聖戦」がはじまった。

グラウンドには国防館が設置され、軍部が戦闘機や戦車、武器弾薬を紹介し、子どもたちに体験試乗を提供した。特設館では植民地統治下の満州や台湾、朝鮮の民族や生活や文化が「展示」された。

西宮球場は1937年に開設された。アメリカのシカゴにあるスタジアム、リグレー・フィールドをモデルとし、日本初となる2層式客席スタンドと全面天然芝のグラウンドを特徴とした。翌年の1938年4月1日、西宮球場と周辺を会場に朝日新聞社が「支那事変聖戦博覧会」を開催。期間は2か月、55、000人収容の会場は約100、000平米、「靖国神社」や南京の中山門がまつられた。スタジアムは戦場と化し、日中戦争を映し出す大パノラマになり、入場口には実物大の北京の正陽門が置かれ、観客席は敵地の峰々となった。フィールドはぬかるみ、小川が流れ、訪れた観客は丘の間を前進。実戦が目の前で展開した。球場周辺は野戦陣地になり、機関銃や大砲を備えた防御陣地や防空壕、塹壕が展開、実戦さながらの白兵戦も再現された。爆音とどろく戦車部隊演習も公開されるなど、世界にも類のない規模の戦争大パノラマであった。

この「支那事変聖戦博覧会」の記憶は今、大阪城で蘇る。日中戦争の最中、日本軍は明時代の文化遺産、こま犬像を戦利品として持ち帰り、博覧会で展示。その後、大阪城に設置された国防館の入り口そばに置かれ、「弱い中国」を印象付ける戦争遂行のプロパガンダとして利用された。高さ3m、重さ2・9tのこま犬像は今も西ノ丸北門にある。

39年4月1日、再び朝日新聞社は西宮球場で2か月間、「大東亜建設博覧会」を開く。会場入り口には表忠塔が屹立、戦車が整列する興亜大通りには大砲が並び、通りの先にある広場にはランドマークの東亜民族協和搭が天を衝く。フィールドには武漢三鎮攻略の大パノラマ。本館内には聖戦館、蒙彊館、満州館、北支館、中支館、青島館、朝鮮館。各地の文物や戦死者の遺品類が展示された。球場外園では、戦利品のフランス製戦車、撃墜された戦闘機、魚雷、機雷が並べられた。「占領地めぐり」も話題を呼んだ。

百貨店も「戦地」になった。同年8月、梅田の阪急百貨店7、8階で大阪毎日新聞が「興亜大民族振興展覧会」を開催。40年4月、西宮球場で「近代機械兵器野外展覧会」、11月に「紀元二千六百年奉祝式典」。

宝塚新温泉でも41年4月、(財)科学動員協会、日刊工業新聞共催で「国防科学博覧会」が西宮球場と共に開かれた。動員数は100万人近く、目的は軍事と学問の一体化。戦争における科学の重要性の啓蒙と教育だった。軍官民が一体となり、総動員態勢への協力を強調。「傷病軍人館」も設置され、戦地の厚生も展示された。驚異の科学館では、太陽熱利用による湯沸かしや、超音波、合成ゴム、合成石油などの実験が披露された。同盟国である独伊館などの特設館もあり、清く正しく美しくの宝塚では婦人と子どもの科学道場と遊戯施設がつくられ、子どもたちの注目の的となった。

42年7月に「大東亜戦争戦利品大展観」。43年4月、大阪毎日新聞と大阪府・兵庫県、中部司令部共催で「決戦航空博覧会」が開催。本土空襲が迫り、工場と家庭の防空知識を高めようとした軍事啓蒙博覧会。「備えあれば憂いなし」のスローガンを宣布、簡易防空壕がつくられ、国防婦人会や隣組の防空担当者が集められた。

駅前のアメリカ

1950年3月18日、西宮球場にアメリカが出現する。戦前は戦場展示装置と化した憧れと興奮のスタジアム。戦意高揚の啓蒙装置は戦後、かつての敵国に「占領」された。

会場周辺にはアメリカの爆撃の傷が未だ生々しく残されていた。西宮は戦中、海岸近くにX型に交差した滑走路を持つ海軍の鳴尾飛行場が作られた。傍にある川西航空機（現・新明和工業）が海軍の切り札とされた紫電改の製造拠点であり、12歳以上の女子で組織された勤労挺身隊が動員された。神戸空襲では徹底的に破壊され、海岸沿いの油槽が焼失、西宮は神戸に次ぐ被害を受けた。戦後は米軍が駐留する中で開かれた「アメリカ博」。一体どのような内容だったのか、そして日本人はどのように受け止めたのか。（写真27）

西宮市が公開しているHPに反響の大きさが滲む。

昭和25年3月18日から6月11日まで朝日新聞社主催、外務省・通産省・建設省・文部省・国鉄そして西宮市が後援、連合軍総司令部の全面的協力で開催。戦後最初の本格博覧会で国際性、スケールとも空前の大きさを誇り、大阪市内ではカウボーイの市中行進、東京から西宮までの直通バス・ブロンディ号が走り、西日本各地から修学旅行・団体旅行で訪れた。

主催した朝日新聞は『アメリカ博覧会』を出版した。日本占領連合国軍最高司令官マッカーサーの自筆の「The America Fair」のタイトルとサインで始まる同書を手がかりにアメリカ博を捉えなおしてみたい。会長を務めた朝日新聞社長・長谷部忠の挨拶文を紹介する。

〈日本国〉憲法において戦争放棄を宣言したわが国民の熱望してやまないのは祖国日本を平和にし、繁栄させる真に民主的な国家を建造したい。国民各自が平素から知識、見識を持たねばならない。目から耳から最も効果的に目的に達するためアメリカ博を開催した。

開場は午前8時50分。西宮北口駅改札口を出てすぐに「自由の女神の像」が目に飛び込んでくる。小雨のなか、米兵25師団軍楽隊の「熱帯の稲妻」や行進曲が鳴り響く。空から飛行機が飛来し、7色のリボンが尾を引く銀色のハサミを投下した。お菓子も撒かれ、地上からは150羽の鳩が大空に放たれた。数十発の早打ち花火が彩を添える。９時に開門すると学生服、着物、スーツに帽子姿の大観衆がどっと入場。待ち受けていたのは白亜のホワイトハウスだった。アメリカ大統領率いる政治の中心は敷地面積１４４坪、間口18間、奥行きは８間。大人の身長の２倍近い星条旗が正面で揺れる。

アメリカ博の会場は「民主主義の学校」だった。アメリカ建国史から始まり、アメリカンスピリットの源流、ピルグリムファーザーズの一団がメイフラワー号の船上で協約調印するジオラマがある。

丁寧な解説がなされ、「宗教と政治の自由を求めアメリカ新大陸へ。彼らは船中で一同協力して全ての人の幸福のために全ての人の同意によって定められたルールに従うと誓った。協力は愛の精神、同意は民主主義になった」、「今日のアメリカの繁栄、民主主義の徹底、最初は欧州で迫害されたが苦難を努力で乗り越えた。歴史は長きをもって尊しとしない。どれだけ人権を守ったかによって国の歴史の価値が決まる」。

続いてペリー来日の由来と欧米両大陸の相互不干渉を主張したモンロー宣言。アメリカの選挙制度も説明し、大統領選挙の投票風景や議員選挙の仕組み、有権者と被選挙人との関係を図表で表した。司法と法律のつくられ方の紹介は漫画が活用された。４尺×４尺の45枚の組み写真はアメリカの民主制度を視覚的に展示した。

アメリカの経済外交政策も紹介される。ウィルソン大統領と第一次世界大戦におけるアメリカの立場、ルーズベルトのニューディール政策、TVAダムのジオラマ、トルーマンの大写真が掲げられ、「人間の基本的権利」についての写真解説がなされた。神戸博にも参画したCIEの演出だった。冷戦が激化するなか、展示の基調は「全体主義との闘争」。最期の紹介は「かくて平和は来る」、日本の終戦調印式のミズーリ号上の写真で締めくくられていた。子どもたちはノートや教科書持参でホワイトハウスの中で自習し、修学旅行中の小学生が列をなし、独立宣言起草のジオラマ、ワシントン市街のパノラマに見入った。

開会式は11時に始まった。高松宮殿下の祝辞に続き吉田首相（山口国務大臣代理）、キーン米兵25師団長（代理）、GHQのオモハンドロ近畿民事部長、GHQ民間情報教育局長（CIE）ニュージェント中佐がスピーチを行った。会長は原爆投下を決定したトルーマン大統領にメッセージを打電、後日返信を受けた。昭和天皇は参加しなかったが大きな関心を示した。4月30日、四国行幸から帰京中、京都御所で一泊した時、逸見外国出品部長が日本で初めて紹介された一分早撮りのポラロイドカメラと野球のピッチンブマシーンを持参した。陛下は実際に撮影し、ピッチングマシーンについて質問するなど非常に興味深い様子だったという。モデルハウスやシボレー、フォードなど最新の自動車がホワイトハウスの外に展示され人気を博したが、最も注目を集めたのがテレヴィジョン館。野外劇場で撮影された映像が館内に流れ、多くの人が足を止めて見入った。この映像中継は3年後の昭和28年、NHKのテレビ試験放映にも繋がった。

本館となったスタジアムも4階まで人波が途切れない盛況ぶりだった。1階のテーマは「何故繁栄したか」。１４９２年コロンブスの新大陸発見、図書館の創建、ワットの蒸気船、西部開拓、エジソンの電灯とアメリカのフロンティアの開拓が可視化された。１８９３年の自動車、１９０３年のライト兄弟の飛行機、１９１４年の第一次大戦とラジオ放送、１９２７年はリンドバーグ大西洋横断飛行、そして婦人参政権、イルミネーション、トーキー映画と「世界初」が続く。目を引いたのがジャーナリズム。「アメリカの文化は新聞から」とＮＹタイムスの紙面が作られる過程、１００年の世界の出来事を伝える記事、ＡＰ通信の世界通信ネットワーク、タイム、ライフやリーダーズダイジェストの実物展示など言論の自由をＰＲした。

「アメリカへの憧れ」も作られた。スタンダード石油の各種石油とストーブ、デュポン社のナイロン製のアメリカン・ファッションを纏うマネキンと型紙、ミシン、コーヒー、紅茶に色とりどりの缶詰が豊かなアメリカの食卓を映し出す。レコード50枚がけのジュークボックスには若者が群がった。

ここに「アメリカの核」が展示されていた。

後に日本への原発導入を先駆けたウェスチングハウス・エレクトロリック社（ＷＨ）は１馬力半、４分の1馬力の電動機、制動機、電気溶接機と材料、電波探知機は写真で出品した。京都大学は陰極線オシログラフ、ＲＣＡ製の電子顕微鏡を展示。そして原子炉模型も展示された。

この「核ならし」が本格化したのは4階だった。「アメリカの市民生活」をテーマに豊かな生活の基盤となる文化、教育、医療の順にコーナーが展開、当時の日本の市民にとって夢のようなアメリカ中産階級のアパートの一室が再現された。寝具と調度品に電気冷蔵庫、合理的で清潔、便利で快適な生活を実現させる電化製品が供えられた。圧倒的な文明の利器。映画やハリウッドのコスチュームに続き、子どもたちの教室が続く。「個性伸張」を掲げ、小中高の教科書50年分を展示、アメリカの教育予算、先生の給与額も公開した。ユネスコも参加し、教育の重要性と豊かな生活を支える近代西洋医学をＰＲした。内科、外科、歯科技術を日本と比較し、その優位性を明示。戦後の混乱期、日本の市民にとって医療は最たる関心事であった。この展示の主眼こそ「核の平和利用」だった。

「不治の病も新薬で」とアメリカの薬剤と効能をパネル展示し、放射線同位元素や最新の医療機器と性能を説明。実際に作られた病室には米陸軍病院から取り寄せた器具が並んだ。病理発見技術を実演で披露。使われたのが「病理探知機」と紹介されたガイガーミュラーカウンター。提供したのは戦前、核開発を主導した仁科研究所だった。「原子力も平和目的に使えばガイガーミュラーのように医学に貢献する」と説明プレートが置かれた。

原爆の破壊力は紹介されなかったが、米軍の軍事力が展示された。10人乗りの最大時速１００マイル以上の軍ヘリコプター、アメリカ極東空軍の新型戦闘機、ノースアメリカンＦ51単発動機ムスタング、ロッキードＦ80噴流推進式シューティングスターなど、３機が常設展示された。日本人が初めて目にするプロペラのないジェット機。東京大阪間の飛行時間が20分との説明に観客からは感嘆のため息が漏れた。日本からはＢ29の精巧な模型のみ出品された。

子どもも大人も遊興施設に夢中になった。スロットマシン、ピンボール、ビンゴが楽しめるCLUB　GOLD　RUSH、子どもの天国ではガリバーの像がお出迎え、滑り台にジープの競争、花火祭りには２０、０００人が集った。曲芸やスタントショー、京阪神の３２１の学校からの１５、０００人が一糸乱れぬリズム体操を披露した。タイからきた小象に乗れるとあって、長い列ができた。アメリカの大スター、ベーブ・ルースやゲーリックのサイン入りボールとバット、アメリカンフットボールやバスケットボールの魅力に子どもたちは目を光らせた。

インフォメーションセンターではＣＩＥがアメリカの文化や教育、観光映画を上映、最新のアメリカの流行を伝え、日米学生交歓会では１００人の学生が日米交流を経験した。

野外劇場では宝塚少女歌劇団がダンスを熱演、マジックやお芝居にヤンヤヤンヤの大喝采、日本製の生地で作ったドレスを着たアメリカ人モデルのファッションショーに女性は魅了されたという。オートバイの実演に空中サーカス、エンターテインメント大国アメリカに人々は酔いしれた。日本の出し物は３、０００人の大合唱「アメリカ博覧会の歌」だった。

海も超えて春のたより　咲いた花よりも　はなやかに
アメリカから着いたついた　白い貨物船
夢よ　あこがれよ アメリカ博覧会

神戸博と同様、新日本産業ホールでは国産電力が紹介される。全館人工灯で照らされ、火力、水力発電所と都市の関係が電気仕掛けの大パノラマで登場。イルミネーションに彩られた「夜景」も作られた。関西配電、関東配電、日本発送電、三菱重工が分社化した東、中、西日本重工業が出展、会場の建造を主に手掛けたのは大林組と神戸ゆかりの竹中工務店。鉄鋼、自転車、織機、紙・パルプ、海洋船舶と捕鯨も紹介されたが、規模、内容共に神戸博を大きく下回り、アメリカの技術力が浮き彫りとなる。

農業館ではアメリカの牧場が広がり、肥料や農薬、トラクターなど農耕機械が並び、米第8軍大津部隊による水耕栽培の指導が受けられた。カトリック教会にも力が注がれた。共産主義陣営の一大敵勢力として世界の注目を集めるカトリックの全容を展示。僧服と十字架にステンドグラスが陳列されたチャペルではローマ教皇使節フルステンベルグ大司教が厳かなミサを捧げた。「地方自治」も展示される。「アメリカの、ある小さな町の自治活動」の写真35枚が掲載、アメリカの海運、陸運、空運は何故隆盛を極めたかについて、観光映画、縦断鉄道、全土を覆うバス網、そして空の旅行をPRした。第二会場は阪急今津線をはさんで西側にあった。呼び物は「空飛ぶホテル」、パン・アメリカン社のクルーザー実物大模型機。半日でアメリカを一周する野外パノラマだった。金門橋のかかるサンフランシスコから始まり、ニューヨークの街並みを見物し、ナイアガラの滝やグランドキャニオン渓谷、ミシシッピの遊覧船、ハワイ館でのフラダンスと「アメリカへの憧れ」を増幅した。見学したマッカーサー夫人と息子は「素晴らしい」と嘆息した。（写

真28）

好評につき会期は10日延長され、６月11日に閉会。86日間の半分が天候不順だったが２００万人が訪れた。

成功の秘訣はＰＲ戦略。大阪の梅田駅と西宮北口駅には宣伝タワーが立てられ、大阪の繁華街、心斎橋、戎橋、梅田新道で「アメリカ博・飾り窓コンクール」が開かれる。ポスターは公募、一等賞金は破格の５０、０００円。入場料は前売り90円、当日１００円、12歳未満が半額だったが、景品付前売り券が飛ぶように売れた。お目当ては景品。大盛況だった発表会では数字の書かれた色とりどりの６台の風車をバレー団の少女が幸運の矢を放つ。特賞は2、０００、０００円、1本。特賞はパン・アメリカン航空で世界一周の旅。２等はアメリカ式小住宅、３本。３等は阪急電鉄の1、０００株、20本。４等はミシン、30本。５等は自転車、１００本。６等は宝塚歌劇団座席券付き入場券、５、０００本。

アメリカ博を見た学生エッセイコンテストも公募。観光バスは一日最高50台。観光ツアーも作られ、日本交通社と国鉄が運行したのが「博覧会行き特別列車・朝日号」。

タバコ専売公社のマスコットガール「たばこ娘」は10人の募集に３００人が応募した。

閉会後、第一会場の跡地は、自動車学校とサッカーやアメフトなどの球技場となった。（写真29）

「神戸博」と「アメリカ博」、同時期、同沿線で開催された博覧会の余韻が冷めやらぬ時、朝鮮戦争が勃発。東アジアで冷戦が熱戦となった。

世界の核開発競争

冷戦は核開発を駆り立てた。1952年にイギリス、1960年フランス、1964年に中国が実験に成功。主力はより破壊力を持つ水爆に移ってゆく。1952年11月1日、米マーシャル諸島エニウェトク環礁でアメリカは世界初の水爆実験を行った。装置は60t以上もあった。マーシャル諸島はかつて日本の統治下にあった。第一次大戦で日本はドイツが統治していた全域を占領、国際連盟から統治委任され、南洋諸島委任統治領とした。面積2、136平方キロメートル、1932年当時の総人口75、909人。パラオ諸島に南洋庁を置き、パラオ、ヤップ、トラック(チューク)、ポナペ、ヤルート、サイパンの6支庁を置いて統治した。第二次世界大戦中は日米両海軍の激戦地となり、戦後70年の2017年4月、平成天皇皇后両陛下がペリリュー島に向かい戦没者を慰霊した。

戦後、マーシャル諸島はアメリカによる信託統治にゆだねられることになった。そして核の実験場となり、ミサイル防衛のテスト場とされ、島民の生活は破壊されてゆく。

1953年、ソ連も水爆実験に成功。競争が激化の一途を辿る。当時、直接相手国を攻撃できる大陸間弾道ミサイルはなく、潜水艦や長距離爆撃機に搭載できる小型水爆開発が必須だった。

原子力平和利用博覧会

高まる核への脅威。日本を共産主義への防波堤と位置付けたアメリカは日本の反核意識が反米感情を高めることを恐れた。そのためアメリカは親米イメージ涵養に向け、核アレルギーを封じ、核にならすための情報文化外交を展開した。このＰＵＢＬＩＣ ＤＩＰＬＯＭＡＣＹが照準したのも博覧会だった。

１９５５年から2年間、日本各地で原子力平和利用博覧会が開催された。１９５３年に発足したアメリカの対外宣伝機関ＵＳＩＳ（アメリカ合衆国情報局）と読売新聞、開催地の地元新聞社が共催し、観客総数２５０万人を動員した。

ＵＳＩＳは大戦中のプロパガンダ機関である戦争情報局の後身である。情報戦・心理戦を重視したアイゼンハワーが設立し、親米的な国際世論の形成、反共工作を手掛けた。この博覧会では被爆国が「原発大国」になる道筋をつけた。

第一回は１９５５年11月1日、東京の日比谷公園に特設会場を設けて開催された。集まったのは36万人、約1、５００平米の展示館を建て、原子力の初歩から難解な原子炉原理に至るまでを、模型やパネルで説明した。アメリカ博と同様、強調されたのは医療技術。コバルト60を使った医療品の実物大模型に観客の関心が寄せられた。

開催前の1月、アメリカのイエーツ議員は日米が協力し、広島に原発建設する法案を提出、6月にはワシントンで「日米原子力協定」が調印された。正式には「原子力の平和的利用に関する協力のための日本国政府とアメリカ合衆国政府との間の協定」。

アメリカが日本の原子力平和利用に協力し，研究炉および濃縮ウラン供与を目的として、専門家の交換、役務の提供などを規定した。博覧会終了直後の12月、日本政府は「原子力基本法」を公布。日本学術会議が打ち出した「公開・民主・自主」の原子力平和利用三原則をもとに、日本の原子力の研究，開発，利用の基本方針を宣明する。

被爆国の原発開発の方向性を決定づけた日本学術会議は１９４９年に設立された。目的は日本の科学者代表として科学の向上・発展を図り、国民生活への科学の浸透すること。戦前に核開発を率いた仁科芳雄が初代副会長を務めた。日本学術会議は科学者が戦争動員された悔悟と反省から１９５０年「戦争を目的とする科学の研究には絶対従わない決意の表明」を決議。だが67年に日本物理学会の国際会議に米軍による資金提供が明らかになり、改めて同趣旨の声明を発出する。

第二回「原子力平和利用博覧会」は56年1月、中部日本新聞とアメリカ大使館の共催で名古屋市にある愛知県美術館で開かれた。

続いて2月1日から1か月、会場を京都市の京都市美術館に移し、朝日新聞大阪本社とＵＳＩＳが共催。来客数は15万人。3月25日~5月6日、大阪市の大阪アサヒアリーナでは18万人を集めた。共催は引き続き朝日新聞大阪本社とＵＳＩＳだった。

東京から西へ西へ。ＵＳＩＳのＰＵＢＬＩＣ ＤＩＰＬＯＭＡＣＹは原爆投下地・広島での開催に結実する。

１９５６年5月27日から３週間、原子力平和利用博覧会が開かれたのが爆心地に建つ原爆資料館だった。主催は地元の中国新聞。当時の1年間の来館者に相当する11万人が訪れた。

原爆犠牲者の遺品など、原爆の惨禍を映す展示物は近くの公民館に移され、来場者は核がもたらす「便利で快適な生活」に歓声を上げた。その後、この博覧会は、福岡市、札幌市、仙台市、水戸市、高岡市を巡回する。

主導したのは、読売新聞元社長の正力松太郎だった。55年衆院選で「原子力の平和利用」を掲げて初当選、初代の原子力委員長も務めた。後の首相、中曽根康弘らと共に原子力政策を推進、原発導入のロードマップを作り上げた。

原爆投下からまだ11年。被爆の記憶が癒えぬ時期、核廃絶運動の原点となる被爆国、その爆心地での開催。背景にあったのはアメリカの日本の反核運動に対する危機感だった。

１９５３年、ソ連は水爆実験に成功。危機感を強めたアメリカは友好国や非同盟国の原発建設を支援することで、核兵器開発を進める共産主義陣営のけん制を目論んだ。

１９５４年3月、アメリカが太平洋ビキニ環礁で行った水爆実験で日本のマグロ漁船「第五福竜丸」の乗組員23人が被ばくし、犠牲者を出した。これを機に始まった原水爆禁止の署名運動は全国へ拡大した。アメリカにとって原子力平和利用博覧会で核の恐怖を取り除き、平和利用への理解の取り付けは「時代の要請」だった。博覧会の政治学。その精髄は１９７０年の「日本万国博覧会」（以下、大阪万博）で極まることになる。

そして神戸もアメリカの核の平和利用の最前線になってゆく。

原発製造と神戸

1956年、アメリカが中心となり国際原子力機関（IAEA）が設立される。日本も加盟した翌年8月、茨城県東海村の日本原子力研究所第1号実験炉が臨界に達した。60年、福島県が原発誘致を表明。63年、東海村で日本初の原子力発電に成功し、10月26日が「原子力の日」とされた。核の平和利用が広がる中、冷戦は激化。アメリカが参戦したベトナム戦争は泥沼化していった。核が持ち込まれた沖縄は米軍出撃拠点となり、米軍基地の基地機能は向上の一途を辿った。

佐藤栄作首相は、1964年の総理就任と同時に「沖縄返還こそ使命」と公言し、「沖縄の祖国復帰なしには戦後は終わらない」と、ジョンソン、ニクソン両米大統領と交渉する。

核のない沖縄の返還を目指した佐藤は1967年12月、衆議院予算委員会で、核兵器を「持たず、作らず、持ち込ませず」というのが政府の政策であると述べる。そして71年11月、沖縄返還協定に関連して衆議院本会議で、

政府は核兵器を持たず、作らず、持ち込ませずの「非核三原則」を順守すると共に、沖縄返還時に核が沖縄に存在しないことを明らかにする措置をとるべきである。

との決議が行われ、後の佐藤のノーベル平和賞受賞へとつながった。

表向きアメリカの核を拒んだ代償は「密約」だった。69年に佐藤とニクソンの間で「核抜き・本土並み」返還で合意した際、日本周辺で重大な緊急事態が生じた際に、非核三原則に反して、「事前協議」のみで沖縄へ核兵器を持ち込めるというものだ。

こうして嘉手納などの基地を核兵器貯蔵地として活用するなどの取り決めが交わされた。持ち込みの条件となる「事前協議制度」とは在日米軍が日本国内で装備や施設等に重大な変更を加える際、日米両国が前もって協議を行うものだ。この制度が核持ち込みを実質的に容認する口実とされてきた。だが、事前協議制度の「実績」はなく、日本政府はアメリカから協議の呼びかけがない以上、核は持ち込まれていないとの答弁を重ねている。

核の平和利用とアメリカの核の傘。矛盾に直面した佐藤にとって「核ならし」に格好のメディア・イベントこそ「人類の進歩と調和」を掲げた博覧会だった。

アジア初の万国博覧会「核ならしの到達点」

1970年3月14日、大阪北摂の千里丘陵は前夜の雪もやみ、晴れあがった青空が広がった。閲覧席で並んで拍手する昭和天皇と香淳皇后の後ろに佐藤首相夫妻も参列。国内外の招待客7、500人が戦後日本史を画期する日本万国博覧の開幕を待った。

午前11時「お祭り広場」で開会が宣言され、君が代がアジア初の万国博覧会を寿いだ。戦前、皇紀2600年（1940年）に万博、オリンピックの開催を断念した日本政府にとって万博の成功は東京五輪に続く、世界の一流国の仲間入りを懸けた悲願だった。

万国博マーチが流れる中、参加国、国際機構の旗が入場。佐藤の挨拶後、天皇が開会の言葉を発し、皇太子が「お祭り広場」の装置を起動するスイッチを押した。

電子音響とともに巨大なくす玉が割れ、2万羽の千羽鶴が飛び出し、600発の花火が打ち上げられ、3万個の風船が天高く舞い上がった。3月15日から9月13日までの183日間、77の国と4つの国際機関が参加。116の展示館が建てられ、入場者数は、6、400万人以上にのぼった。シンボルの太陽の塔は今も大阪平野を見つめる。この大阪万博は、世界各国が自国の優位性を競う、プロパガンダ合戦の最前線だった。万博記念公園の公式HPによると話題の中心はアメリカ館。お目当ては「月の石」。一目見たいと長い行列ができた。展示館建屋自体も目を引く。天井は縦に約140m、横に80mほどの楕円形の膜で覆われた。支えるのは柱ではなく空気。宇宙工学を駆使したもので現在、ドーム型スタジアムなどで使われている。米陸軍の全面協力を得て実現した。

展示場は上下2階に分かれ、上層部はアメリカの現代社会を紹介した「10人の写真家展」、メトロポリタン美術館が初めて海外出展を許可した「アメリカ絵画展」、初めて貸出されたベーブ・ルースの愛用品を展示。下層部は最大のスペースを占めた「宇宙開発展」。宇宙開発計画の展示が中心で、アポロ８号の司令船の実物展示をはじめ、１９６９年、人類がはじめて月面着陸した「静かの海」の着陸地点模型、本物の月着陸船、そして第１回着陸の際に宇宙飛行士が月面に残してきたものと同じ機械装置が展示された。１人乗りの「マーキュリーカプセル」、２人乗りの「ジェミニ12号」なども注目を集めた。この宇宙開発と核開発は同義だった。

夢と未来とディズニーランド

アメリカ館の「科学技術のもたらす明るい未来」を日本人は長蛇の列で迎えた。一方、アメリカは「夢のワンダーランド」が体験可能な日常になっていた。ディズニーランドである。戦中、アニメ映画制作で戦争協力したウォルト・ディズニーは１９５５年、カリフォルニアのアナハイムに「夢の国」を創設した。子どもだけでなく大人も楽しめる恒久的なアミューズメントを散りばめ、世界一の知名度、来客数を誇る。非核神戸方式ができた１９７５年、初めて訪米した天皇も訪問した。現在、上海や香港、フランスのパリなど世界5ヵ国、６都市に展開。この海外展開の嚆矢が１９８３年に開設した東京ディズニーランドだった。

この世界最大のテーマパークは博覧会と密接な関係がある。シカゴやニューヨークなどアメリカで開催された万国博覧会に参加したパビリオンや施設の幾つかをそのまま導入。ウォルトは試行錯誤を重ね、夢と希望を背景に、アメリカを前景化した。園内に一歩入ると、ディズニー映画やミッキーなどのキャラクターが待ち受け、視覚、聴覚、触覚、嗅覚、味覚全てを刺激するアトラクションやショーを間断なく提供し、遠隔法を取り入れた景観設計により、日常が遠のく。幾度も見直され、磨き上げられた動線により来客者に「古き良きアメリカ」「世界を牽引するアメリカ」が浸透する。

全てのディズニーランドではないが、エリア別にテーマが分かれ、メインストリートUSA、フロンティアランド、ファンタジーランド、科学技術がもたらす明るい未来を掲げたトゥモローランドなど、散策するだけでアメリカ建国史、快適で豊かなアメリカが体感できる。この世界最大の体験型娯楽装置は「アメリカの核開発」もテーマ化した。核兵器搭載原子力潜水艦である。

有馬哲夫『ディズニーランドの秘密』（新潮社、2011）によると、このテーマパークにはアメリカ企業の宣伝が数多く展示されている。バイオ科学メーカー、モンサント・ケミカルの「科学の館」、石油や航空会社がスポンサーとなった「オート・ピア」や「ムーン・ライナー」、そして、1959年6月14日に原子力潜水艦が加わった。「サブマリン・ヴォヤッジ」の誕生である。250万ドルを費やして建造された八隻からなる原子力潜水艦隊の航海祝賀式が「トゥモローランド」で催され、当時のニクソン副大統領、チャールズ・カークパトリック海軍総督が参列。オープニング・セレモニーの様子はアメリカ3大ネットワークの一つ、ABCのテレビ放送網を通じて全米にOA。ウォルト・ディズニーは満面の笑みでスピーチした。

我が社の原子力潜水艦隊をご紹介申し上げます。この艦隊は現在、世界最大の規模を誇っ

ております。

8隻の原子量潜水艦の名称は「ノーチラス」、「トライトン」、「シーウルフ」、「スケート」、「スキップジャック」、「ジョージ・ワシントン」、「パトリック・ヘンリー」、「イーサン・アレン」、全て実在だった。

スポンサーはアメリカ海軍と世界初の原子力潜水艦ノーチラス号を建造したジェネラル・ダイナミックス。戦闘機やミサイル、原子炉を製造した軍事企業にとって格好の宣伝装置が「サブマリン・ヴォヤッジ」だった。進水式の様子は海軍公式映画として撮影された。公文書館に残る歴史の記録を請け負ったのはABCではなく、ディズニーだった。アトラクションとして提示される核の平和利用と軍事力。テーマパークは子どもたちへの宣伝啓蒙メディアとして活用された。その仕上げが教育だった。

当時のアイゼンハワー政権は愛国心の涵養を重要課題と位置づけ、ディズニーにテレビ番組制作を依頼。アメリカの核開発を牽引するアメリカ原子力委員会の部長が参画するなど、政府の全面協力のもと「アワ・フレンド・ジ・アトム」が作られた。

日本でも原子力平和利用博覧会を主導した読売新聞系列の日本テレビが番組名「わが友原子力」として放送。ディズニー映画「海底二万哩」の映像で始まり、ノーチラス号も登場、アインシュタインが原子力の可能性を説き、放射線治療や農作物の成長が紹介された。

ソ連も「サブマリン・ヴォヤッジ」を意識していた。1959年9月、フルシチョフ首相がアメリカ各地を訪問。フルシチョフはディズニーランドを強く要望したが、アメリカは安全確保を理由に断った。フルシチョフは激怒し、記者団に感情をぶちまけた。

広島、長崎の原爆投下はアメリカでは「戦争を終わらせた」と肯定する国民意識が高く、原子力は未来志向として受容されていた。

アメリカは1960年、有効射程8,000㎞の潜水艦発射弾道ミサイル（SLBM）の発射実験に成功、原子力潜水艦に搭載された。宇宙からレーダーで探知できる核搭載爆撃機や地上配備型核ミサイルと異なり「海の忍者」は隠密性が高く、核保有国はSLBMを核戦略の要に位置づけてゆく。ディズニーランドの原子力潜水艦も、もはや未来への挑戦をかきたてるものではなくなり1987年、海底探査機に作り替えられた。

アメリカの軍事力を映し出すテーマパーク。その重心は深海から宇宙に移ってゆく。1958年、アメリカは航空宇宙局（NASA）を発足させ、有人宇宙飛行を目指し「マーキュリー計画」を開始した。背景には敵国に直接核を打ち込む大陸間弾道ミサイル（ICBM）開発があった。ソ連は、1957年、スプートニク1号を打ち上げ、人工衛星を地球周回軌道にのせた。宇宙へ向かうロケット打ち上げ技術はICBM発射技術と相似をなす。アメリカは「スプートニク・ショック」に覆われ、核戦争の脅威に襲われた。

米ソの核攻撃能力の差は「ミサイル・ギャップ」と呼ばれ、米陸軍、海軍、空軍が個別に研究していた宇宙ロケット技術をＮＡＳＡに集結する必要を生んだ。

１９５９年、アメリカは大陸間弾道ミサイル「アトラス」を実践配備。ディズニーランドでは軌を一にするように「ロケット・トゥ・ザ・ムーン」を開設、その後「スター・ツアーズ」「スペース・マウンテン」にひきつがれてゆく。

１９６０年、ＮＥＷ ＦＲＯＮＴＩＥＲ（ニュー・フロンティア）政策を唱えるＪ・Ｆ・ケネディが大統領に就任し、宇宙開発を推進する。「ロケット・トゥ・ザ・ムーン」もミサイルや戦闘機を製造するダクラス社など、軍産複合企業がディズニーランドのスポンサーになった。

大阪万博開催直前の１９６９年にアメリカのアポロ11号が月面着陸に成功、ソ連をリードしたアメリカは１９７２年12月７日にアポロ17号を月に送った後、火星に目標を変更した。１９７５年３月、非核神戸方式がまさに成立した時、ディズニーランドでは「フライト・トゥ・ザ・ムーン」は「ミッション・トゥ・ザ・マース」に変更された。

大阪万博

核の啓蒙装置になった日常の博覧会「テーマパーク」。大阪万博ではどのようなメッセージが照射されたのか。ソ連はイデオロギーの普及に注力し、社会主義の優位の可視化に努める。展示塔は長さ１３０ｍ、最大幅70ｍの地下３階、地上３階、最高部は１０９ｍ。高さ５ｍ50㎝のカマとハンマーのソ連の国章が飾られた。内部は、天井まで80ｍの吹抜けで、空間自体が宇宙のようで観客を圧倒したという。地下には８００席のコンサート・ホール、４５０席の映画劇場が作られた。開催年がレーニンの生誕１００年にあたったため、「世界最初の社会主義国家の誕生」や宇宙展示を中心にした科学技術展示などを展開した。

主催国の日本は三菱未来館など日本を代表する企業が出展、その中に「地方自治体館」もあった。地方公共団体出展準備委員会が主体となり「躍進する地方自治」を掲げた。この日本国憲法の理念、非核神戸方式の成立基盤である「地方自治」を伝える場で原子力の平和利用も展示された。展示館は1～3号館からなり、「歴史の空間」では地方自治の歩みを、太古、古代から地方自治法施行まで、地方自治法施行から現在までに分け、各時代を表わす世情、風俗などの写真を背景に、自治を象徴する写真を並べた。「現代の空間」では都道府県、政令指定都市、沖縄の53個のカプセルが置かれた。「未来の空間」には日本列島の地形図が出現、20年後の新幹線鉄道、高速道路、空港、工業地帯、そして原子力基地が描かれた。

核の平和利用は電気に象徴された。電気事業連合会は「人類とエネルギー」をテーマに「電力館」を出展した。照明設備に特に工夫がこらされた。夜の外観照明は自動制御装置によって、色彩、光りの強弱、点滅のリズムで「光りの詩」が演出される。劇場の内部照明は、観客の流れやショーの開演時間によって変化した。空中劇場で上映されたのは、人類が火を使いはじめてから原子力時代に到達するまでの、人間とエネルギーとの関係を描いた映画「太陽の狩人」。「電力ギャラリー」は、原子力発電を中心に、電気の歴史や未来における電気技術の展望を教育的に紹介した。六つのコーナーも置かれ、展示されたのが原子炉内部の核分裂のイメージを表わした「アトミック・ボール」をはじめ、日本の電力地図「ワイヤー・マップ」、世界各地の原子力発電所を見せる「イドビジョン」。水上劇場では、電気を使ったマジックショー「エレクトリック・イリュージョン」が上演された。南米産電気ウナギの「ハプニングショー」、マジシャン引田天功のスクリーンとのかけあい奇術「マジック・バラエティ」、レーザー光線マジック「空飛ぶ自動車」などが幻想的な雰囲気を醸し出し、観客の人気を呼ぶ。

佐藤首相は大阪万博を数回視察し、帰京前に立ち寄った六甲山の山頂で同行記者団に「万博が安保への反発を和らげた」と語るほど、博覧会は日本国民の耳目をさらった。

夢のエネルギー

当時、「夢のエネルギー」といわれた原子力発電。１９７０年8月8日、午前11時過ぎ、福井県美浜町にある関西電力美浜発電所で作られた電気が、約１７０km先にある大阪万博の会場に送り届けられた。美浜発電所からの初送電が会場に届いたのは午前11時21分、大きな電光掲示板に「本日、関西電力の美浜発電所から原子力の電気が万国博会場に試送電されてきました」との文字が光った。この瞬間、「夢のエネルギー」といわれた「原子の灯」が、「現実の光」として利用されるようになった。（写真30）

この美浜の原子力発電は神戸における原発製造の幕開けだった。「神戸博」、「アメリカ博」、「原子力平和利用博覧会」そして「大阪万博」に連なる原発導入の系譜。継承したのは神戸港に立地する三菱重工業だった。

日本最大の原発拠点

神戸港は日本で唯一、潜水艦を観光資源とする湾内クルーズ船がある。メリケンパークそばの遊覧船に乗り込むと船は神戸港沖へ南に針路をとる。、西にレストランが立ち並ぶハーバーランド、川崎重工のドッグを超え、和田岬方面に進むと三菱重工神戸造船所の敷地が広がる。建造中の潜水艦が現れるあたりからクルーズ船は東に大阪方面に舵を切る。視界から遠ざかるのが現在、国内最大規模の原発製造拠点だ。取材が認められることは殆どない。

三菱重工業神戸造船所。略称「神船」は、100年以上の歴史を誇る。コンテナ船、大深度潜水調査船「しんかい6500」や海上自衛隊の潜水艦も川崎重工と交互に造ってきた。現在は造船不況を受け、商船建造から撤退した。

神船の生産高に船舶、海洋機器が占める割合は2割程度、事業の主力は原子力・原動機関連が約7割を占める。加圧水型（ＰＷＲ）原子力発電プラントの国内唯一の総合メーカーで、神戸港に面した本工場と、明石市にある神船二見工場、さらに高砂市の高砂製作所の3か所で、プラントの設計、製作、検査から据え付けまで一体で担う。

最重要拠点が神戸港の本工場。原子炉容器、加圧器、蒸気発生器、それらを収める格納容器を製造する。福島原発事故で沸騰水型（ＢＷＲ）原子力発電所の廃炉が相次ぐ中、神戸港は日本最大の原発拠点となる。その歩みを先導し、併走したのがアメリカだった。

『三菱神戸造船所75年史』によると１９５５年、日米原子力協定の仮調印の直後にアメリカのウェスチングハウス社（ＷＨ社）が関西電力に加圧水型原子力発電プラントのプレゼンテーションを行った。翌年、三菱重工神戸造船所は原子力プラントに関する調査研究に着手。三菱グループ各社も三菱原子動力委員会を結成し、三菱原子力工業を設立。膨大な人数と機材を原発製造に投じた。その労苦は筆舌に尽くしがたいものだったという。

１９６１年、三菱グループはアメリカと技術提携し、加圧水型軽水炉（ＰＷＲ）プラントの設計・製作を開始する。

本格化したのが美浜原発1号機建造への参加だった。ＷＨ社は9電力会社で初めてとなる商業用原発を関西電力から受注。ＷＨ社は神戸造船所を中心とした三菱原子力工業に1次系機器全体の据え付け、配管類の製作を下請けにだす。

神戸造船所は１９７２年に原子力専門工場を新設。以来、国内唯一のＰＷＲメーカーになる。最初に手掛けたのが関西電力の美浜2号機。以後、独自で製造を担い、高浜1～4号、大飯1～3号，四国電力の伊方1～3号、九州電力の玄海1～4号、北海道電力の泊1～3号、日本原子力発電の敦賀2号の24の原発を製造。うち原子炉系をＷＨが担ったのは4基のみだった。

この他、日本が独自開発した新型転換炉の原型炉を手掛ける。ウランとプルトニウムの混合物を燃料にし、重水を減速材に使う「ふげん」。またウランとプルトニウムを燃料に、消費した以上のプルトニウムを生む高速増殖炉であり、日本の核燃料サイクルを担う「もんじゅ」の開発・製造など、国家プロジェクトに参画した。

だが「ふげん」は1979年に運転開始したものの、発電コストが高いうえにトラブルが相次ぎ2003年に運転終了。「もんじゅ」も1994年の初臨界後、ナトリウム漏れ事故を起こし、以後、ほとんど動いていない。冬の時代を迎えた原子力発電。

皮肉にも非核神戸方式成立の一因も神戸で製造された原発が起こした事故だった。

第６章　神戸と現在―非核神戸方式―

深海に沈んだ神戸の船乗りたち

神戸市と芦屋市の境に新明和工業甲南工場がある。工場の南側には埋立地に囲まれた東神戸港が広がっている。ここで２０２０年2月、飛行艇50機製造記念式典が開かれた。ＵＳ２型救難飛行艇。全長33・３m時速約５８０㎞。航続距離は4、０００㎞を超えるとされる。価格は約１５０億円。川崎重工業など約2、０００社の協力で製造された。前述したが新明和工業の前身は川西航空機。戦中は海軍の戦闘機や飛行艇の製造拠点だった。１９６８年、離着水のみができる対潜飛行艇ＰＳ1を自衛隊に初納入。75年以後、水陸両用救難飛行艇ＵＳ1、ＵＳ2を納入している。海難事故などでおよそ1、０００人を救助したという。近年、中国の海洋進出や尖閣諸島を巡る対立も深まっている。離島防衛での活用も期待できることから、近年、政府は神戸の潜水艦と共に海外輸出に力を入れている。

工場から南に1㎞もない指呼の間にあるのが海上自衛隊阪神基地隊。年に数回一般公開イベントが催され、朝鮮戦争で弟が戦死した中谷さんも訪れた。艦船体験乗船、港内クルーズを目当てに近年多くの来場者がある。中でも人気は潜水艦の見学、例年長い列ができる。

この新明和工業と壁を隔てて隣接するのが神戸大学海事科学部(旧・神戸商船大学)。海に面し、練習船深江丸をはじめ、多数の舟艇を保有する。掲げる理念は「海事社会の発展に寄与できる優れた国際人を育成」。海洋国家日本の海運を担う幾多の船員を輩出してきた。

前身は私立川崎商船学校。１９１７年に川崎造船創業者の遺志を継ぎ、船員養成を目的に設立された。だが、民間の商船船員を養成した期間は短かった。1920年に官立に移管される。管轄は文部省、教育目的に「従軍」も加わった。

（学校規則総則第3条）学生ハ入学ノ日ヨリ海軍兵籍ニ編入セラレ、卒業後ハ海軍予備員令ニヨリ服役スルモノトス。

時の校長も「当校は精神的方面に於いては日本精神の徹底」と応じ、授業に砲術が導入された。1930年の神戸沖での海軍特別大演習観艦式では様々な模型を出品、満州事変後は卒業と同時に全員海軍士官に命ぜられ、一部はそのまま招集された。

平時は海洋国家日本の産業を支える「平和の戦士」とされた商船船員は即戦力として海軍に組み込まれていった。1937年の国家総動員法により1940年に海運統制令、船員徴用令が施行される。組合は解散し、官労使一体の日本海運報国団が結成され臨戦態勢が整備された。

終戦間際の1945年4月、政府は海技専門学院を作ったが戦災で壊滅。戦後、神戸の東隣、芦屋市の海辺にあった日本海運報国団の施設を借用し、1961年、船員教育機関・海技大学校が創設された。

港町神戸は今も多くの民間船員が行き交うが、民間船員の戦中の犠牲は海軍を大きく上回る。神戸大海事科学部の正門傍に海事博物館がある。戦後75年記念行事として『―太平洋戦争と船員

―』を開催。展示されたのは戦中、マレー半島、南太平洋、樺太に伸びきった補給航路の「無謀」と、糧秣、武器弾薬、兵士輸送を担った徴用船の「無惨」だった。

戦中、日本は南洋諸島のある太平洋を海の生命線として、南進を続けるが、敵潜水艦に次々と撃沈された。海軍艦船は二重底だが、展示された民間船員が乗りこむ「戦時標準船」は薄い一枚鋼板。良質の材料と熟練工が軍に徴用された結果、粗製濫造された。1、027隻建造されたうち6割が戦没した。

神戸港のそばにさらに詳しい被害を留める資料館がある。JR元町駅から徒歩で10分、海員組合が作った「戦没した船と海員の資料館」。全日本海員組合が運営、入口のプレートには海員不戦の誓いを込めた「海に墓標を」。コーナーは2つ、戦没船約1、400隻の写真、説明のみの戦没船約1、500隻、合計2、900隻の展示。第二展示室では寄贈された観音像・船舶画・船舶図面と資料館がある。資料館の声明文を紹介する。

軍国日本の敗北まで、多くの船員と民間船舶が戦時動員され犠牲となった。「海に墓標を」は、絶対に記憶を風化させてはならない。海外諸国との友好と協調によって生きる海洋国日本にとって、平和な海は絶対の生存条件であり、われわれ船員は再び海を戦場にしてはならないと決意する。

正確な被害の実態は解らず、調査は今も終わらない。判明しているだけで陸軍徴傭船２７、０９２名、海軍徴傭船１７、３６３名、陸軍配当船・海軍指定船１５、０４３名、社船８３３名の計６０、３３１名が落命した。民間船員死亡率は推計43％。２割程とされる海軍の倍だ。その多くが「子ども」だった。戦没者のうち14歳が９８７人、20歳未満が約３割を占める。戦中は15歳以上が船員として募集され、養成期限も２カ月に短縮。子どもは主に見張り役として動員され、14歳で船員として乗船した証言も寄せられている。

日本初の国産原発事故「原子力船むつ」

１９５２年5月、戦前の川崎商船学校をルーツに持つ国立神戸商船大学が設置された。趣意書に掲げられた理念は「戦前、真の民主的、自由主義的教育が欠けていた点を踏まえ阪神地域を名実ともに日本の貿易、海運、海事教育・文化の中枢にしたい」。

同月、日米安全保障条約が発効、朝鮮戦争は続き、核開発が激化する中での船出だった。

同年、イギリスはオーストラリアのモンテベロ島で原爆実験に成功。ソ連は翌年、水爆実験に成功。アメリカのアイゼンハワー大統領を議長とする国家安全保障会議は「戦時には核兵器を他の（通常）弾薬と同様に使用できる」とするニュールック戦略（ＮＳＣ／２）を決定する。核兵器を特別扱いせず、通常兵器と同等に位置づけ、核使用のハードルを下げる重大な方針転換だった。このニュールック戦略によって、日本はじめ世界中に展開する米軍基地への核兵器配備が本格化することになる。一方、アメリカは核兵器の拡散によって国際社会から非人道性や民間人無差別殺戮の国際法違反を問われることを懸念した。そこで提唱したのが「核の平和利用」。1953年12月8日、米大統領アイゼンハワーが国連本部で演説した。

1945年7月16日、米国は世界最初の核爆発実験を行った。以降、42回の核実験を実施している。米国の核兵器備蓄は、世界大戦の全期間すべての戦域において発射された爆弾と砲撃を合わせた爆発力の数倍を超えている。ソ連は核爆弾実験を行っている。核の軍事用の包装を剥ぎ取り、平和のために利用する術を知る人々に託さなければならない。この最も破壊的な力が、すべての人類に恩恵をもたらす偉大な恵みとなり得ることを認識している。

(アイゼンハワー「核の平和利用」演説)

この演説が原子力発電開発の嚆矢となる。核兵器製造技術がそのまま転用できたのが原発開発であり、この原発にエネルギー資源に乏しい国々は期待を寄せる。特に国際貨物の99%を海上輸送に頼る海洋国家日本が注目したのが原発を推進力とする「原子力船」だった。こうして1959年12月、神戸商船大学に原子力関係の講義が開設される。

1972年には旧日本原子力産業会議をはじめとする海運界からの積極的な支援もあり、日本初の原子動力学科が開設。原子力船の船員養成が目指された。時代も順風だった。当時、世界経済は未曽有の発展を遂げ、日本でも１９６５年に始まったいざなぎ景気は57カ月続き戦後最長を記録。１９６８年にはＧＮＰが西ドイツを抜き，世界第２位の経済大国になる。春闘の賃上げ率は30％を超え、百貨店の総売り上げは令和３年の３倍だった。

船舶需要も右肩あがりで原子力商船の就航は必須との認識が国内外に広がってゆく。神戸商船大学学長は式辞で次のように述べた。

本学における原子力教育は原子力基本法に定められた民主・自主・公開の原則により平和目的の機関であり、出現する原子力商船時代に備え、また陸上原子力産業の技術者育成教育であり洋々たる未来を有する。

世界でも原子力船開発が進んでいた。アメリカの原子力潜水艦ノーチラス号に続き、１９５９年にソ連の原子力砕氷船「レーニン号」、１９６２年にアメリカの世界初の原子力商船「サバンナ号」、１９６８年、西ドイツで「オットーハーン号」が就航。この年、日本も原子力船「むつ」の建造が開始される。原子炉製造を担当したのが神戸の三菱重工。完成した原子炉は青森県むつ市で「むつ」に搭載された。核燃料装荷が完了したのが１９７２年。神戸商船大原子動力学科発足のまさにその年だった。だが、「むつ」と伴走する原子動力学科は「むつ」に翻弄される。

学科発足当初は「むつ」乗組員養成に重点を置き、４学域で構成された。原子力推進プランとの設計、原子炉及び原子力船の事故解析や運行管理などの原子力機関学をはじめ、放射線管理学、原子力熱工学、原子炉工学が開講した。学生定員は120人。しかし荒波が待ち受けていた。原子力産業は急速に発展したが、1973年、オイルショックが世界を揺るがす。74年には「むつ」が放射線漏れ事故を起こし、漂流。77年の第二次石油ショックが引き起こした海運不況で国際海運は不況に陥り、船員削減が相次ぐようになった。学科一期生で海運企業へ就職したのは僅か2名。多くが陸の仕事に進まざるを得なかった。

船舶機関士の資格要件として課された造船工場実習は「むつ」が想定されていたが、断念に追い込まれる。その後もパルスビームイオン発生装置や中性子減速拡散実験装置など、設備の充実を重ね、卒業生の17％程は原子力や電力業界に就職した。だが原発事故の余波に飲み込まれる。1979年、アメリカのスリーマイル島で原発事故が発生。1986年にはソ連のチェルノブイリ事故が起きる。フランスからのプルトニウム輸送に対する国際的な懸念も高まり、原子力産業への先行き不透明感が漂った。1992年、神戸商船大は原子動力学科を閉鎖。最後の卒業生を送り出した。原子力船に夢を託し、原子力船に翻弄された若き神戸商船大生。同窓会は今も毎年開催されている。二期生の述懐を紹介したい。

私らは全寮制ですねん。学校でも遊ぶのも一緒、航海実習だと、それこそ昼夜ずっと一緒でしたわ。当時、原子力船は日本の未来も背負った夢の船、みんなで一緒にドイツや、アメ

リカ行こうやといいよったけど、まさかね。ああなるとは思いません。でもね、母港が決まらないあたりから不安はあったんです。横浜も環境汚染を懸念して嫌ったでしょ。事故は僕らの未来も変えました。でもね、事故の後で批判するのはあかんと思う。後だしじゃんけんはあかんねん。

「むつ」の漂流　拒んだ神戸

一体、どのような事故だったのだろうか。

日本の最初で最後の原子力船「むつ」はその記憶を青森県むつ市に留める。

本州最北端、青森県下北半島。鉞に似た形状から「まさかり半島」とも呼ばれる。半島の付け根には米空軍と航空自衛隊、民間で使用する三沢空港がある。ここから一路北上すると左手には神戸にある自衛隊所属の掃海艇が日米共同訓練に参加した陸奥湾が広がる。右手には燃料サイクルの要をなす六ヶ所村。核燃料再処理工場の広大な敷地が広がる。六ヶ所村に続くのは東通原発。この「核の半島」の先に本州最北端のむつ市がある。日本各地の原発から「核のゴミ」受け入れを巡り、揺れるむつ市は南は陸奥湾、北は津軽海峡に面し、東にはフルＭＯＸ炉の大間原発がある。現在、建設中なのが核燃料中間貯蔵施設。日本でたまり続ける使用済み核燃料の一時的な搬出先として検討されている。全国の原発の貯蔵プールの容量は２０２０年時点で廃炉になる福島の原発を含め２１、４００ｔ。すでに約75％まで埋まり、一時保管場所確保が喫緊の課題となっている。

この核の最前線に「むつ」の原子炉が展示されている。

海に面した「むつ科学技術館」は1996年、「むつ」の活動と成果を後世に提供する目的で設置された。稼働実績がある原子炉室の一般公開は世界でここだけだ。船舶形の館内に入ると、原子炉室がある。鉛ガラス越しに見えるのが「むつ」から撤去された原子炉。上のフロアには操舵室・制御室も展示されている。

神戸商船大学、そして1975年の非核神戸方式の成立に大きな影響を及ぼしたのがこの原子炉から漏れた放射線だった。

原子力船「むつ」は80人乗りで全長130m、全幅19m。10、000馬力の推進力はPWR原発。神戸の三菱原子力工業が製造した。だが、建造が始まっても母港が定まらなかった。

政府は横浜などに打診したが環境汚染への懸念から拒否され、むつ市でも帆立養殖業者や漁港が猛反対したが、政府が後押しし、度重なる交渉を経て母港化が決定。1969年に進水式を迎えた。皇太子夫妻が出席、美智子妃が支綱を切り、佐藤栄作首相は満面の笑みと拍手を送った。だが前途多難な船出だった。放射能汚染を懸念する反対運動が巻き起こり、連日、出航を妨げるようなる。1974年8月、「むつ」は母港の大湊港で地元の漁船約300隻に取り囲まれる。出航は難航。難局を打開したのが台風14号だった。普段船乗りに忌み嫌われる悪天候に助けられるように反対する小型漁船の追走を振り切り、波濤が待ち受ける太平洋に向かった。多難な航海だったが、洋上での出力上昇試験は順調に進んだ。出航して3日後に初めて臨界に達し、船中に歓声が響き渡った。しかし、その直後に放射線漏れが起きる。実際は軽微と言える事故だった。原子炉内の高速中性子が遮蔽物の隙間からわずかに漏れた程度に過ぎず、後日、簡単に補修できたことも判明した。だが注目が大きかった分、報道も大々的だった。

「青森産魚貝物は放射能で汚染されている。食べたらガンになる」など、根拠のない噂が日本列島に広がり、むつ市は深刻な打撃を受けた。この風評被害による不利益が裁判によって初めて補償されたほどの経済損失を被った。「むつ」は原子炉を修理するため帰港を余儀なくされるが、反対運動は激しさを増してゆく。そして寄る辺を失った。

環境汚染列島

原子力船漂流の背景に環境意識の高まりがあった。

60年代の所得倍増計画は港を変容した。当時、日本政府の目標は地域開発と産業の重化学工業化を二本柱にした急速な産業経済発展。それまで国内全エネルギー源の半分は石炭が占めたが60年代に石油が6割になり、巨大なコンビナートが形成された。その結果、出現したのが死の海だった。工場からのばい煙、排水が増大、広域的な海洋汚染が発生。

瀬戸内海では頻繁に赤潮が発生、須磨海岸には異臭を放つ養殖魚の死骸が打ち寄せられた。光化学スモッグ注意報が出され、降り注ぐ陽光が不安の種になる。１９６８年、政府は水俣病を公害病と認定。阪神工業地帯でも主要企業と国、阪神高速道路公団を被告として大気汚染物質の排出差し止めを求めた西淀川公害訴訟が起こされる。航空機騒音・振動に悩む大阪国際空港の周辺住民も午後9時以降午前7時までの飛行差止めを求めて大阪地裁に提訴。「環境問題は人権を尊重する憲法問題」として、市民の権利意識への覚醒が高まった。

1967年、非核三原則と機を一にして佐藤政権は公害対策基本法を施行。事業者、国、地方公共団体の公害防止に関する責務を定め、国民の健康保護と生活環境の保全を目的とした。示したのが大気汚染，水汚染，騒音，振動，悪臭，地盤沈下，土壌汚染の典型7公害。当時の環境白書抜粋を紹介する。

我が国の環境汚染は全般的になお深刻で、問題は一層複雑かつ多様化。一方、資源・エネルギー問題を契機に、経済社会動向は高度成長から安定成長へ変化が見られる。環境行政は試練を迎えている。1972年に判決の下された四日市の公害訴訟は企業側にコンビナート設置に関し立地上の過失を認定、幹線道路沿道の大気汚染、騒音公害、観光道路建設は周囲の景観や生態系を破壊。

我が国は、約37万km平方の国土に約1億1千万人の人間が居住、しかも約半数は、国土の1・7%に当たる狭い地域に集中して生活。世界第2位のGNPを挙げ、活発な経済活動が営まれていることを考えると、土地利用に対する配慮が欠如し、自然環境破壊を引き起こし、公害を発生させた。

(環境白書、1972年)

アメリカでは１９６９年、「国家環境政策法」が制定された。経済活動と環境との調和を図るため、人間環境に著しい影響を与える懸念のある連邦政府の開発行為や立法に関し、環境に与える影響、代替案等を盛り込んだ報告書の作成、公表が義務付けられた。

この制度は１９７０年から実施され、環境影響評価（環境アセスメント）は、日本に大きな影響を与えることになる。１９７１年、環境庁が発足。翌年、田中角栄通産相（当時）は『日本列島改造論』を刊行。大都市の過密と農村の過疎を同時に解消するために工業の再配置で25万人規模の都市を全国に整備する。都市間を新幹線や高速道路でネットワーク網を構築し、住宅難や公害の解消を目指した。

高まる環境意識は最初、原子力船には順風だったが、原発事故が逆風に変えた。行き場を失った「むつ」は原子炉を製造した神戸に引き受けを要請したが、神戸市会の港湾交通委員会は「市民の安全、港湾環境の保全、船舶航行の安全並びに市民感情の見地から入港を強く反対する」と峻拒。神戸市長も「神戸市としては絶対に認める訳にはいかない」と明確に反対を表明。反対機運が高まる中、政財界の後押しもあり、「むつ」を神戸港に回航し、三菱重工神戸造船所にドック入りさせ、原子炉修理を施すとの正式決定がなされる。これに抗したのが神戸の「地方自治」だった。

地方自治と二元代表制

市長と市会。神戸市は民意を代表する二元代表制をとる。根拠は日本国憲法93条。地方自治の本旨の一つである住民自治を具体化し、地元住民が直接選挙で首長と議員を別々に選ぶ制度である。この二元代表制は首相を議員から選ぶ議院内閣制の国政とは異なる。

市長は予算や条例などの議案を議会に提出する権利や人事権を有する。一方、議員が構成する市会は議案議決などで首長の行政運営を監視する。

神戸市会は1974年9月24日、全会一致で「原子力船『むつ』の神戸港入港に反対に関する決議」を採択。宮崎市長も「原子力船の安全が保障され、市民の不安が解消されない限り反対してまいりたい」とコメント。その結果、長崎県佐世保市に受け入れ要請がなされることになった。

佐世保の苦衷

佐世保は神戸と同じ港町。軍事との関りも共通する。1903年に海軍工廠が置かれ、艦船や潜水艦を建造。戦後は海上自衛隊と米軍基地が設置された歴史も重なり合う。

そして佐世保港もアメリカの核と無縁ではいられなかった。港区の8割近くが米軍による制限水域になり、沖縄の海兵隊が乗り込む揚陸艦が母港としている。1964年、米原潜が入港し、市内では寄港反対を訴えるデモ隊と機動隊が衝突。負傷者や逮捕者が続出し、街は日米同盟の是非を巡り二分される。以後、原潜寄港は通算350回を超えた。原潜は放射能汚染の不安を引き起こした。実際、２００８年に寄港したヒューストンが2年間余、微量の放射性物質を漏らし続けていたことが発覚。今も佐世保市は放射能漏れ事故に備え、定期的に防災訓練を継続している。

この核に揺れる佐世保への原子力船「むつ」の受け入れに長崎県漁連や労働団体などは強く反発した。だが基幹産業の造船不況に悩む地元経済界は支持に回り、対立は激化の一途を辿る。最終的に経営危機に陥っていた佐世保重工業救済などを理由に、県、市議会は受け入れ同意を表明した。ようやく居場所を見つけた「むつ」。修理後に青森県むつ市の太平洋側にある関根浜港岸壁を母港とし、試験航海を行いながら地球2周分を航行した。原子力船の受け入れを結果的に佐世保に押し付けた神戸市会と神戸市長。その強い反対の背景にあったのが「核密約」の暴露だった。

核密約の暴露「ラロック発言」

１９７４年9月10日，米海軍元少将ラロックは上下両院原子力合同委員会軍事利用小委員会（スチュアート・サイミントン委員長）でアメリカの核戦略について証言した。その内容は日本政府、そして神戸市に強い衝撃を与えた。日本の国是、非核三原則に反し、核武装した米艦船の日本への寄港を明らかにしたのだ。ラロックは当時海軍を退役し、国防問題に関するシンクタンク「国防情報センター」の所長を務めていた。証言は日米核密約が明るみにでる序章となった。

私の経験によれば、核兵器搭載艦船はいずれも核兵器を積んでいる。これらの艦船は日本

やその他の国々の港に入る際、核兵器を降ろすことはない。核兵器を積載できる場合、艦船がオーバーホールや大規模修繕のための寄港の場合以外、通常いつでも核兵器を艦積み込んだままである。これらの核兵器の一つをうっかり使用するかもしれない現実の危険がある。

（「ラロック発言」）

ラロックは27歳で軽駆逐艦を率い、以来31年間、艦船を指揮した。その後、海軍作戦部長になり、統合参謀本部付で核戦略計画にも参与。実体験から「核兵器搭載艦船が日本の領海通過や寄港の際、核兵器は積んだまま」と明言したのである。

日本のメディアも騒然となり、続報合戦となる。だがアメリカ国務省や在日米軍は「核兵器の所在や、どの艦船に搭載しているかは、いっさい肯定も否定もしない」とコメント。

後に米政府公式見解なるもので、「米国政府は安保条約とこれに関連する諸取り決めに基づく日本に対するその約束を誠実に順守している」と発表。証言は一私人によるものであり、米政府の見解を代表しないと切り捨てた。81年にはライシャワー元駐日大使も密約の存在を示唆。毎日新聞記者に「核兵器を積んだ艦船の寄港は核持ち込みに当たらない。日米間に口頭了解がある」と発言。さらにライシャワーの特別補佐官を務めたジョージ・パッカード米日財団理事長は、アメリカ軍がベトナム戦争中に、返還前の沖縄にあった核兵器を本州に移したことがあったと発言、沖縄返還まで米軍が日本政府の要請をはねつけ、核持ち込みを行っていたことを公表した。核を後ろ盾とする日米同盟。ラロックらはその核をめぐる密約が同盟を毀損することを恐れたのだ。日米両政府にとって不都合な被爆国日本への核持ち込み。密約の暴露はアメリカの軍事戦略にも影響を及ぼした。「ペンタゴン・ペーパーズ」と呼ばれるアメリカ国防総省機密文書が１９７１年、アメリカ新聞紙上で暴露された。『合衆国・ベトナム関係、１９４５～６７年』と題され、ベトナム戦争の泥沼化に国防長官マクナマラに疑問が生じ、二度と失敗を繰り返さぬ教訓とすべく極秘で客観的な分析記録をつくるように命じたものだ。そこに明示されていたのは「勝てない戦争」。アメリカの国防問題研究家ダニエル・エルズバーグは反戦運動に役だたせようと職を賭してコピーを取り、米紙ワシントン・ポストなどに持ち込んだ。

このペンタゴン・ペーパーズは戦争終結への世論形成に影響を与えた。開示したエルズバーグの証言によれば、山口県岩国基地に１９５６年、核兵器が配備された。核爆弾積載能力を持つA4スカイホーク攻撃機一個中隊16機が駐留し、搭載する核爆弾は岩国市沖に長期停泊した米海軍揚陸艦サン・ホアキン・カウンティ号に積載されていた。

日本でも佐藤栄作首相の沖縄返還交渉の密使を務めた政治学者、若泉敬が『他策ナカリシヲ信ゼムト欲ス』を上梓、密約の存在を明らかにした。村田元外務次官も２００９年、核搭載米艦船の日本への寄港と領海通過に事前協議は必要としない「密約」があったことを認め、この密約を歴代次官が引き継ぎ、外相にも伝達したことを明らかにした。

相次ぐ暴露を誘引したラロック発言。この重大発言があった年、神戸では米軍が占有していた第6突堤が市に返還された。朝鮮、ベトナム戦争を通じて休養、補修などの名目で、第7艦隊の潜水艦、駆逐艦、巡洋艦が入港したが完全返還となった。正確な入港数は明らかになっていないが、海員組合などの調査では朝鮮戦争後の1957年、米軍艦の入港は311隻。以後、60年まで毎年100隻を越え、70年から返還までの5年間でも23隻が入港していた。

宮崎辰雄神戸市長はラロック証言を受けて1974年10月8日、市会答弁に立った。

ああいう証言がありますと、非常に疑わしい問題が出てまいりましたので、こういう状態のもとで市民の不安を拭い去ることはとうていできることではありませんので、私は港湾管理者の立場としてはこの問題が正確に解明されない以上は、この艦船の入港に対し拒否を致したいと考えております。

（神戸市長宮崎辰雄）

非核神戸方式の成立

高まる核への懸念。1975年2月、神戸市会交通港湾委員会は市民団体からの「核搭載艦船の寄港拒否」陳情を受けて意見決定を行った。3月18日、全市会議員によって「核兵器積載艦艇の神戸港入港に関する決議の件」が提案され、全会一致で採択された。以後、事実上神戸港に寄港する米艦船を認めない「非核神戸方式」が誕生した瞬間だった。

核兵器積載艦艇の神戸港入港に関する決議

神戸港は、その入港船舶数及び取扱い貨物量からみても世界の代表的な国際商業貿易港である。利用するものにとっては使いやすい港、働く人にとっては働きやすい港として発展しつつある神戸港は、同時に市民に親しまれる平和な港でなければならない。この港に核兵器が持ちこまれることがあるとすれば、港湾機能の阻害はもとより、市民の不安と混乱は想像に難くないものがある。よって神戸市会は核兵器を積載した艦艇の神戸港入港を一切拒否するものである。以上、決議する。

１９７５年3月18日　神戸市会

この日、市会は非核神戸方式決議に続き「平和都市宣言」も決議した。

神戸市は、世界の恒久平和と人類の福祉増進のため世界連邦建設の趣旨に賛同し、全世界の人々と相携えて恒久平和の実現に邁進する平和都市であることを宣言する。

この時期、世界情勢も岐路を迎えていた。泥沼化したベトナム戦争の終結が迫っていた。１９７５年の初頭、中国などが支援する北ベトナムが攻勢をかけ、アメリカが支えてきた南ベトナム軍は敗走し、ベトナム半島を南北に切り裂いた北緯17度線は消滅。追い詰められたアメリカ大統領ジェラルド・フォードは南ベトナムに残る全アメリカ国民に避難命令を出す。そして非核神戸方式が成立した翌月の4月30日、首都サイゴンは陥落。南ベトナム政府は無条件降伏を発表した。神戸が後方からアメリカを支援したベトナム戦争。本格的な介入から10年近くが費やされた。「ベトナムで共産主義の拡大を食い止めないとアジア全体が赤化する」とドミノ理論を振りかざしたアメリカの敗北。戦死者58、000人ちかく、アメリカの戦費は日本円でおよそ45兆円。高い代償の末、戦争は幕を下ろした。

アメリカが苦境に陥った時期に何故、アメリカの核を拒む非核神戸方式ができたのか。成立の瞬間に立ち会った議員が取材に応じた。阪神淡路大震災で壊滅的な被害を受けた神戸市長田区。ケミカルシューズ産業が盛んで、多くの在日コリアンやベトナム難民、アジアにルーツを持つ人々が生活している。この共生の街で暮らす元市会議員、堀之内照子さんが当時を振り返る。

当時、「むつ」のことで大変でした。港の汚染を心配する市民の声もありました。市会では意見の相違は当たり前だったけど、非核三原則、核を作らず、持たず、持ち込ませないは政府が表明した国是ですし、佐藤首相はノーベル賞まで頂きました。この問題では神戸市議員は皆、一致してましたね。やはり市民の声が大きかった。

１９７５年３月、神戸市会の議会構成は自民党26人、社会党12人、共産党10人、公明党11人、民社党６人、無所属１人の計66人。女性は共産党の堀之内さんの他、民社党に１人など議員の１割未満だった。後に議長になる女性議員をハーバーランド傍の自宅に訪ねると匿名を条件に取材に応じてくれた。非核神戸方式に否定的な意見もあったと話した。

非核三原則があったけど、神戸経済振興には日米関係の深化は欠かせない。反米に捉えられるのを懸念した商工会は一枚岩じゃなかったし、（有事に核持ち込みを容認する）２・５原則を主張する声もあった。表立っては今も言えないいけど。メディアは怖い。言葉が独り歩きするし個人的には何も言えない。

神戸市会は、１９８３年10月５日、「非核平和都市に関する決議」も行った。

わが国は、原爆による惨害を、身をもって体験した唯一の被爆国として民族的悲願をこめて、核兵器の廃絶に努力を重ねてきたところである。しかるに、最近の世界情勢を見ると核軍備拡大競争が依然として続けられ、人類の生存そのものが深刻な脅威にさらされていることとは、まことに遺憾である。いまこそ、神戸市会は、人類共通の念願である真の恒久平和に

向けて、わが国の国是である非核三原則が完全に実施され、また全世界全ての核兵器が廃絶されることを強く希求し、非核平和都市たることを宣言する。

二元代表制のもう一方の代表、宮崎神戸市長は声明を発表しなかった。だが1986年5月27日、雑誌『エコノミスト』のインタビューで、非核神戸方式について次のように語っている。

入港したいという軍艦をこちらが見ても核を積んでいるかどうか判断がつかん。初めから持っていないというのもありますね。そこで疑いのあるものについては向こうの責任者から一札とろう、と。それを入れてもらったら、入港許可なり、どこへつけるか、バースの指定をやる。しかしそれを提出してもらえなければ入港をお断りする。そう決めたんです。

ラロックは非核神戸方式成立に対し、市民にメッセージを寄せた。

軍人生活の大部分を核戦争の立案に携わった人間として神戸の皆さんにたいし、核兵器を存在させない模範を世界に示されていることに心から祝福します。個人と個人、小さなグループ、世界中の諸都市の努力を通じ、核兵器の使用、持ち込みを阻止する同様の決議や文章をだすことで、他の国々に対して灯台の役割を果たす。核兵器がいかに危険であるかを示すで

しょう。神戸の皆さんの御検討を祈ります。

この非核神戸方式が成立した1975年、戦中に原爆開発に携わった湯川秀樹はノーベル物理学賞を受賞した朝永振一郎と共に核抑止論を批判する「核抑止を超えて―湯川・朝永宣言」を発表した。朝永も湯川と同様、神戸を訪れたことがあるアインシュタインに刺激を受け、相対性理論の関係を明確に捉える「超多時間理論」を発表している。この朝永と湯川はラッセル・アインシュタイン宣言の精神に共感する人々に呼びかけ、62年に科学者京都会議を設立。声明文を発表し、「国家主権だけを絶対視する現状を超えて、新しい次元に向かって開かれなければなりません。核兵器競争で如実に示されている国家利己主義を打破するためには、高い同義的理念と、それにもとづく新しい法秩序を広範囲な視野に立って検討することが極めて有意義」と科学者の責任を訴えた。この科学者京都会議はパグウォッシュ日本グループを兼ねるものになり、京都で第25回パグウォッシュ・シンポジウムを開催する。テーマは「完全核軍縮への新構想」。米ソを含む15か国1国際機関からの32人が参加した。

このシンポジウムに合わせて、9月1日に出されたのが「核抑止を超えて―湯川・朝永宣言」だった。

ラッセル・アインシュタイン宣言の精神に基づいて、私たちは人類の一員としてすべての

人々に訴えたい。核兵器の脅威はますます増大している。軍備管理という枠組みの中で努力と苦心が積み重ねられたけれども、その基礎には核抑止による安全保障が成り立つという、誤った考え方がある。（中略）最も急を要する課題は、あらゆる核兵器体系を確実に廃絶することにある。

究極目標は、人類の経済的福祉と社会正義が実現され、自然環境と調和を保ち、人間が人間らしく生きることができるような世界秩序を創造することである。私たちは、全世界の人々、特に科学者と技術者に向かって、私たちと共に進まれんことを訴える。第一歩として、各国政府が核兵器の使用と威嚇を永久にかつ無条件に放棄することを要求する。

（核抑止を超えて—湯川・朝永宣言）

非核の死角

世界に類をみない地方自治体の非核政策「非核神戸方式」。成立当初は神戸市内ですら注目されることはなかった。理念に過ぎず、実効性はない。条例化されず法的な強制力もない。議会決議に過ぎず、市政に対し拘束力を持たない。だが事実上、世界の超核大国の艦船寄港を拒み続けてきた。この時期、世界でも非核政策が広がりを見せる。かつて日本が南洋諸島として委任統治した国々が中心になり南太平洋非核地帯条約が作られた。

日本が南洋庁を置いたパラオ共和国は１９７９年、世界に先駆けて非核憲法を制定。反核世論の後ろ盾はかつて日本と戦火を交えたニュージーランドだった。

戦後まもない１９５１年、日本を仮想敵としてオーストラリア、ニュージーランド、アメリカは相互安全保障条約を締結、しかしニュージーランドは、自国の周辺海域での核実験に反対。そして１９８７年、核兵器を搭載、もしくは原子力を動力源とする艦船の入港禁止する非核法「非核地域、軍縮、軍備管理法」を制定した。

アメリカは「同盟国の反逆」に激怒。「ニュージーランドは深刻なキウィ病を患った、有事に防衛するに値しない」と猛反発する。法制定運動に携わっていたバーニー・リチャーズ平和評議会議長は「非核神戸方式を意識した」と言う。だが、いずれの反核法も例外事項や首長による「政治判断」の余地を残し、有事におけるアメリカの核への抑止力にはなり得なかった。非核神戸方式も成立当初、世界的にも全く関心を呼ばなかった。だが、歳月の経過が、核のない一日、一日の積み重ねが米艦船寄港拒否の既成事実の積み上げ、事実上の実効性を立証した。一体、どのような特徴が政治判断や例外事項を阻んできたのだろうか。

憲法と地方自治

神戸港の管理は地方自治の精髄「港湾法」に拠り、政府ではなく神戸市が担う。神戸市は港湾の管理権限に基づき「外国艦船入港の手続」を定め、寄港する外国艦船に非核証明書の提出を義務づけた。

流れはこうだ。神戸市は寄港希望当該国（在日公館）に非核証明書の文書提出を求め、港湾管理者である市長は非核証明書の受領により入港を許可し、接岸バースを決定する。

眼目は神戸市が政府に「非核確認」を問い合わせる方式を採用しなかったことにある。1960年の日米安全保障条約改定の際、アメリカ軍の日本配置の重要な変更，装備の重要な変更は日米間で事前に協議すると規定したが、非核神戸方式においては、政府の「事前協議が無かったことによる非核の証明」が回避された。神戸市の事務手続きに政府が介入する余地を無くしたのである。アメリカの核政策の基本はＮＣＮＤ。核抑止力保持のため、核兵器の所在や存在の有無を明らかにはしない。当然、非核証明の提出そのものが重大な機密漏洩となる。そのため日米両政府にとって米艦船に非核を証明させる非核神戸方式は不都合な政策に他ならない。

では何故、政府ではなく神戸市が港湾を管轄できるのか。その起源は戦前に遡る。明治政府は中央集権化を遂行、地方を政府の行政事務遂行のための組織と位置付けた。港を拠点に発展してきた神戸の港湾も政府が「国の造営物」として一元管理した。港を中心に発達してきた神戸市にとって、自主的な港湾管理は悲願となった。

戦後、１９４7年5月3日，日本国憲法と同時に施行されたのが地方自治法。日本国憲法で定めた「地方自治」の本旨に基づき，地方住民の参政権を保障，戦前の政府の官僚統制を廃し、地方団体の自治権の育成を目的として制定された。１９４9年12月16日、ＧＨＱの指示により主要な港には原則として管理主体が設けられなければならないことになる。神戸市では地方自治法の理念を体現する「港湾法」成立に邁進。そして神戸博開催を決定した戦後初の公選市長、小寺謙吉は港湾法に殉じた。神戸港を市単独の管理とすべく国と協議するため上京中に急逝したのだ。

１９５０年、地方公共団体を港湾管理者に認める港湾法が成立。「港湾管理者としての市長が港湾法に基づいて必要な規制を行うことが出来る」と定められた。

同法に基づく神戸市港湾施設条例では第３条「港湾施設を使用とするものは、市長の許可を受けなければならない」とし、第36条で「市長は、必要があると認める時は使用者に対し（中略）港湾施設の使用に関する事項について関係書類の提出を求めることが出来る」。

民意を代表する市会決議を港湾管理者である市長が実現することは、日本国憲法に定められた「地方自治の本旨」に基づく行為と言える。この文脈から非核神戸方式は日本国憲法と同義となる。非核神戸方式成立以後、30年間で神戸港以外の米艦船入港は16万回を超えた。一般の45港にも６００回近く訪れた。しかし非核神戸方式成立後、神戸港に入った20隻の外国艦艇は、核保有国のフランス、インドも含め、すべて証明書を提出。英国は入港を断念、米国の船は一度も入港していない。

成立当時、日米両政府の表立った反応はなかった。日本はロッキード事件、アメリカではウォーターゲート事件によりリーダーが失脚。その余波で政界も日米関係も動乱の最中だった。政府は7月に沖縄国際海洋博覧会開催を控えていたが盛り上がりに欠けた。

この開会式に出席するため、沖縄県を訪問した当時の皇太子・皇太子妃がひめゆりの塔で過激派から火炎瓶を投擲されるという事件も起こった。

日米両政府と非核神戸方式

非核神戸方式ができた1975年、日本の総理は三木武夫、アメリカはフォード大統領。共に前任者の汚職で傷ついた政治への信頼回復が喫緊の課題だった。

田中角栄が提唱した日本列島改造論はインフレを加速させた。既存の主要都市における土地投機を誘発し、地価が暴騰。「列島破壊」と呼ばれた。続いて起きた石油ショックによる「狂乱価格」が列島に広がり、田中のファミリー企業の土地をめぐる疑惑が「金権政治」と批判された。田中内閣は総辞職、後を継いだのが三木だった。

清廉さへの期待から「クリーン三木」と称された三木は徳島県に生まれた。バルカン政治家と呼ばれ、1964年と自民党幹事長を務めたほか、岸信介、佐藤栄作、田中角栄の各内閣に入閣し、つねに権力中枢にいた。

1974年田中退陣後、首相に就任したが2年で退陣。だが、三木は今日に通ずる安保政策を定めた。1976年、佐藤政権が打ち出した武器輸出三原則を強化。共産圏，国連決議による武器禁輸対象国，国際紛争の当事国、またはそのおそれのある国には武器輸出を認めないとする政策であり、三木は，三原則における「武器」を「軍隊が使用し，直接戦闘の用に供されるもの」と定義した。

防衛費ＧＮＰ１％枠指針も表明、一方で１９７５年、戦後初めて現職総理として8月15日、靖国神社を公式参拝した。退任後、三木派は解散。しかし派閥を継承したのが後に河本派閥率いる河本敏夫だった。兵庫県相生市出身の河本敏夫は戦前「海運業界の一匹狼」として勇名をはせる。この河本とかつて近しい関係にあったのが第13代神戸市長、宮崎辰雄だった。

宮崎は１９１１年生まれ。現在の兵庫県立長田高を経て、旧制姫路高校に入学。しかし河本敏夫の退学問題に支援を貫いたことで退学処分を受ける。

神戸市役所入庁後は、神戸市助役を経て、１９６９年から神戸市長を5期20年務めた。当選時は自民、日本社会党、公明党、民社党の支持を受けたが、非核神戸方式ができる2年前の市長選では自民が支持を撤回し、共産党が推薦に加わった。自民党支持候補を破り再選を果たし、神戸市は革新自治体となった。宮崎は当時、関西の政財界で大きな議論になっていた神戸空港建設に反対する。後に革新的な政策への反省と失望を表明。１９７７年の市長選挙以降、全国でも稀有なオール与党体制となる。「山、海へ行く」を推し進め、六甲山を削り、ポートアイランドや六甲アイランドを造成。１９８１年に神戸ポートアイランド博覧会「ポートピア'81」を開催、経済的に大成功に導いた。埋め立て地の売却、ドイツなどの外国金融機関からの起債で、国庫補助に頼らない行政を展開。「株式会社神戸市」と呼ばれ、海外でももてはやされる。「自治体外交」にも注力し、１９７３年に中国天津市との間に日中友好都市協定を締結。これが日本と中国との友好都市第１号となった。（写真38）

フォード来日

一方、非核神戸方式が成立した時期のアメリカの大統領はフォードだった。この第38代大統領は１９１３年に生まれた。ミシガン大学でアメリカンフットボールの選手として名を馳せ、太平洋戦争中は海軍に所属。その後、政界入りし、ウォーターゲート事件で辞任に追い込まれたニクソンに大統領指名された。１９７４年、現職大統領として初めて訪日、天皇皇后を会見した。当時の田中総理とフォード大統領との間の共同声明では「アメリカの核の傘」が示唆された。

日本と米国は、すべての国が、特に核軍備の管理を進めるため、また、平和目的の核エネルギーの一層の利用を容易にしつつ、核兵器その他の核爆発装置の一層の拡散を防止するために、真剣な努力を払う必要があると考える。両国はあらゆる核兵器保有国が高度の責任を有することを強調し核の脅威から核兵器非保有国を守ることが重要であると考える。

（田中・フォード共同声明）

田中は11月19日のフォード大統領との第1回会談における核問題詳録で核兵器について切り出した。

（田中）最後に核兵器の問題について一言したい。日本への核兵器の持込みを事前協議の

対象としているが核兵器による抑止力という米国や欧州での考え方は理解できるが、日本では核兵器に関して過去の経験に基づく特殊な感情がある。核兵器の持ち込みの疑惑がわが国でやかましく言われるようになったのは、ミッドウェーの母港化等を契機とする。米国の核の傘の下で、日本の安全が保障されているのは事実であるから、この核の疑惑に対する日本国民の質問に米側としては答えにくいであらうが、かかる日本国民の核兵器に対する敏感な感情ないし特殊な考え方があるのも事実である。日本政府としては、この政治的課題に答えなければならぬ立場にある。これはラロック証言以来特に然りである。

（フォード）**日本国民の核兵器に対する特殊感情については自分も十分承知している。詳しいことはキッシンジャー長官と木村大臣とで話しあってもらいたい。**

この会談後、田中は退陣し、三木が首相に就任した。1975年2月、三木はアメリカが主導するNPT核拡散防止条約の早期批准を推進。NPT批准により日本は核兵器を開発・保有するオプションを放棄する義務を負うことになるため、署名から5年近くも批准を先延ばしにしていた。8月、三木は訪米し、ワシントンで環境保護協定を締結。そして広島に原爆が投下された8月6日に「日米共同新聞発表」を公開する。アメリカが核兵器で日本を守る「拡大核抑止」提供を明言した瞬間だった。声明文を紹介する。

総理大臣と大統領は、相互協力及び安全保障条約は、極東の平和と安全の維持に大きく寄与してきているとともに、アジアにおける国際政治の基本的構造の不可欠の要素であり、同条約を引続き維持することは、両国の長期的利益に資するものであるとの確信を表明した。両者は、さらに、米国の核抑止力は、日本の安全に対し重要な寄与を行うものであることを認識した。これに関連して、大統領は、総理大臣に対し、核兵力であれ通常兵力であれ、日本への武力攻撃があつた場合、米国は日本を防衛するという相互協力及び安全保障条約に基づく誓約を引続き守る旨確言した。総理大臣と大統領は、核軍備制限、原子力の平和利用の分野において、あらゆる核兵器保有国が積極的に貢献すべきことを強調した。

同年9月30日、天皇のアメリカ初訪問が実現。アーリントン国立墓地での供花や、ディズニーランド訪問がアメリカで話題になるなど日米関係の強化を印象づけた。

1976年、日本はNPTを批准。アメリカ主導の核不拡散体制に組み込まれ、1988年の日米原子力協定に連なってゆく。この協定は核兵器に転用しないことを条件に、日本にウラン燃料の濃縮や使用済み核燃料再処理を一括で認める二国間協定で、日本は非核保有国で唯一、プルトニウム保有が認められた。

天然資源に乏しい日本。原子力を「準国産エネルギー」と位置づけ、原発の使用済み燃料を再処理してプルトニウムとウランを取り出し、再び利用する「核燃料サイクル」を目指した。主軸は原型炉「もんじゅ」。発電しながら燃やした以上の燃料を生み出す「高速増殖炉」構想の要と位置付けられた。

だが現在、この「夢の核」は行き詰っている。高速増殖炉開発は進まず、もんじゅは廃炉が決まった。何故、政府は「夢の綻び」を直視しないのか。近年、イギリスの公文書館で公開された１９７０年代の日英原子力交渉に関する外交文書では、日本の「夢への固執」が明らかになった。フォード政権を継いだカーター大統領（任期１９７７～８１）は核拡散を懸念し、「開発費用が巨額で、仕組みも複雑」として核燃料サイクルからの撤退を決断。そして日本にも再処理断念を要求した。再処理の代わりに使用済み核燃料を太平洋の米国領・パルミラ環礁で保管する案を提示した。しかし日本は拒み、イギリスなどと再処理契約を結んだ。

この「構想」が実現していれば「日本はプルトニウム保持し続け、核兵器開発オプションを手放さない」という海外からの懸念は生じなかった。

非核の否定

唯一の戦争被爆国として核廃絶を目指すのか、それとも安全保障の最たる後ろ盾としてアメリカの核の傘を求め続けるのか。外交や安全保障を管轄するのは中央集権か、憲法で掲げた地方自治か。日米同盟に反する非核神戸方式は「民主主義の現在地」を浮き彫りにする。

非核神戸方式を導入しようとする地方自治体の動きは全て政府や与党の介入、干渉によって断念に追い込まれた。１９９７年、当時の高知県知事、橋本大二郎は非核神戸方式の導入を表明。高知県議会も全会一致で「港湾の非核平和利用に関する決議」を採択、条例の整備を進めた。

しかし後に防衛庁長官になる与党議員が「外交、防衛は国の専管事項、条例によって安保条約の義務を果たせないのは問題だ」と伝達。橋本氏は筆者の取材に応じ、当時のやりとりを語った。

中国が海洋進出を本格化させ、北朝鮮が核開発を進める情勢では安易にコメントはできないですね。その前提ですが、中谷さんに言ったんです。非核三原則は国是でしょ、政府判断を受けて地方で理念を実現させる、これのどこがいけないの。そうすると中谷さん、一言も答えられないんです。言葉は悪いけど、ガキの使いじゃあるまいし。ただやめてくれの一点張り、理論破綻してるんです。最も当時と今は日本を取り巻く安全保障環境は変わったので、議論の前提そのものが違いますけど。

結局、条例化は見送られる。函館港でも同様だった。この港には占領統治下の頃から米艦船が寄港、核兵器搭載可能艦船もあった。１９８２年、函館市会で核兵器廃絶平和都市宣言が決議された。だが実行性は骨抜きにされ、米軍による非核証明提出は実質的に免除された。広島の呉でも市に非核神戸方式実現を求める直接請求運動が起きたが、市会で拒否された。

照準された非核神戸方式

神戸港でも１９９８年、カナダ太平洋艦隊の補給艦プロテクターが海上自衛隊阪神基地隊に寄港を要望。神戸市は非核証明書を求めたが回答はなく、外務省から「カナダはＮＰＴ締結国なので核兵器は搭載していない」と電話連絡があった。結局、補給艦は海上自衛隊基地へ寄港、基地への接岸は神戸市の許諾は及ばず、核の有無を判断する権能はない。だが基地までの水域、航路は神戸市の管理権限が及ぶ。

１９９７年、米軍は周辺有事の使用対象港湾に神戸港などを名指しで指定。１９９８年、日米防衛協力の指針、日米新ガイドラインが作られ、周辺事態措置法や武力攻撃事態法が成立。自治体は国とともに「対処措置」を実施する責任を負い、土地や病院、港湾などの提供を求められるようになった。翌年、フォーリー駐日大使は畳みかける。兵庫県、神戸市の議会会派代表の議題の在任中に神戸港に米艦の入港を希望」と伝達。２０００年、ルーダン総領事は「入港は安保条約で確保されている」「神戸方式は二国間関係において有意義でない」と表明。来日した米海軍長官も、防衛庁長官との会談で米軍艦神戸寄港を要望、初めて日米両政府代表の公式会議の議題になった。東京の駐日米大使も米企業16社を率いて神戸を訪問。同行した総領事は「米艦船が入港できないと反米的との誤解を招く」と発言した。

アメリカの攻勢は続く。２００１年、総領事は「一自治体が独自の外交を展開し、米国艦船の寄港を受け入れない方式は矛盾」「神戸方式が反米的印象を与え、神戸への投資を阻害している」

とし、同年、姫路港に寄港した米海軍第7艦隊のミサイル巡洋艦の艦上で「理解が深まれば将来的には神戸港へも入港したい」「非核神戸方式のため、神戸は日米関係を強める機会、経済協力などのチャンスを失っている」と記者会見で述べた。

人類が非核に最も近づいた瞬間

核は必要悪であり、絶対悪ではないのか。核大国は核を手放さないのか——。

1987年12月8日が、核脅威の増大時代と人類の生活の非軍事化時代とを分ける分水嶺を意味する記念日として、歴史の教科書にのるようにしようじゃありませんか。

（レーガン大統領）

核廃絶に最も近づいた瞬間がある。米ソ首脳が対面した1986年のレイキャビック会談。冷戦の深淵に一閃の光芒が射した歴史の画期。その舞台が北極圏にあるアイスランドだった。

「核の岐路」に至る系譜は非核神戸方式が成立した、まさにその年に端を発する。1975年、ソ連はSS20核ミサイルを東ドイツなど東欧の同盟国に配備。既存のミサイルよりも射程、命中精度、破壊力、そして機動性に優れる。NATO率いるアメリカにとって西側同盟国の安全保障の劣位は絶対に放置できなかった。そしてアメリカは相反する2つの戦略を打ち出す。まず、米ソの軍備制限協議をソビエト連邦に要請。次に地上発射型巡航核ミサイル、１０８基のパーシングⅡ弾道核ミサイルの西ドイツはじめとする西欧配備だった。軍備を制限しつつ増強する戦略は「二重決定」と呼ばれる。

米ソ両核大国が軍備制限交渉を開始したのは、レーガン政権の発足まもない１９８１年だった。レーガンは宇宙空間で敵国の核を撃墜するＳＤＩ（戦略防衛構想）、スターウォーズとも言われたミサイル防衛計画を推進。強いアメリカを標榜したレーガンだったが、中距離核戦力を意味するＩＮＦ制限を目標にする。ＩＮＦとは、射程が５００～５、５００㎞の地上発射型弾道ミサイル、巡航ミサイルを指す。だが、ＩＮＦ削減交渉は難航し、幾度も中断する。転換の予兆は１９８５年、ゴルバチョフの書記長就任だった。ゴルバチョフは「新思考外交」を提唱し、核戦争の脅威や国の違いを超えた全人類的課題解決のため各国協力を強調した。そして実現したのが、アイスランドの首都を舞台としたレイキャビック会談だった。

アイスランドから神戸へは鯨肉やシシャモを運ぶ航路があるが、直線距離でおよそ８、７００㎞。関西から遠く隔たり、直行便はない。デンマークを目指し、乗り換え、３時間半ほどのフライトで北大西洋に浮かぶ「氷の島」に着く。広さは北海道よりやや広い約10万㎢、約30万人が暮らす。漁業国で日本との接点は捕鯨だ。ジェンダー平等世界一でも知られている。ＥＵ未加盟で非武装国だが、アメリカ率いる北大西洋条約機構（ＮＡＴＯ）に加盟している。空港から首都レイキャビック中心部を目指す。海岸線にはフィヨルドの絶壁、大地は風が水平に吹き付け、車が横にすべる。台形の峰々は溶岩で覆われ、麓では間欠泉が吹きだしている。教会や議会、凍てつく湖やグラウンドを抜けると海岸線の傍に洋館がぽつんと建っている。歴史の転換点を見つめたホフディ・ハウス。周囲に建造物はない。1900年代初頭にフランス領事館として建造されたそうだが、地元の人々は幽霊が出るという。

ここで1986年10月、レーガン大統領とゴルバチョフ書記長による米ソ首脳会談が開かれた。両国共に核のジレンマに陥っていた。24時間一瞬も休むことなく互いを攻撃するためにICBMを配備し、長距離爆撃機をスタンバイし、深海でSLBM搭載原潜が対峙した。

この「核のコスト」は米ソに重くのしかかっていた。ゴルバチョフは切り出した。日本の安全保障にも直結する提起だった。「INF問題に関してイギリスとフランスの核兵器を対象外とすることで西側の優位を認める」、「極東方面配備のソ連のINF制限を提案する」。その後両首脳は、ヨーロッパ配備のINFの全廃でも一致した。核兵器廃絶が最も実現に近づいた瞬間だった。

躓きの石

だが、歴史は暗転した。躓きの石がアメリカが固執したミサイル防衛だった。

敵の核を探知し、落下までに迎撃するミサイル防衛は、敵からすれば常時衛星や偵察機、地上や海中から監視され、迎撃ミサイルと呼ばれる「攻撃弾」にさらされることを意味する。結局、ミサイル防衛は軍備拡張につながる「防衛のジレンマ」の引き金になりかねない。ゴルバチョフはアメリカのＳＤＩ制限を合意の条件とした。だが、結局、世紀の会談は決裂に至った。

しかし、ゴルバチョフにとって軍縮は国家存亡をかけて取り組む課題だった。

ペレストロイカのスローガンのもとにソ連経済再建に邁進。大幅な軍縮は不可欠であった。そして１９８７年４月、歴史は再び転換した。ソ連はＩＮＦ全廃に踏み込んだのだ。所謂、ゼロ・オプション。アメリカも呼応するように西ドイツはじめ核を配備した国々を説得し合意を獲得。12月８日、ワシントンで米ソ首脳会談が実現し、ＩＮＦ中距離核戦力（ＩＮＦ）全廃条約が調印された。

歴史は加速する。１９８９年、地中海のマルタ島で行われたブッシュ（父）大統領とゴルバチョフが会談し、冷戦終結が宣言された。この冷戦終結の起点の一つがアイスランドのレイキャビック会談だったのだ。アメリカは核戦略を転換。１９９１年９月27日、ブッシュ大統領は一方的核削減措置の一環として、艦船から核兵器を撤去すると宣言。１９９２年以来、アメリカは外交上、米艦船や原潜には核兵器は搭載していないと公言した。今もドイツなど在欧米軍基地に核搭載爆撃機を配備しているものの、93年にかけてアメリカ、ソ連の後身ロシアは戦略兵器削減条約を締結し、核軍縮は加速した。

だが、歴史は繰り返す。「核なき世界」構想を提唱し、ノーベル平和賞を受賞、現職大統領として初めて広島訪問を実現したオバマ大統領は「核の先制不使用政策」採用も検討。だがトランプ政権はＩＮＦ条約から離脱、２０１８年にＮＰＲ（核体制の見直し）で核使用の条件を緩和し小型核開発を提言、そして原子力潜水艦核兵器配備へと舵を切った。

中国やロシアも核開発を本格化。アメリカのミサイル防衛では追尾、迎撃できない超超高速核ミサイル、レーダー探知されない巡航ミサイルを導入。その結果、核の攻防はレーダーが届かない深海が主戦場になった。核搭載原潜の戦略的価値は高まり、北朝鮮も開発を進めている。

２０２０年1月、長崎大学核兵器廃絶研究所によると世界の核はおよそ１３、４００発。アメリカの約5、８００、ロシアの6、３７０をはじめ仏２９０、英１９５、中国３２０、インド１５０、パキスタン１６０、イスラエル８～90、北朝鮮30～40ほどと見られる。この内、潜水艦配備ＳＬＢＭの割合は高い。アメリカ1、９２０、ロシア1、６２０、仏２９０、英２１５、中国60、インド30程度、パキスタン０、イスラエル10。英仏の全核兵器は潜水艦配備。アメリカも全核保有数の３分の1以上をＳＬＢＭが占める。

非核神戸方式の現在地

教育基本法の普遍的な理念は大切にしながら、道徳心、自律心、公共の精神など、まさに今求められている教育の理念について規定しました。

２００6年、第一次安倍内政権が発足し、教育基本法を改正。「美しい国」、「戦後レジームからの脱却」を呼号した安倍首相は二重政策を打ち出した。戦後の日本のあり方を決定づけたアメリカの軛からの脱却、一方でアメリカの核抑止力の希求。「押し付け」憲法の改正と、「押し付けた」アメリカとの同盟強化。引き裂かれる国家の基盤を愛国心に置いた。２０１２年、第二次安倍政権は憲法改正を訴え、「日本を、とりもどす」と次々とスローガンを掲げる。「アベノミクス・三本の矢」、「地球儀を俯瞰する外交」「一億総活躍社会」……。

この全ての最前線が神戸だった。

２０１４年7月1日、安倍政権は、集団的自衛権の行使を容認するため、憲法解釈変更を臨時閣議で決定。「専守防衛」の基本理念のもと自衛隊の海外派遣を制限してきた戦後の安全保障政策は岐路を迎えた。日米同盟の強化に向けた既成事実は神戸周辺でも確実に積み重ねられた。伊丹の陸上自衛隊中部方面隊では日米共同指揮所演習が開催された。この伊丹の部隊は銃弾飛び交う南スーダンに派遣され、滋賀県の饗庭野演習場では米軍のオスプレイと共に日米合同訓練に参加した。

神戸で建造される潜水艦は２０１８年9月13日、米中対立の最前線、南シナ海で護衛艦部隊と合同訓練に参加した。フィリピンの西側の海域で、護衛艦が潜水艦「くろしお」を見つける対潜水艦戦を想定した訓練で公表は初めてだった。潜水艦の動向を公表するのも異例だった。その後「くろしお」はベトナムのカムラン国際港に入り、護衛艦はアメリカの原子力空母と共同訓練に参加した。

阪神基地隊の掃海艇はどうなるのか、2015年、筆者は阪神基地隊に取材申請を行った。基地隊を率いる隊司令（当時）は仮定の話はしないという前提で応じてくれた。

日米同盟というものは日本では政府が主導し、方針を定め、自衛隊はその指示のもと、任務を全力で果たす。そして国民の支持なくして活動はできない。そう思っています。

（Q・専守防衛に徹してきた自衛隊ですが、戦地派遣はあるのでは――）

「ひとえに政府がお決めになること。自衛隊だけの判断では決してありません。そして自衛隊だけでは日々の活動はできません。例えば阪神基地隊だけでも食料、水、燃料、装備の修理や部品の補充、建物の建設や基地の電気もガスもそうですね。自衛隊はメーカーではありませんので、多くの国民の協力を必要とする。自衛隊は病院もありますが、緊急時には助けてもらうこともあります。そのため、日々の活動に国民の皆様の理解を得るために努めています。

繰り返すが、インタビューに応じたのは2015年。その後、日米同盟強化は着々と進められた。掃海艇は日米や日豪、日印共同掃海訓練に参加した。2020年11月、宮崎県の日向沖で行われた日米共同機雷戦・掃海特別訓練に阪神基地の2隻の掃海艇も参加。アメリカの掃海艇と共に機雷派遣、無力化訓練を共に行った。

２０１８年7月、青森の陸奥湾で行われた日米印合同機雷戦訓練及び掃海特別訓練は大規模で海上自衛隊は掃海母艦、掃海艦そして神戸の掃海艇など13隻と潜水艦哨戒機が参加。米軍やインド海軍と共に掃海のみならず、機雷設置し、敵に被害を与える訓練も行った。

２０１９年6月には硫黄島周辺で例年の機雷処分訓練を実施、日米共同の掃海特別訓練もかつての激戦地で初めて行われ、阪神基地隊の掃海艇も参加した。11月にはオーストラリアも加わり日向灘で日米豪共同訓練を行った。機雷を敷設する攻撃訓練と共に神戸の掃海艇も加わっての掃海訓練そして潜水訓練も行われた。自衛隊からは約1、０００名が参加した。２０２１年も伊勢湾での日米合同訓練が計画され、阪神基地隊の掃海艇も参加予定だ。日米同盟の当事者組織は陸自、海自だけではない。２０１４年、近畿初の米軍基地が作られた。近畿最北端の京都府京丹後市に米軍人・軍属およそ１６０人が駐在するXバンドレーダー基地「14ＴＨ ＭＩＳＳＩＬＥ ＤＥＦＥＮＳＥ ＢＡＴＴＥＲＹ ＫＹＯＧＡ ＭＩＳＡＫＩ ＣＯＭＭＵＮＩＣＡＴＩＯＮＳ ＳＩＴＥ」が設置された。航空自衛隊レーダー基地と隣接し、日米同盟の象徴となっている。

空自はアメリカの戦略爆撃機の戦略訓練にも参加し、一体化を深めている。安倍政権は敵基地攻撃能力の保有を巡る議論も進めた。既に空中給油機があり、空母に改修されるヘリコプター搭載艦「いずも」に続き、Ｆ35が離着陸できるようになる空母護衛艦「かが」を有する日本は実質的に敵地攻撃能力を持つ。アメリカの国力に陰りが見える中、アメリカは日本へ「核の傘のコスト」を分担するよう要請を強めている。

佐藤栄作が表明した武器輸出三原則も、安倍政権の閣議決定により防衛装備移転三原則とされ、神戸は武器輸出の最前線となる。2020年には神戸発祥の三菱電機が戦闘機やミサイルを探知する防空レーダー4基を輸出する契約が成立。沖縄や南シナ海で離島防衛に資する水陸両用飛行艇、世界有数の技術を誇る潜水艦も武器輸出の主軸に位置付けられた。政官財一体となって輸出が目指され、オーストラリア向け輸出が締結寸前まで進められた。結局フランスが輸出となったが、この交渉打ち切り直後、神戸港にオーストラリアの潜水艦が神戸に寄港する。

2016年5月6日、海上自衛隊阪神基地隊にオーストラリア海軍の潜水艦「ランキン」が入港。「ランキン」は長さ約78m、幅約8メートル。海上自衛隊との共同訓練が目的だった。歓迎行事でランキン艦長は、「今回の共同訓練は日豪間の関係性を深めるのにいい機会になる」と話した。

2015年、これまで禁止されていた他国軍への支援も内容次第で可能となる「開発協力大綱」も閣議決定。「国益の確保」を明記し、安倍政権の「積極的平和主義」に基づき、ODAの戦略的活用が強調された。神戸港には実施組織JICA関西がある。政府はフィリピンに自衛隊装備を無料供与。ベトナムにも巡視艇を無償供与した。米軍が最も長い戦争を戦うアフガニスタンでは空港の航空管制支援を継続している。筆者の取材に対しJICA関西代表は、

色々な見方をされますが、現地の要請に基づき、支援する、現地養成主義が基本です。私

共は外務省の政策に則って活動します。時に安全や健康が脅かされる時も、これは全力で回避しますし、青年海外協力隊のように一般参加してくださる方を最優先で保護しますが、実施の基本はあくまで政府方針です。

戦中、大学が戦争協力した反省から遠ざけられてきた軍学共同も研究予算分配の差配により、事実上なし崩しとなった。防衛省、米軍資金による研究も本格化していく中、神戸大学では懸念する教職員が中心になり、反対署名活動を展開した。日米同盟の深化は特定秘密保護法や共謀罪の成立に結実した。戦地派遣された三宮さんや、弟が戦後に戦死した中谷さんは憂慮を深めた。

何が秘密かを誰が決めるの。秘密にする理由は誰が説明するの。国を守るのに秘密は要る、当たり前ですよね。戦争で敵に作戦ばれたら勝てる訳がない。だけど、自分たちが命がけで守る国が信用できないと犠牲者は浮かばれない。自衛官はなおさらだよ。本当に命を捧げるに値する戦いなのか、政府なのか。アメリカに日本に沈黙を言い渡された私にとって本当に自衛官にとって大事なことが秘密にされないかが怖い。　（弟を朝鮮戦争で失った中谷さん）

「アベノミクス・３本の矢」その１本目が武器輸出なら、２本目は成長戦略に位置付けた原発輸出だった。２０１６年11月11日、日本は核保有国インドへ原発輸出を可能にする原子力協定に署名した。インドはＮＰＴ核拡散防止条約に加盟しておらず、どちらかが一方的に協力を停止できる条項も盛り込んだ。ただ、すでに完成した原発をどう止めるのかなど、具体的な取り決めはない。原発製造拠点、神戸の被爆者はどう思うのか。広島での被爆を半世紀以上沈黙してきた貞清さんは嘆息した。

国策なのであれこれ言っても何も変わらないけれど、これって踏み絵ですよ。私にとって。取材でも表立っては賛否を言いにくい。年金頂いていますが、少子高齢化で日本の経済が大変なのは解ります。神戸も震災後、（経済面が）元気ないしね。実際に原子力の電気で便利で豊かに生活してきたんです。批判はできない。でも核を持っている国に、原発を輸出する、福島の原発事故から5年も経っていないうちに。アジアの人々はどう見るのでしょうか。人が住めなくなる事故を起こしたのが原発です。そして被爆者は核のもたらす悲惨を知ってます。

でもね、言いづらい。最近、非国民っていう言葉あるじゃない。反対したら言われるかもしれん。被爆者でも割れてると思います。

「一億総活躍社会」、「女性が輝く社会」の顕現は自衛隊の民間活用だった。少子化の影響もあり、自衛隊は近年定員割れが常態化している。一方で災害列島では地震や豪雨災害が相次ぎ、自衛隊の救援救護活動は決して欠くことができない。そこで政府が注力したのが一般市民の「活用」だった。その焦点は民間船員だった。自衛隊での勤務経験がない民間船員を有事の際、10日間程の教育訓練で予備自衛官になれる制度を導入、平時のみならず有事でも操船従事を可能にした。そして神戸港が初めての現場になった。

２０１６年4月20日、神戸港に民間フェリーが寄港した。六甲アイランドの岩壁に陸上自衛隊員約２７０人と、陸自車両約80台が大型フェリー「はくおう」に次々と乗り込んだ。熊本地震の被災地に向かう「はくおう」は全長約２００ｍ、幅25ｍ、トラック１６０台近くが積載可能。母港は神戸にも近い相生港だ。防衛省は有事や大規模災害の際、人員や武器輸送に民間フェリー2隻の使用契約を、フェリー所有する会社などが設立した特別目的会社と締結した。この神戸からの出航が契約後、初輸送となる。この動きに反発したのが戦時中、戦地派遣された民間船員だった。「事実上の徴用」だと、貨物船乗組員などで作る全日本海員組合が防衛省に反対を申し入れた。組合長は筆者の取材に声明文を読み上げた。

防衛省は平成28年度予算案に、予備自衛官補として21名を採用できるよう盛り込んだ。われわれ船員の声を全く無視した施策が具体的に進められてきたことは誠に遺憾である。

アジア・太平洋戦争で民間の船舶や船員の大半が軍事徴用され、物資や兵員の輸送に従事し、１５、５１８隻の民間船舶が撃沈され、６０、６０９人もの船員が犠牲になった。政府が民間

人である船員を予備自衛官補として活用できる制度を創設することは「事実上の徴用」につながるものと警鐘を鳴らし断固反対する。（全日本海員組合）

「戦後レジームからの脱却」、この戦後の総決算は安倍総理のかつての職場・神戸製鋼のある神戸で憲法記念日に開陳したメッセージだった「憲法改正の主役はあなたです」

2017年5月3日の憲法記念日、憲法改正を求める集会で安倍首相はビデオメッセージで「2020年に新憲法を施行したい」と呼びかけた。

憲法改正は自民党の立党以来の党是。9条1項、2項を残しつつ、自衛隊を明文で書き込むという考え方は国民的な議論に値する。多くの憲法学者や政党には自衛隊を違憲とする議論が今なお存在する。あまりにも無責任。憲法を改正するか否かは最終的には国民投票だが、発議は国会にしかできない。私たち国会議員は大きな責任をかみしめるべきだ。

6月24日には神戸のポートアイランドのホテルで登壇し、「正論」懇話会の設立記念特別講演会で憲法改正を訴えた。

国の未来、理想を語るのが憲法だ。憲法施行70年の節目となる本年中にわが党が先頭に立

って歴史的な一歩を踏み出す決意だ。東京五輪が開かれる2020年を新しい日本が動き出す年、すなわち新しい憲法が施行される年にしたい。

安倍政権が推進しようとした改憲とオリンピック、その焦点が原発だった。2013年9月3日、安倍首相はブエノスアイレスで開催されたIOC総会で世界に福島原発事故の収束を訴えた。首相官邸のHPにも和訳が掲載されている。

委員長、ならびにIOC委員の皆様、東京で、この今も、そして2020年を迎えても世界有数の安全な都市、東京で大会を開けますならば、それは私どもにとってこのうえない名誉となるでありましょう。フクシマについて、お案じの向きには、私から保証をいたします。状況は、統御されています。東京には、いかなる悪影響にしろ、これまで及ぼしたことはなく、今後とも、及ぼすことはありません。さらに申し上げます。ほかの、どんな競技場とも似ていない真新しいスタジアムから、確かな財政措置に至るまで、2020年東京大会は、その確実な実行が、確証されたものとなります。

メディア・イベントを活用した「国是の転換」。観艦式で戦争を日常化し、博覧会で原発受容を促す構図は神戸の歩みと通底する。安倍政権は気脈を通じる大阪府知事、大阪市長が推進する万国博覧会の大阪開催を後押しし、２０２５年の大阪・関西万博開催も決まった。日米同盟強化に向けた既成事実が重ねられる中、神戸の東、芦屋市に米軍ヘリが飛来する。

２０１４年8月31日、兵庫県は芦屋市の海沿いの埋め立て地を会場に南海トラフ巨大地震を想定した合同防災訓練を実施。在日米軍も初参加し神奈川のキャンプ座間から軍用ヘリコプター「ブラックホーク」が出動した。米軍は陸上自衛隊との連携を確認し、井戸俊三知事（当時）をヘリ見学に招いた。筆者は後日、兵庫県定例記者会見の終了直後、知事に聞いた。

（Q・知事、非核神戸方式についてどう思われますか）。

あれね、う〜ん、困ったね。阪神淡路大震災の時、在日米軍の支援が結果的に受けられなかった。支援の申し入れはあったと聞いている。今後の災害の備えにおいて、米軍の支援は望ましい。非核神戸方式はちょっとね、困るよね。市のことだから、これ以上は言えないけれど……。

神戸市は非核神戸方式にどのような見解を持っているのか。２０１４年、筆者は神戸市に情報公開請求を行い、非核証明書の開示を求めた。それまで神戸市は市民団体などの開示請求に「全ての証明書は破棄、存在しない」との回答を続けていた。当時は特定秘密保護法の施行直後。管轄する神戸市港湾局でもＮＣＮＤ戦略を採用したアメリカの艦船が寄港していない事実を公開する行為が反米的であり、また、機密漏洩にあたるのではとの議論がなされたという。

１週間後、市役所から連絡があった。開示されたのは非核証明書。１９７５年3月18日の非核神戸方式成立以後イタリアやカナダ、インドなど艦船20隻全てが提出した非核証明だった。全てＡ４サイズ1枚。たった一行のみの記載から、大使館名義のものまで、手書きからタイプ打ちまで様式は様々だった。世界で唯一の「地方自治体への非核証明書」だった。（写真31・32）

近年、神戸市に非核神戸方式を積極的にＰＲするそぶりはない。記念碑が華僑博物館の入るビル傍に設置されたが、市の協力はない。憲法記念集会の後援も取りやめた神戸市は、非核神戸方式記念集会の後援は続けているが、主催者は市の後ろ向きな姿勢を危ぶんでいる。２０１６年、久本喜造神戸市長に聞いた。

（Ｑ・反米的とも言える非核神戸方式をどう考えますか）

ひとえに外交、防衛政策は国、政府の管轄事項であり国の役割になる。市長としては神戸市政のもう一つの柱、市の議会が決定したことを尊重する。

では市長と同じく直接選挙で選ばれる市会議員の議長はどう捉えるのか。２０１５年、当時の足達和彦議長（自民党）が話を聞かせてくれた。

当時と今とでは日本を取り巻く安全保障環境は大きく変わりました。神戸の安全と安心の確保は市民に選ばれた議員の責務です。迂闊なことは言えませんが、議会の外で非核神戸方式は日米同盟を毀損するとの否定的な声は耳にします。非核2・5原則にして有事に備えよと言う有権者もいます。ですが、今、先達の決定がここまで続いてきたことを尊重します。非核神戸方式を改廃しようという方向では、今はありません。

では、政府は非核神戸方式をどう位置づけるのか。外務省は外務大臣の答弁書を持って回答とした。（写真33）

外交と防衛は政府の管轄事項であり、非核神戸方式は地方自治体の権能を超えており許されない。またアメリカとは事前協議制を持つため、核戦略の変更などがあれば政府と協議がなされる。

だが、在日米軍が日本国内で装備や施設等に重大な変更を加える場合、日米両国が前もって協議を行う「事前協議」は1960年から一度も行われていない。最後に在日米軍司令部、在大阪・神戸アメリカ総領事に聞いた。答えは同じだった。

非核神戸方式に関しては何もコメントができない。日本国内のマターであり、他国の内政に口出しはできない。

非核神戸方式を、日本政府は許さない。国是と同盟の矛盾。日本の悲しき自画像「非核神戸方式」は神戸市民に委ねられた。成立当時の神戸市長、宮崎辰雄は半世紀以上、地方自治を研究していた。地方行政に関わり、問題に直面する度、アメリカ大統領制やイギリス議会主義、西ドイツの連邦制度を調査し、研究したが、必ず、行き着くところは「地方自治とは何か」だった。『欧米地方自治権の研究』（勁草書房、１９７９）に綴られた思いを紹介したい。

憲法のいう「地方自治の本旨」とは結局、地方自治の内容如何になる。内容がはっきりしない限り、住民自治といっても空虚なものになる。対政府関係でも内容がはっきりしなければイデオロギー的な政治対決や、伝統的支配の下での地方行政に甘んずる。戦前も戦後も、具体的な地方自治の議論は少ない。欧米地方自治権を考察して言えることは、日本の地方自治体は遜色のない権限を法律上は与えられている。地方自治に携わる関係者が自信を持って実践的自治を深めていく努力、不断の努力によって地方自治を確立することが望まれる。

エピローグ――神戸の「声なき声」――

2020年、「終末時計」が地球滅亡まで残り100秒と告げた。終末時計とは1947年、核戦争の危険性を警告する目的で、マンハッタン計画で原爆開発に参加した米科学者たちが創設した。最も終末に近づいた理由として核拡散や気候変動対策の遅れ、FAKE NEWSの広がりを挙げている。

2021年1月22日、核兵器禁止条約が発効した。だが被爆者、被爆者の悲願に日本政府もアメリカも背を向ける。戦災孤児として神戸を生きたTさんに聞いた。

終わってからは何でも言える。後出しじゃんけんは誰でも勝てる。神戸が山を削り、海を埋めた、今でこそ環境破壊やと言われるけど、当時はみんなもてはやした。地べたから見ると、全然違って見える。米軍だって戦時中は憎んだけど、神戸にきたらお菓子くれる英雄になった。原発だって今でこそ事故起こしたから悪者扱いやけど、当時は夢の灯りや。戦争もそう、絶対あかん言うけど、戦時中は神戸市民は誰も表立って否定せんかった。それに戦争はほんまに儲かる。朝鮮特需っていうのかな、どれほど神戸が景気良くなったか。あれだけの艦船、飛行機、僕は鉄工業やからすぐわかる。僕は誰にも期待しない、一切、できなかったしね。安倍さん、愛国を強調したけど、遺児が愛せる国こそ、本当の母国だと思う。

非核神戸方式は正直、関心を持てない。あってもなくても一緒。何故か。簡単や。アメリカとの戦争で母も父も死んだけど、今はアメリカも日本も同じ方向。反米も親米もない。神

戸だけ核が持ち込まれなくても、沖縄はどうなの、他の港だったらいいの。違うよね。ただ一言、言えるのは、目指すべきは被爆者も戦争孤児も出さない国であり、戦争で儲けない神戸であることかな。

2021年3月、大石又七さんが亡くなった。享年87歳。大石さんは神戸に核兵器が持ち込まれた1954年の3月1日、アメリカが太平洋のマーシャル諸島ビキニ環礁で行った水爆実験で被ばくした。日本一の遠洋漁業の拠点、静岡県焼津港を母港とするマグロ漁船「第五福竜丸」で冷凍士を務めた。富士山を望み、駿河湾に面する焼津港も戦争と核に翻弄されてきた。太平洋戦争中に軍部によって漁船54隻が徴用され、212名の船員が海の藻屑と消えた。鹿児島県の奄美大島近海でアメリカ軍の水爆沈没事故が起きた1965年の10月7日、台風による太平洋マリアナ海域漁船集団遭難事件で209人が犠牲になった。

第五福竜丸事件で大石さんは1年以上の入院を余儀なくされ、白血球は減少し、頭髪が抜け落ちた。退院後は「放射能がうつる」「ピカを感染させるな」と面罵され、日米両政府の政治決着による慰謝料が支払われたことでさらに蔑みや妬みの標的とされた。生まれ育った故郷、静岡に居場所はなくなり、逃げるように東京に向かい、長年、被ばくしたことを隠し通した。しかし、中学校の生徒から体験を話して欲しいと要望されたことを契機に、負の過去を証言するようになった。待望の我が子を死産で失った悲しみ、憤りも大石さんの背中を押した。アメリカや忌まわしい記憶の地・マーシャル諸島も訪問し、核廃絶を訴えた。体調は安定せず、死の影に怯えながらも700回近く講演を重ねた。核のもたらす災禍について、生を賭して、伝え続けた。人生の秋口に肝臓がんを患い、2012年には脳出血で倒れ、右半身が不自由となった。筆者は2015年、自宅を訪問した。大石さんは震える手で筆者の手を包み、一言、一言、絞り出すように語った。

もう、身体が自由になりませんし、思考も記憶も遠のいています。ここまで核の罪を伝えてきたのは、亡くなった仲間のためです。23人の乗組員、行方不明になったのもいる。連絡を絶ったのもいる。みんな知られたくないと言いながら亡くなっていった。どうして被ばくした上に、社会からの差別や偏見に苦しまないといけないのか。核が蝕むのは身体だけじゃない。社会も、人心も損ねるのと違いますかね……。

非核神戸方式ですか……。聞いたことはあります。すごいですね、核のない港が日本にある。焼津でもできないかな。でもよく知らないんです。被爆者支援団体にも、ほとんど知られていないと思いますよ。神戸市がPRしないから。多分、疎ましく思う政治家や軍事企業への気兼ねですかね。本来、教科書に載ってもいいようなやり方なのにね。普通なら、もっと日本中に広まったらいいのに、知られたらいいのに。

２０２５年、大阪で「万国博覧会」が開催される。標榜するのは「海と空を感じられる会場で、世界中の命輝く未来社会をデザインし、快適、安全安心、持続可能性に取り組むこと」。この万博において、核兵器廃絶はテーマにならないのだろうか。広島で被爆した貞清さんは今も神戸の街角に立つ。核に抗い、署名活動を続ける。憲法を守ろう、神戸から核廃絶を、と訴える。非核神戸方式は日米同盟という大海の一滴に過ぎない。コロナウイルス感染が拡大し、人の往来も少なく、耳を傾ける人はほとんどいない。不寛容の時代、署名で世界が変わると考えるのは無邪気な、理想主義者の、戯言かも知れない。

それでも、行動なくして核なき世界は描けない。

沈黙を続けてきた被爆者は生を賭して核なき世界を訴え続ける。

非核の願いは終わらない。私の取材も終われない。

神戸年表

3～8世紀　新羅船来航
812年　大輪田泊修築
1174年　平清盛により、大輪田泊に経ヶ島が竣工。日宋貿易の拠点となる
1184年　一ノ谷の戦い
1196年　僧・重源の奏上による大輪田泊修築
1336年　楠木正成が湊川の戦いで敗れる
1397年　足利義満により兵庫が日明貿易の拠点となる
1401年　足利義満が高麗船見学
1467年　応仁の乱で兵庫焼かれる
1594年　摂津で太閤検地
1607年　朝鮮通信使とオランダ人寄港
1619年　菱垣廻船の大坂・兵庫・江戸の航路開設
1692年　水戸光圀が湊川に楠木正成碑を建立

神戸年表

1754年 酒造り勝手造令で灘の酒造り急発展
1769年 兵庫津が幕府直轄になる
1799年 高田屋嘉兵衛により択捉航路が開設され北海道物産の交易基地となる
1854年 プチャーチン率いるロシア艦隊、大坂湾に来航
1855年 網屋吉兵衛、神戸村に船たで場をつくる
1858年 日米修好通商条約。兵庫が開港場と決定
1862年 舞子砲台完成
1864年 勝海舟により、坂本龍馬を塾頭とする神戸海軍操練所開設、和田岬砲台完成
1867年 兵庫開港
1868年（明治元年）神戸港開港。神戸事件。外国人居留地開設。兵庫県成立
兵庫運上所（現・神戸税関）。伊藤博文が初代兵庫県知事就任
1871年（明治4年）イギリス人ジョン・マルシャルが初代神戸港長に任命される
1872年（明治5年）湊川神社創建
1874年（明治7年）鈴木商店開業、大阪-神戸間に鉄道開設
1879年（明治12年）神戸市発足
1881年（明治14年）川崎正蔵 川崎兵庫造船所を開設
1886年（明治19年）国営神戸造船所から川崎造船所へ

1887年(明治20年)英ギルビーの造船所が海軍省小野浜造船所へ。軍艦「大和」建造
1892年(明治25年)勅命により「神戸港」へ。旧生田川河口~和田岬までが神戸港と定められる
1889年(明治22年)大日本帝国憲法が2月11日に公布
神戸市市制施行(人口134、704人)神戸~新橋間に鉄道開通
兵庫港と神戸港が「神戸港」に統一。大日本帝国憲法発布
兵庫運河竣工。外国人居留地が神戸市に返還
1893年(明治26年)神戸港の輸入額全国1位
1894年(明治27年)日清戦争。広島・神戸間鉄道開通
1901年(明治34年)日本初のゴルフ場が六甲山で開業
1903年(明治36年)神戸市で大観艦式。これを記念して錨山に錨型植樹を行う
1904年(明治37年)日露戦争
1905年(明治38年)阪神電鉄の大阪(出入橋)-神戸(三宮)間が開通、神戸製鋼、神戸三菱造船所開業
1907年(明治40年)国の重要港湾になる。第一期修築工事着工。市章山に植樹
1908年(明治41年)ブラジル移民第一次船「笠戸丸」が出航
1910年(明治43年)現・山陽電鉄の兵庫-須磨間開設
1917年(大正6年)川崎商船学校開校(後の神戸商船大学、現・神戸大学海事科学部)神戸市電気局発足
1918年(大正7年)米騒動で鈴木商店焼かれる。伊藤博文像倒される

1919年（大正8年）第二期修築工事着工
1920年（大正9年）現・阪急が大阪─神戸（上筒井）開設。神戸海洋気象台開設
1921年（大正10年）アインシュタイン来神。川崎・三菱大争議
1922年（大正11年）第一期修築工事完了（新港第1～第4突堤竣工）
1923年（大正12年）重要港湾として認定
1924年（大正13年）孫文、大アジア演説
1925年（大正14年）普通選挙法制定。治安維持法制定。
1927年（昭和2年）鈴木商店倒産
1930年（昭和5年）兵庫第2突堤竣工。観艦式記念「海港博覧会」開催
練習帆船初代「日本丸」「海王丸」竣工
1931年（昭和6年）灘区など区政施行、六甲ロープウェイ開設
1932年（昭和7年）兵庫第1突堤竣工
1933年（昭和8年）第1回「みなとの祭」開催
1935年（昭和10年）須磨浦公園開園。石川達三『蒼氓』が芥川賞受賞。
1936年（昭和11年）第6回海軍特別大演習　観艦式
1938年（昭和13年）阪神大水害。中突堤竣工。国家総動員法制定
1939年（昭和14年）第二期修築工事完了（新港第5～第6突堤竣工）

1940年（昭和15年）皇紀2600年
1944年（昭和19年）神戸華僑弾圧事件
1945年（昭和20年）神戸空襲。模擬原爆が神戸に投下される
太平洋戦争終戦。神戸港全域がGHQに接収される
1946年（昭和21年）日本国憲法公布
1947年（昭和22年）原爆傷害調査委員会（ABCC）発足、ソ連が原爆実験。小寺謙吉が神戸市長就任
1948年（昭和23年）神戸海上保安本部（現第五管区海上保安本部）設置
1949年（昭和24年）貿易自由化。原口忠次郎が神戸市長就任（5期20年）。湯川秀樹ノーベル物理学賞受賞
1950年（昭和25年）日本貿易産業博覧会（神戸博）、アメリカ博開催
朝鮮戦争勃発（6月25日）。日本特別掃海隊創設。港湾法制定
1951年（昭和28年）サンフランシスコ講和条約。国営港から神戸市の港へ
特定重要港湾に指定されて神戸市が港湾管理者となる。王子動物園開園
1952年（昭和27年）国際港へ。灘埠頭竣工。第1回国際港湾会議開催
1953年（昭和28年）新港第7突堤（西）竣工。朝鮮戦争休戦
米アイゼンハワー大統領が国連で「核の平和利用」スピーチ。
1954年（昭和29年）核兵器搭載空母「オリスカニ」神戸港寄港
第五福竜丸が米水爆実験で被爆。自衛隊創設

1955年（昭和30年）世界初の原子力潜水艦「ノーチラス号」が進水
1956年（昭和31年）ラッセル＝アインシュタイン宣言。湯川秀樹も参加
1956年（昭和31年）政令指定都市になる。人工100万人超え
1957年（昭和32年）市役所庁舎が三宮移転
1959年（昭和34年）「山、海へ行く」が始動
1960年（昭和35年）日米安全保障条約
1961年（昭和36年）船混雑問題。7月に入港時の沖待ち174隻
1963年（昭和38年）神戸ポートタワー竣工、須磨ヨットハーバー、神戸国際港湾博物館が設置
1964年（昭和39年）水爆搭載空母「タイコンデロガ」神戸港寄港。トンキン湾事件。東京オリンピック
1965年（昭和40年）ベトナム戦争で米軍北爆開始。兵庫第3突堤竣工、土砂採集跡地にニュータウン建設
1966年（昭和41年）ポートアイランド1期着工
1967年（昭和42年）神戸開港100年祭記念式典。摩耶埠頭、新港第8突堤（東）竣工。
シアトル、ロッテルダムとの姉妹港提携。コンテナ輸送の幕開け
1968年（昭和43年）フルコンテナ船初入港、長距離フェリー就航（魚崎‐小倉間）
1969年（昭和44年）宮崎辰雄が神戸市長就任（5期20年）
1970年（昭和45年）神戸ポートターミナル、神戸大橋完成。日本万国博覧会（大阪万博）開催
1971年（昭和46年）第1回みなとこうべ海上花火大会開催。東神戸フェリーセンター全面完成。ニクソンショック

1972年（昭和47年）六甲アイランド着工、山陽新幹線開通・新神戸駅開業
宮崎辰雄市長が訪中し周恩来首相と会談
1973年（昭和48年）神戸港コンテナ貨物取扱量世界1位。オイルショック
1974年（昭和49年）GHQからの新港第6突堤返還。GHQの完全撤収。原子力船「むつ」放射線漏れ事故
佐藤栄作が非核三原則などを理由にノーベル平和賞受賞。三木武夫が総理大臣就任
フォードが米第38代大統領就任。ラロック発言
1975年（昭和50年）非核神戸方式が成立。ベトナム戦争終結。六甲全山縦走市民大会開始。天皇皇后が初訪米
1977年（昭和52年）神戸開港110年記念式典
1978年（昭和53年）須磨ヨットハーバー竣工
1980年（昭和55年）天津との友好港提携
1981年（昭和56年）ポートアイランド1期竣工。「ポートピア'81」開催。ポートライナー開通
神戸港発の日昇丸、米原潜に衝突され沈没
1986年（昭和61年）南太平洋非核地帯条約（ラロトンガ条約）発効
1987年（昭和62年）メリケンパーク竣工。神戸海洋博物館完成。神戸開港120年記念式典
ポートアイランド2期着工。INF条約。ニュージーランド「非核法」制定
1989年（平成元年）兵庫突堤再開発着工
1990年（平成2年）神戸・天津友好港提携10周年記念式典

1992年（平成4年）神戸ハーバーランド竣工。六甲アイランド竣工。六甲ライナー開通
1993年（平成5年）兵庫第2・3突堤間埋立完了
ハーバーハイウェイ全線開通（ポートアイランド～六甲アイランド）
1995年（平成7年）阪神・淡路大震災発生、港湾に甚大な被害。
兵庫第1・2突堤間、新港第5～第8突堤間、摩耶埠頭第1・2突堤間の埋立着工
1997年（平成9年）阪神・淡路震災の復旧完了。神戸港震災メモリアルパーク完成。神戸開港130年記念式典
2002年（平成14年）総合静脈物流拠点（リサイクルポート）の第一次指定取得
「第1回KOBE LOVE PORT・みなとまつり」開催
2003年（平成15年）神戸港一帯が構造改革特別区域の「国際みなと経済特区」として認定
2004年（平成16年）スーパー中枢港湾・「阪神港」として指定
2005年（平成17年）ポートアイランド2期竣工。指定特定重要港湾になる
2006年（平成18年）神戸空港（マリンエア）開港
2007年（平成19年）非核神戸方式記念碑「母なる海から平和のメッセージを聞く少女像（愛称：平和の美海ちゃん）」建立
2010年（平成22年）阪神港として国際コンテナ戦略港湾へ
2014年（平成26年）米軍ヘリ・ブラックホークが芦屋市防災訓練参加
2017年（平成29年）コンテナ取扱量、過去最高に
2021年（令和3年）核兵器禁止条約成立

参考文献

岡倉古志郎『死の商人』（岩波新書、1962）
ベネディクト・アンダーソン（白石さや・隆訳）『想像の共同体』（NTT出版、1997）
テッサ・M・スズキ（田代泰子訳）『過去は死なない メディア・記憶・歴史』（岩波書店、2004）
ジョン・ダワー（三浦陽一、高杉忠明訳）『敗北を抱きしめて上・下』（岩波書店、2001）
エドワード・W・サイード『オリエンタリズム 上・下』（平凡社ライブラリー、1993）
ミハイル・ゴルバチョフ（工藤精一郎・鈴木康雄訳）『ゴルバチョフ回想録』（新潮社、1996）
小林英三郎『雑誌「改造」の40年』（光和堂、1977）
竹前栄治『GHQ』（岩波新書、1983）
北岡伸一『後藤新平』（中公新書、1988）
米原謙『徳富蘇峰 日本ナショナリズムの軌跡』（中公新書、2014）
山室信一『増補版 キメラ 満州国の肖像』（中公新書、2013）
神戸市『神戸開港100年史』（神戸市、1972）
神戸市『神戸市史 行政編』（神戸市、1962）

池田清『神戸　近代都市の過去・現在・未来』（社会評論社、2019）
日本貿易産業博覧会『神戸博会誌』（1950）
宮崎辰雄『私の履歴書―神戸の都市経営』（日経事業出版社、1985）
宮崎辰雄『欧米地方自治の研究』（勁草書房、1979）
宮崎辰雄『神戸を創る―港都五十年の都市経営』（河出書房新社、1993）
山口東『都市を創った男―国際都市神戸の二十年―』（講談社、1990）
久元喜造・増田寛也『持続可能な大都市経営―神戸市の挑戦』（ぎょうせい、2017）
神戸新聞社『海鳴りやまず　全集』（神戸新聞社、1979）
神戸新聞社『遙かな海路―巨大商社・鈴木商店が残したもの』（神戸新聞社、2017）
田辺真人、谷口義子『神戸の歴史ノート』（神戸新聞社、2018）
落合重信『神戸の歴史　通史編』（後藤書店、1975）
辻本嘉明『神戸を翔ける 川崎正蔵と松方幸次郎』（神戸新聞社、2001）
調達庁『占領調達史』（1956）
村上しほり『神戸 闇市からの復興―占領下にせめぎあう都市空間―』（慶応義塾大学出版会、2018）
谷崎潤一郎『細雪』（新潮文庫、1955）
石川達三『蒼氓』（新潮文庫、1978）
西東三鬼『神戸・続神戸』（新潮文庫、2019）

野坂昭如『アメリカひじき・火垂るの墓』（新潮文庫、2011）
永井隆『この子を残して』（平和文庫、2010）
茶園敏美『パンパンとは誰なのか―キャッチという占領期の性暴力とGIとの親密性』（インパクト出版、2014）
藤原伸夫・白井勝彦『神戸の戦争孤児たち』（みるめ書房、2019）
石井光太『浮浪児1945―戦争が生んだ子供たち』（新潮文庫、2017）
林　同春『二つの故郷―在日華僑を生きて』（エピック、2007）
エドナ・E・リード『スパイにされた日本人』（悠書館、2012）
深町英夫『孫文―近代化の岐路』（岩波新書、2016）
吉見俊哉『博覧会の政治学―まなざしの近代』（中公新書、1992）
原武史『「民都」大阪対「帝都」東京　思想としての関西私鉄』（講談社学術文庫、2020）
吉村昭『ポーツマスの旗』（新潮文庫、1983）
吉村昭『新装版　深海の使者』（文春文庫、2011）
城山三郎『零からの栄光』（角川文庫、2014）
荒井訓・上田浩二『戦時下日本のドイツ人たち』（集英社新書、2003）
秋尾沙戸子『ワシントンハイツ　GHQが東京に刻んだ戦後』（新潮社、2009）
ドウス昌代『敗者の贈物　特殊慰安施設RAAをめぐる占領史の側面』（講談社、1995）
ドウス昌代『トップ・ガンの死　核搭載機水没事件』（講談社、1994）

参考文献

アレクシス・ジョンソン『ジョンソン米大使の日本回想』（草思社、1989）
L・マッカートニー（広瀬隆訳）『ベクテルの秘密ファイル』（ダイヤモンド社、1988）
渡辺靖『アメリカン・センター』（岩波書店、2008）
渡辺靖『文化と外交　パブリック・ディプロマシーの時代』（中公新書、2011）
村田晃嗣『大統領の挫折─カーター政権の在韓米軍撤退政策』（有斐閣、1988）
神谷不二『朝鮮戦争─米中対決の原形』（中公文庫、1990）
大沼久夫『朝鮮分断の歴史』（新幹社、1993）
西村秀樹『朝鮮戦争に「参戦」した日本』（三一書房、2019）
江崎道朗『挑戦戦争と日本・台湾「侵攻」作戦』（PHP研究所、2019）
デイヴィッド・ハルバースタム（山田耕介・山田侑平訳）『挑戦戦争上下』（文春文庫、2016）
金賛汀『在日義勇兵帰還せず─朝鮮戦争秘史』（岩波書店、2007）
松岡完『ベトナム戦争』（中公新書、2001）
亀山旭『ベトナム戦争』（岩波新書、1972）
五百旗頭真・編『日米関係史』（有斐閣、2008）
池内了『科学者と戦争』（岩波新書、2016）
吉田文彦『証言・核抑止の世紀』（朝日選書、2000）
川崎哲『核拡散』（岩波新書、2003）

新井信一『空爆の歴史』（岩波新書、２００８）
工藤洋三・金子力『原爆投下部隊』（２０１３）
山口誠『グアムと日本人　戦争を埋め立てた楽園』（岩波新書、２００７）
水野直樹・文京洙『在日朝鮮人 歴史と現在』（岩波新書、２０１５）
半田滋『日本は戦争をするのか』（岩波新書、２０１４）
五百旗頭真『日米戦争と戦後日本』（講談社学術文庫、２００５）
吉次公介『日米安保体制史』（岩波新書、２０１８）
豊下楢彦『安保条約の成立』（岩波新書、１９９６）
豊下楢彦・古関彰一『集団的自衛権と安全保障』（岩波新書、２０１４）
琉球新報社『日米不平等の源流』（高文研、２００４）
共同通信社憲法取材班『「改憲」の系譜―９条と日米同盟の現場』（新潮社２００７）
原彬久『岸信介―権勢の政治家』（岩波新書、１９９５）
宮澤喜一『東京―ワシントンの密談』（中央公論社、１９９９）
西山太吉『核密約』（岩波新書、２００７）
新原昭二『日米「密約」外交と人民のたたかい』（新日本出版社、２０１１）
新原昭二『「核兵器使用計画」を読み解く』（新日本出版社、２００２）
若泉敬『他策ナカリシヲ信ゼムト欲ス』（文芸春秋、２００９）

参考文献

太田昌克『秘録　核スクープの裏側』（講談社、２０１３）
太田昌克『日米〈核〉同盟』（岩波新書、２０１４）
田井中雅人『核に縛られる日本』（角川新書、２０１７）
岡田克也『外交をひらく——核軍縮・密約問題の現場で』（岩波書店、２０１４）
大石又七『ビキニ事件の真実』（みすず書房、２００３）
小沼通二『湯川秀樹の戦争と平和—ノーベル賞科学者が遺した希望』（岩波書店、２０２０）
林博史『米軍基地の歴史』（吉川弘文館、２０１２）
ケント・E・カルダー（武井楊一訳）『米軍再編の政治学』（日本経済新聞出版社、２００８）
ティム・ワイナー（藤田博司・山田侑平訳）『CIA秘録 上下』（文芸春秋、２０１１）
大内照雄『米軍基地の京都　1945-1958』（文理閣、２０１７）
大内照雄『海兵隊と在日米軍基地』（文理閣、２０２０）
杉田弘毅『検証　非核の選択』（岩波書店、２００５）
矢野暢『南進の系譜』（中央公論、１９７５）
瀧井一博『伊藤博文』（中公新書、２０１０）
早野透『田中角栄　戦後日本の悲しき自画像』（中公新書、２０１２）
田中角栄『日本列島改造論』（日刊工業新聞社、１９７２）
服部龍二『中曽根康弘』（中公新書、２０１５）

村井良太『佐藤栄作』（中公新書、２０１９）
岩野美代治・竹内桂『三木武夫秘書回顧録』（吉田書店、２０１７）
森田一『心の一燈　回想の大平正芳　その人と外交』（第一法規、２０１４）
小川和久『原潜回廊』（講談社、１９８７）
有馬哲夫『原発・正力・ＣＩＡ』（新潮社、２００８）
山本武利『検閲官　発見されたＧＨＱ名簿』（新潮新書、２０２１）
木村朗、高橋博子『核の戦後史』（創元社、２０１６）
『神戸商船大学七十五周年記念誌』（七十五周年記念誌編集刊行委員会、１９９６）
『三菱神戸造船所七十五年史』（神船７５年史編集委員会、１９８１）
『川崎重工業株式会社社史』（社史編集委員会、１９５９）
デービット・ロンギ『非核　ニュージーランドの選択』（平和文化、１９９２）
原水爆禁止兵庫協議会『非核「神戸方式」物語』（兵庫原水協、２００５）
石戸信也『神戸のハイカラ建築』（神戸新聞総合出版センター、２００３）
溝口敦『血と抗争　山口組三代目』（講談社、１９９８）

（ＴＶ番組）
ＮＨＫスペシャル『こうして〝核〟は持ち込まれた〜空母オリスカニの秘密〜』（２００６・11・９）

映像'14『見えない基地　京丹後・米軍レーダー基地を追う』（ＭＢＳ、２０１４）
映像'14『知られざる最前線～神戸が担ってきた〝日米同盟〟』（ＭＢＳ、２０１４）
映像'15『蘇る最前線　神戸と核と日米同盟』（ＭＢＳ、２０１５）
ＭＢＳ『ちちんぷいぷい』ニュース特集（ＭＢＳ、２００９～２０１６）

（資料閲覧）
神戸市文書館
兵庫県立図書館
神戸市会会議録（１９７４～１９８１年）
神戸華僑歴史博物館
神戸海洋博物館
神戸市立博物館
カワサキワールド
神戸税関
むつ科学技術館
神奈川県立公文書館
広島平和記念資料館

長崎原爆資料館
国立公文書館
ソウル歴史博物館
国際連合記念公園（釜山）
アメリカ公文書館
NATIONAL SECURITY ARCHIV
駐大阪・神戸米総領事館「関西アメリカン・センター」
防衛省、環境省、外務省、首相官邸、衆議院、参議院、自民党
神戸市、西宮市HP
戦没した船と海員の資料館
POW研究会

（新聞）
神戸新聞
神戸又新
中国新聞
長崎新聞

琉球新報
朝日新聞
産経新聞
ＴＨＥ ＳＴＲＡＩＴＳ ＴＩＭＥＳ

あとがき

毎日登山発祥の地・神戸では未明から多くの市民が高みを目指す。

2020年に本書を書きはじめた頃から新型コロナウイルス感染が拡大。行動の自由が制約され、自宅待機が要請されるなか、取材に応じてくださった幾人かは毎朝、健康維持のため、そして平和な日々を願うために、独り、登っていた。筆者が若き頃、ヒマラヤ未踏峰登頂に打ち込んだ日々は遠くに過ぎ去った。山への情熱も失くしていたが、話を聞かせてくださった方々に背中されるように、毎朝、4時に起き、毎朝登山を思い立った。幾度も睡魔に負けそうになりながらも、摩耶山の麓にある灘丸山公園まで散歩し、黎明を迎える神戸の街並みを眺めた。

1,000万ドルの夜景。その、仄かな光の一つ一つは人々の営みを映し出す。父が育ち、自分が暮らし、子どもを育む街に刻まれた幾多の封印されてきた記録と記憶に触れれば触れるほど、毎朝の登山が欠かせなくなっていった。取材を進める中で知った神戸の戦争、憲法違反、市民相互監視、そして核兵器の持ち込みと原子の灯り……。曙光は夜景を金色の大パノラマに変える。闇が景色に変り、桎梏の海原は蒼茫たる瀬戸内海になる。東に広がる大阪平野、大阪湾にはかつての、そして、これからの万博会場が姿を現す。南には遠くに紀伊山地や紀淡海峡。東には人工島が連なる神戸港。貨物船が汽笛を交わし、外航に向かう。北には六甲山系が緑を湛える。この景色に幾多の「知られざる日米同盟」が宿っていた。

午前6時半に始まるラジオ体操が終わると、公園に集う市民は世間話に花を咲かせる。大半が人生の先輩方。阪神タイガースや高校野球に始まり、孫の進路や就職、年金や介護など、激動の戦後を生きた方々が縦横無尽に話題を展開する。

共通点は神戸への溢れんばかりの愛着と愛情。毎朝、哀歓に満ちた人生賛歌を聞かせて頂き、取材のきっかけを賜った。そして「遺言」も預かった。戦地派遣された三宮克己さん、広島で被爆し、家族を奪われた貞清百合子さんをはじめ、名も無き蒼生の記憶こそ、本書の源泉であり、浅学菲才の筆者の執筆動機であり、励みだった。

最後に出版に当たって感謝の念を伝えたい。本書の出版には少なくないハードルがあった。放送局や出版社に断られるなか、奉職先の阪南大学、かんよう出版の松山献さん、神戸学生青年センターの飛田雄一さんの御助力なくしては出版できなかった。深甚なる御礼を申し上げたい。

最後に、筆者を励まし続けてくれた同志社大学山岳部ＯＢの田邊浩司さんに本書を届けたい。第3章で紹介した「スパイにされた日本人」の娘、エドナさんの取材は田邊氏がロンドンで聞き取りを行ってくれた。共に六甲山系の岩壁を登攀し、深山幽谷に挑んだ日々、いつかアウシュビッツを伝えようと語りあった時間、本書の「現場」を這うように歩いた歳月を決して忘れない。享年49歳。早過ぎる逝去を筆者は受け止めることができない。取材力の無さ、取材に欠かせない優しさの欠如を罵倒されそうだが、かけがえのない日々を共にした証として本書を捧げたい。

2021年9月

坪井兵輔

著者紹介

坪井兵輔（つぼい・ひょうすけ）

1971年生まれ。神戸市在住。阪南大学教員・ジャーナリスト。

慶応大経済学部卒。在学中は探検部所属。1995年民間放送局入社。報道カメラマンを経てベルリン支局特派員、ドキュメンタリー・ディレクターなど。

主な作品

「人工内耳　お友達の声が聞きたい」（関西写真記者協会協会賞）

「獄中13年　独裁政権に立ち向かった留学生死刑囚の青春」（ギャラクシー賞選奨、アジア太平洋連合賞入賞）

「見えない基地　京丹後・米軍レーダーを追う」（平和・協同ジャーナリズム賞）

「家族づくり　里親と子どもたちの一年」（地方の時代賞、放送文化大賞準グランプリ）

「知られざる最前線　神戸が担った日米同盟」（坂田記念ジャーナリズム基金賞）ほか。

著書

「歌は分断を超えて　在日コリアン二世のソプラノ歌手・金桂仙」（新泉社、２０１９）（第7回山本美香記念国際ジャーナリスト賞）など。

阪南大学叢書 120

KOBE1975 ― 核と原発、帝国と同盟の博覧会 ―

2021 年 11 月 10 日　初版第 1 刷発行

著　者　坪井兵輔

発行者　松山　献

発行所　合同会社かんよう出版

〒 530-0012 大阪市北区芝田 2-8-11 共栄ビル 3 階

電話 06-6567-9539　FAX 06-7632-3039

http://kanyoushuppan.com　info@kanyoushuppan.com

装　幀　堀木一男

印刷・製本　有限会社オフィス泰

ISBN978-4-910004-75-4　C0036